恆毅力
人生成功的
究極能力

The Power of Passion
and Perseverance

Grit

哈佛×牛津×麥克阿瑟天才獎得主心理學家
Angela
Duckworth

安琪拉‧達克沃斯————著

洪慧芳————譯

目錄
Contents

給台灣讀者的信

　　我對台灣有著特別的感情。我的母親曾就讀台灣師範大學，很多親戚都住在台北。幾年前，我先生與兩個女兒跟我一起回到台灣尋根，陪著我母親去掃墓。

　　無論孩子在哪裡成長，也不論父母的出身、祖先是誰，每一個孩子都有好好成長、發展的潛力。讓我無比興奮的是，我們現在已經能掌握人類發展的科學，幫助我們的孩子、所有孩子，發揮他們的潛力。舉例來說，我不只鼓勵女兒認真用功，也鼓勵她們去發掘、發展、深化她們各自的興趣。研究顯示，恆毅力與成就的條件，不只在於堅持不懈，熱愛自己所做的事，也是關鍵。

　　我非常感恩《恆毅力》這本書在台灣獲得廣大迴響。我由衷祝福新世代的孩子都能活出精彩，也深深感謝走在我們前面的每一個世代。

安琪拉‧達克沃斯

各界推薦

深入淺出，引人入勝，說服力十足。這本書的觀點很有可能轉變我們的教育、管理與讀者的生活方式，是難能可貴之作。

——勞倫斯·桑默斯（Lawrence H. Summers）
美國前財政部長，哈佛大學榮譽校長

難能可貴……在知識無遠弗屆的世界，這本書說明了善用環境的人所具備的關鍵特質，本書將激勵讀者堅持投入熱情所在。

——薩爾曼·可汗（Sal Khan）
可汗學院創辦人

我堅信，在追求卓越的過程中，找不到比恆毅力更重要的特質，希望每位讀者都跟我一樣喜愛這本書。

——布萊德·史蒂文斯（Brad Stevens）
波士頓塞爾提克隊教練

達克沃斯提出的理念令人振奮，每個人只要有自制力和毅力，成就也能媲美天賦異稟者，也就是說，心態和智力一樣重要。

——索黛德·歐布萊恩（Soledad O'Brien）
海星傳媒集團（Starfish Media Group）董事長

睿智的觀點：致力於帶給我們歡樂與使命感的志業就能成功。

——雅莉安娜·赫芬頓（Arianna Huffington）

赫芬頓郵報（*The Huffington Post*）創辦人

這本書破解了普遍的迷思，針對讓我們更努力挑戰極限的關鍵，提出可靠的預測。達克沃斯為了尋找決定成就的要素，深入研究形形色色的對象，國小四年級學生、軍校生、電話行銷員等。在各類研究中，她自己的故事就是理論的最佳實證：結合熱情和毅力就能培養出恆毅力。

——托里·伯奇（Tory Burch）

托里伯奇CEO兼設計師

當代重要大作……研究恆毅力的頂尖學者向世界公開研究成果，引用到位的實例和金句，說明如何將她的研究運用在我們自己及孩子的人生。

——羅伯特·普特南（Robert D. Putnam）

哈佛大學公共政策教授

鼓舞人心，充滿創見，一翻開就令人無法放下。

——艾美·柯蒂（Amy Cuddy）

哈佛商學院教授

結合豐富的科學、引人入勝的故事、流暢優美的文筆以及動人的真實案例……無疑是今年最令我大開眼界、影響我最深的書。

——索妮亞・柳波莫斯基（Sonja Lyubomirsky）
加州大學河濱分校教授

唯有恆毅力不負所望！達克沃斯分享高成就的幕後故事、科學原理以及意義，一本必讀的佳作。

——芭芭拉・佛列德里克森（Barbara Fredrickson）
國際正向心理學協會會長
《正向心理學》（Positivity）作者

這本書發人深省，對希望幫助孩子學習的教育工作者來說，是不可或缺的好書。

——喬爾・克萊（Joel Klein）
紐約市公立學校前校長

啟發人心……本書教導大家，人生的高峰不見得由天生敏捷的人征服，而是由堅持不懈、撐過難關、重新嘗試的人攻頂。

——艾德・維思特斯（Ed Viesturs）
七度登上聖母峰登山家者

極其重要的巨作……深刻體現的恆毅力以及熱情，只會出現在極度艱辛困苦的情境。冷靜、耐心、紀律的培養以及挫折復原力的研究，可以教我們如何達到那個境界。達克沃斯的傑作橫跨了這兩個世界，提出我未曾讀過的細膩觀點。

——喬許・維茲勤（Josh Waitzki）
國際西洋棋大師

針對崇尚智商的基本教義派，提出兼具說服力及吸引力的回應。達克沃斯提醒我們，品格和毅力是成功人士脫穎而出的關鍵。

——麥爾坎・葛拉威爾（Malcolm Gladwell）
《引爆趨勢》（*The Tipping Point*）作者

這本書是當代經典，承襲柯維（Stephen Covey）和杜維克（Carol Dweck）的論點，釐清要義，研究深入。想要更精明地工作或過得更好的人，都應該讀這本書，甚至可以改變你的一生。

——丹尼爾・品克（Daniel H. Pink）
《未來在等待的人才》（*A Whole New Mind Moving from the Information Age to the Concept Age*）作者

令人耳目一新，富有創見，推翻了我們對潛能的先入之見。

——蘇珊・坎恩（Susan Cain）
《安靜，就是力量》（*Quiet*）作者

我熱愛挑戰普遍觀點的新概念，這本書就是如此！先放下你對超越對手的既有競爭思維，即使對手更有天分也沒關係。變得更精明幫不了你，但堅持到底可以！

——賽門‧西奈克（Simon Sinek）

《先問，為什麼？》（*Start With Why*）作者

引人入勝！達克沃斯集結數十年的心理學研究、商場與體育界的動人故事、以及個人獨特的經驗，淬煉出一套激勵你自己及孩子更熱情投入工作與課業，並堅持到底的實用對策。

——保羅‧塔夫（Paul Tough）

《孩子如何成功》（*How Children Succeed*）作者

心理學家花了數十年尋找成功的祕訣，但達克沃斯找到了。在這本生動精彩的好書中，她不僅告訴我們祕訣是什麼，還教我們如何掌握。

——丹尼爾‧吉伯特（Daniel Gilbert）

《與快樂偶遇》（*Stumbling on Happiness*）作者

這本書將會改變你的人生，內容精彩、嚴謹又務實，注定會成為成功學領域的經典之作。

——丹‧希思（Dan Heath）

《創意黏力學》（*Made to Stick*）共同作者

我一直想為我的孩子、先生以及我關心的每個人朗讀這本書。追求卓越確實沒有捷徑，但有指南，就是你手中的這本書。

—— 亞曼達·雷普利（Amanda Ripley）

《教出最聰明的孩子》（*The Smartest Kids in the World*）作者

這本書超級重要。長久以來我們一直深陷天賦的迷思，達克沃斯帶我們洞悉實力的養成之道，為所有人帶來真知灼見。

—— 大衛·申克（David Shenk）

《別拿基因當藉口》（*The Genius in All of Us*）作者

堅持到底的倔強

江振誠　國際名廚

　　我在每一次的公開演講場合都不斷地鼓勵新世代的年輕人——通往成功的路上，沒有所謂的天分或運氣，只有最初的那份熱情與感動，以及為了它而堅持到底的倔強。

　　「堅持到底，勿忘初心」是我人生中極為重要的座右銘。本書的書名《恆毅力》也正是我覺得這個世代最需要的特質。書中不斷告訴我們，專注一個方向、竭盡所能、充滿熱情地觀察自己與他人，在所有事物中洞察各種模式和動機，不斷地整合各種可行的方法。似乎已清楚描繪出「成功」的輪廓。

　　我在閱讀這本書的同時，回想起自己生涯中每一段挑戰、挫折、改變、調適——最後超越。恆毅力一直是我跨越每一個階段最大的動力，和成就每一個創作最重要的元素。

　　《恆毅力》是一本改變人生方向，讓我們的內心更強大的成功手冊。

　　√ "Passion, Patience, Persistence"，你離成功並沒有太遙遠！

剝蒜頭專家——媽媽教會我恆毅力

劉安婷　Teach for Taiwan創辦人

　　高中畢業前夕，因為考大學的「亮麗成果」，我一瞬間被鎂光燈包圍，周遭的人都瘋狂地問我：「你是怎麼成功的？」甚至有一次，學校通知我有人在警衛室要找我，我走去只見一位中年婦女激動的握住我的手：「終於找到你了，你可以告訴我，有什麼祕訣可以讓我的孩子成績像你一樣好嗎？」我好奇地問：「請問您的孩子多大呢？」「今年要上小學了！」她告訴我。

　　老實說，當時我真是困惑到說不出話。我從來都不知道我握有什麼別人沒有的「武功祕笈」啊！更何況談的是上小學前的教育，我更是不解。回家後，我不禁問身為小學老師的媽媽，她一時也說不上來，只說了一件我小時候令她印象深刻的事。大約三歲時，我時常喜歡在廚房跟著大人進進出出，大人們常叫我去跟其他孩子玩，但卻發現我最有興趣做的事竟然是「剝蒜頭」。媽媽說，那時其他大人常會跟她說：「唉呀，剝蒜頭手會很痠很臭、指甲還會卡東西，三歲的孩子哪知道怎麼做，還不如我們自

己剝比較快吧！」但她總是告訴我，「媽媽相信你可以的，想想家人們會吃的多開心！」於是她給我一大袋蒜頭，我每天坐在那剝好幾個小時。有天大人們一回神竟然發現，天啊！這小丫頭竟然剝得比大人都快、都好，成了剝蒜頭專家！想起這件往事，媽媽總是哈哈大笑。

多年後，自己成為教育工作者，我開始不斷問自己同樣的問題：如何幫助每個孩子都成功？我開始大量閱讀、觀摩，就在那時看到了達克沃斯博士關於「恆毅力」的研究。讀愈多，才發現小時候微不足道的「蒜頭」故事，卻是母親給我最珍貴的禮物。透過早期鼓勵，她讓我自主發展對學習的內在動機與「興趣」，鼓勵我專注「練習」，幫助我找到大於自己的努力「目的」，更給我相信自己可以做到的「希望」。我雖然不是頂尖聰明，但我知道自己能有今天充實的人生，要感謝這面對目標、絕不輕言放棄的「恆毅力」。

成立Teach for Taiwan之後，我心中的問題進化成：該怎麼樣幫助每個老師都能幫助每一個孩子成功？我開始觀察最卓越的老師們——在南投爽文二十年的王政忠老師、「希望教室」的老ㄙㄨ老師、在雲林締造偏鄉學校典範的陳清圳校長、在屏東帶領被風災滅村的孩子們找到自信的伍麗華校長。我發現他們縱然個性、教學方法截然不同，但都有一個無法忽視的共同點：相信每個孩子都能學、能改變，而且竭盡全力、不放棄嘗試找到適合他們學習的方式。不論教育現場有再多令人灰心的困難，他們仍然

相信教育就是他們的「志業」，是一件極有價值、有意義的事。

乍看之下，「恆毅力」似乎不是什麼新穎的想法。尤其在華人的學校與家庭中，「吃得苦中苦，方為人上人」已經是被強調的概念。但這本書在我心中最重要的價值之一，在於作者清楚地呈現「吃苦」跟「恆毅力」是不同的。我看過無數在教育體制中成功生存的學生，都是「吃苦」的佼佼者，卻從來不曾被鼓勵去認識自己的興趣或是尋找自己的人生目的。一旦脫離學生身分，很容易成為達克沃斯博士描繪的「脆弱的完美者」，瞬間失去前進的動力、也不相信自己有改變的能力，「習得無助」而徬徨不已。

換句話說，「恆毅力」不只是一位老師成功的核心，也如同書中第十章列舉的諸多實例，尤其對於家庭弱勢的孩子，老師是否能創造出「高度期許、持續支持」的環境以有效幫助孩子建立「恆毅力」，是他們是否能透過教育、度過難關、有能力為自己選擇的關鍵。

為一本好書寫推薦文，總是「一發不可收拾」，恨不得能繼續寫下去，我就先停在此處。感謝天下雜誌出版給我此次機會，也僅以此文向在教育現場每一天用動人的「恆毅力」奮鬥的老師們致敬。願我們用更多充足的愛與陪伴，讓台灣的孩子們都擁有恆毅的力量，創造屬於自己的成功。

我不是天才

從小到大，我常聽到「**天才**」這個詞。

那兩字總是我爸爸提起的，他喜歡動不動就說：「妳啊，不是天才。」他可能晚餐吃到一半，在影集《愛之船》（*The Love Boat*）進廣告時突然冒出這句話，或是拿著《華爾街日報》一屁股坐進沙發時吐出這句話。

我也不記得我怎麼回應了，可能是假裝沒聽見吧。

爸爸經常在想天才、天賦、誰比誰更好這些事。他非常在乎他有多聰明，也非常在乎家人有多聰明。

我不是唯一的問題，我爸爸也覺得我的哥哥姊姊不是天才。根據他的標準，我們沒有人比得上愛因斯坦，顯然這點令他大失所望。我爸擔心這種智力上的弱勢會侷限我們的人生發展。

兩年前，我很幸運榮獲被稱為「天才獎」的麥克阿瑟獎

（MacArthur Fellowship，註：由麥克阿瑟基金會每年頒發給各領域持續進行創造性工作、展現超凡能力與潛力的人）。天才獎不是由自己主動報名申請，也無法請朋友或同事提名，而是由專業領域的頂尖人物組成秘密委員會，判斷你做的事情是否很重要又有創意。

我意外接到電話通知得獎時，當下的反應是充滿了感激和驚訝。接著，我突然想起爸爸，和他隨性為我做的智力評斷。他其實也沒錯，我得麥克阿瑟獎不是因為我比其他心理學家更聰明，只不過是因為爸爸針對一個錯誤的問題（「她是天才嗎？」），回答了正確的答案（「她不是」）。

得獎通知和正式宣布之間大約隔了一個月，麥克阿瑟基金會要求，除了我先生以外，不能告訴任何人。於是，我多了一點時間思索上述情況的諷刺感。從小到大，老是聽到「妳不是天才」的女孩，最後卻得了天才獎。她之所以得獎，是因為她發現熱情和毅力對成就的影響比天賦還多。得獎之前，她已經從幾所公認的頂尖學校拿到學位，但是國小三年級時，她的測驗成績還不足以進入資優班。她的父母是華人，但家人不曾對她諄諄教誨勤奮努力的重要，她也不像一般華人小孩那樣彈鋼琴或拉小提琴。

麥克阿瑟得獎名單宣布當天，我去了一趟父母家。他們已經得知消息，一些姑媽、姨媽也都聽說了，紛紛打電話來家裡道賀。等電話終於停了，爸爸轉過身對我說：「我以妳為榮！」

我百感交集，很多話想對我父親說，但是當下我只說：「爸，謝謝。」

往事重提沒什麼意義，**我也知道他在那之前就以我為榮了。**

但心裡還是忍不住想回到過去，對當時的爸爸說我現在知道的事情。

我會告訴他：「爸爸，你說我不是天才，我沒意見，你知道很多人都比我聰明。」我可以想像他認真地點著頭。

「但是爸爸，長大以後，我會像你那樣熱愛我自己的工作。我不會隨便找個工作，我會找到一個志業，每天都會挑戰自己。當我被擊倒，我會再站起來。我可能不是最聰明的人，但我會努力成為非常有恆毅力的人。」

如果他還繼續聽我說的話，我會說：「爸，長遠來看，恆毅力，可能比天分更重要。」

多年後的今天，我有科學證據可以證明我的論點。而且，我知道恆毅力不是固定不變的，我從研究中發現如何培養恆毅力。

這本書歸納了我對**恆毅力**（grit）的了解。

我寫完這本書後去找了爸爸。利用幾天的時間，逐章逐行唸給他聽。十年來他深受帕金森氏症所苦，我不太確定他能理解多少內容，但他看起來聽得很專注。我唸完時，他看著我，那片刻的停頓感覺卻像是靜止的永恆，接著，他點了頭，露出微笑。

PART I

恆毅力
被低估的
成就必要條件

The Power of Passion and Perseverance

Grit

1

拼到底的祕密

有潛力不等於發揮潛力

當你被錄取西點軍校的那一刻，你可以告訴自己，這是你拼來的。

西點軍校的招生程序，跟最難擠進的大學窄門一樣嚴格。優異的高中成績和學術能力測驗（SAT）或美國大學入學考試（ACT）高分都是必要的。但是，即使申請哈佛也不需要在十一年級就開始申請，不需要獲得眾議員、參議員或美國總統的推薦。你也不必在跑步、伏地挺身、仰臥起坐、引體向上等項目的體能評估上獲得佳績。

每年都有超過14,000位高三學生申請西點軍校，經過篩選後，只剩4,000人獲得必要的推薦。這其中只有一半多一點的學生（約2,500人）達到西點軍校嚴格的學業和體能標準。而那批菁英裡，只有1,200人獲得錄取並註冊入學。加入西點的男女青年幾乎

都是運動校隊，大多數還是校隊隊長。

然而，畢業前，每五位軍校生中就有一人輟學。更值得注意的是，過去的資料顯示，輟學大多集中在第一個夏天，那段期間有密集的七週訓練課程，連校方的文獻都稱之為「野獸營」（Beast Barracks），或是簡稱「獸訓」。

怎麼會有人花兩年的時間擠進那道窄門，卻在進門不到兩個月就退出呢？

但話又說回來，野獸營可不是普通的兩個月。西點軍校的新生手冊對野獸營的描述是：「這是你在西點四年，身心受到最大磨難的時期……目的是把你從新人淬練成軍人。」

野獸營典型的一天

上午	5:00	起床
	5:30	朝會集合
	5:30到6:55	體能訓練
	6:55到7:25	個人梳洗
	7:30到8:15	早餐
	8:30到12:45	訓練／上課
下午	1:00到1:45	午餐
	2:00到3:45	訓練／上課
	4:00到5:30	體育活動

	5:30到5:55	個人梳洗
晚上	6:00到6:45	晚餐
	7:00到9:00	訓練／上課
	9:00到10:00	指揮官時間
	10:00	熄燈號

　　每天從清晨五點開始，五點半就要集合，立正升旗。接著是紮實的體能訓練（跑步或操練），之後不斷地重複隊伍行進、上課、武器訓練、體育活動。最後，晚上十點在惆悵疲憊的熄燈號中就寢，明天，一切重來。喔！而且沒有週末，除了用餐時間以外沒有休息，幾乎完全與外界隔絕，無法和親朋好友聯繫。

　　一位新生是這樣描述野獸營的：「精神上、身體上、軍事上、社交上──各方面都受到挑戰。那套訓練會突顯你的弱點，但那正是訓練的用意，西點會把你淬練得更堅韌。」

　　那麼，究竟是哪些人通過野獸營的考驗呢？

　　二〇〇四年，我讀心理研究所的第二年，開始探索這個問題，數十年來，美軍也一直在問同樣的問題。事實上，一九五五年，就在我著手解開這個謎題之前的五十年，年輕的心理學家傑瑞·凱根（Jerry Kagan）被徵召入伍，到西點軍校報到，校方指派他測驗這些新生，辨識誰會留下來，誰會放棄。巧的是，凱根不僅是第一位研究西點軍校輟學生的心理學家，也是我在大學裡第一位認識的心理學家，我在他的實驗室裡兼差打工了兩年。

凱根說，早期他在西點軍校想要區分新生的優劣，但總是徒勞無功。他回憶有一次他花了數百個小時，讓新生看印有圖案的卡片，請他們看圖說故事。測驗的目的是發掘深層的潛意識動機，一般想法是，新生如果看圖就聯想到英勇的行為和高尚的成就，應該不會輟學，會撐到畢業。這個概念就像很多概念一樣，理論上很合理，但實際上不是如此。新生描述的故事都很多采多姿，很有意思，但是和他們現實生活的決策毫無關係。

　　此後，又有更多代的心理學家投入研究這個議題，但是沒有人能肯定地說，為什麼有些看起來最有潛力的新生，反而在訓練之初就放棄了？

　　我得知野獸營後，馬上想辦法拜訪多年在西點軍校擔任軍事心理學家的麥克‧馬修斯（Mike Matthews）。馬修斯解釋，西點軍校的入學流程有效地挑選出有潛力在該校發展的男女青年。尤其，入學審查者會計算每位申請者的「候選總分」，包括把SAT或ACT的考試成績、高中排名（按畢業班的同屆人數做調整）、領導潛力評估、體適能得分的加權平均。

　　你可以把候選總分想成西點軍校對申請者具備多少通過四年嚴格訓練的能耐的最佳預測，換句話說，也就是評估新生掌握軍事領袖必備技能的潛力有多高。

　　候選總分是西點軍校篩選申請者的最重要項目，卻無法可靠地預測誰能完成野獸營的訓練。事實上，候選總分最高和最低的新生，輟學的機率差不多，這也是馬修斯讓我參與研究的原因。

根據他年輕時加入空軍的親身經歷，他知道破解這個謎題的線索。他入伍後經歷的嚴格訓練不像西點軍校那麼嚇人，但有明顯的相似之處，最重要的是面對超出現有技能的挑戰。軍方每個小時都會要求馬修斯和同梯的夥伴做他們還不會做的事。馬修斯回憶道：「不到兩週，我就感到疲憊、孤獨、沮喪，準備放棄了，其他人也是如此。」

有些人確實放棄了，但馬修斯沒有。

馬修斯發現，隨機應變的能力幾乎和天賦無關，那些放棄受訓的人很少是因為能力不足。馬修斯說，真正重要的是「絕不放棄」的態度。

出類拔萃背後的共同點

大概也是同一時期，不只馬修斯在跟我談這種堅持不懈的心態。當時我是研究生，才剛開始探索成功的心理，訪問了許多商業、藝術、運動、新聞、學術、醫藥、法律界的領導者，我問他們：「誰是您這個領域的頂尖人物？他們是什麼樣子？您覺得他們如此出類拔萃的原因是什麼？」

這些訪談提到的一些特質是某些領域特別需要的，例如，很多企業家提到勇於承擔財務風險的心態：「你要懂得精算數百萬美元的投資決策，晚上還能安穩入睡。」但是對藝術家來說，這個特質就顯得無關緊要了，藝術家提到的特質是創作的強烈動力：「我喜歡創作，我也不知道為什麼，但我就是喜歡。」相對

的，運動員則是提出另一種截然不同的動機，是由勝利的快感所驅動的：「贏家喜歡和人正面交鋒，討厭落敗的感覺。」

除了這些不同領域的特有屬性，有些特質是各個領域共通的，那些共同特質正是我最感興趣的。我以前就聽過無論是哪個領域，最成功的人都是幸運的、有天分的。我也沒有懷疑這種說法的可信度。

但是成功的故事不是那麼單純。我訪問的很多人也提到一些明日之星的故事，那些新秀看起來前程一片光明，卻在充分發揮潛力以前就退出或失去興趣，出乎大家意料。

顯然，失敗後繼續堅持下去非常重要，但不容易。「有些人在事情順利進行時，表現得非常優異，但一遇到狀況就崩潰了。」訪問裡提到的高成就者都是堅持不懈的人，「這個作家其實一開始不是那麼出色，以前我們會笑他寫的東西，因為那時他的文筆很粗糙又太過濫情。但後來他愈寫愈好，去年得了古根漢獎。」而且他們不斷想辦法進步，「她從來不滿足於現狀，你可能以為現在她對自己應該很滿意了，但她就是自己最嚴厲的批評者。」這些成就過人者都是堅韌的典範。

為什麼這些成功人士可以持續對目標努力不懈？他們大多沒想過有朝一日真的能達成心中的抱負。在他們的眼裡，自己永遠不夠好，從不自滿或安於現狀。然而，他們很滿意自己永不滿足的狀態。他們各自追求著自己熱愛又重要的事物，追求帶來的喜悅，一點也不亞於達成目標的成就感。即使他們必須做的某些

事情可能很枯燥或令人沮喪，甚至痛苦，他們都不會想放棄，他們的熱情是恆久的。

總之，無論什麼領域，極成功的人都擁有強烈的決心，他們的決心以兩種方式呈現。一是過人的堅韌與努力；二是他們打從心底認定，這是他們想做的。他們不只有決心，**更有明確的方向**。就是這種熱情與毅力的結合，使這些人出類拔萃。以一個詞來形容，他們恆毅力過人。

但我該怎麼衡量恆毅力這麼抽象無形的概念？恆毅力這個特質，連軍事心理學家數十年來都無法量化，很多高成就者都可以馬上辨認出的特質，但是我們卻不知道如何測試衡量。

我靜下來翻閱訪談的筆記，開始撰寫一些問題，以文字勾勒出恆毅力的意思。有一半的問題是和毅力有關，例如，詢問受訪者對下面說法的認同度：「為了克服重要的挑戰，你不畏挫折的打擊」、「任何事情只要開始動手，你一定會堅持到完成才肯罷休。」另一半的問題和熱情有關，詢問「你的興趣是否年年改變」以及「你對某種概念或專案只有三分鐘熱度」的情況有多明顯。這些問題構成了恆毅力量表（Grit Scale），只要誠實作答，就能衡量你面對人生展現的恆毅力。

測試恆毅力

二〇〇四年七月，野獸營第二天，1,218位西點軍校新生坐下來接受恆毅力量表的測試。

測試前一天，這些新生才剛和爸媽告別（西點軍校只給他們90秒的時間）、剃了頭（只有男生需要）、換下便服、穿上出名的灰白相間西點軍服、收到個人用品箱、頭盔和其他裝備。他們可能誤以為自己早就知道怎麼排隊了，一位四年級生出來指導他們正確的排隊方式（「緊貼這條線，不是站在線上，不是超過這條線，不是在這條線後面，是緊貼這條線！」）

收回量表後，我先分析恆毅力分數和天資之間的相關性。你猜結果如何？恆毅力分數和入學流程精心計算的候選總分毫無關係。換句話說，新生的天資無法用來評斷他們的恆毅力，反之亦然。

「恆毅力和天資毫無關係」這個結論呼應了馬修斯接受空軍訓練時的觀察，但是我第一次看到這個結果時，真的很意外。有天分的人為什麼會不堅持下去？照理說，有天分的人應該會努力堅持，因為他們堅持努力就能表現得非常卓越。例如，在西點軍校，新生撐過野獸營以後，他們的候選總分可以很完美地預測他們將來在西點的各方面表現，不僅學業成績可以預測，軍事與體能表現也可以預測。所以，很有天分不等於很有恆毅力，這點真的令人訝異。在這本書中，我們將探索根本的原因。

野獸營結束時，共有七十一位新生輟學。結果證實，恆毅力是預測學員能否通過嚴厲訓練的可靠指標。隔年，我又回到西點軍校做了同樣的研究。這次有六十二名新生退出野獸營，恆毅力再次準確地預測誰會留下來。留下者和離開者的候選總分幾乎

沒有差別，我進一步分析候選總分的個別組成，還是分不出差異。

所以通過野獸營的關鍵是什麼？不是SAT成績，不是你的高中排名，不是領導經驗，也不是運動能力。總之，不是候選總分。而是恆毅力。

在西點軍校以外的地方，恆毅力的測量依然適用嗎？為了找出答案，我找了一些挑戰性高到讓很多人放棄的情境，想知道是不是只有野獸營的嚴峻考驗需要很高的恆毅力才能因應，還是一般來說，恆毅力就是讓人堅持下去的關鍵。

我測試恆毅力的下一個領域是業務員，那是無時無刻都等著吃閉門羹的職業。我請某家分時度假公司（vacation time-share）的數百位男女業務員做性格問卷，裡面包含恆毅力量表。六個月後，我再次造訪那家公司，已經有55％的業務員離職了。恆毅力再次預測了誰留下來、誰離開。此外，其他經常衡量的人格特質（包括外向性、情緒穩定、責任心等等），都無法像恆毅力測驗那樣精確地預測員工流動率。

大約同一時間，我接到芝加哥公立學校的請託。他們就像西點軍校的心理學家一樣，很想了解哪種學生能順利完成高中學業。那年春季，數千名高三學生填寫了精簡版本的恆毅力量表和其他問卷。一年多以後，有12％的學生沒有畢業，順利畢業的學生恆毅力較高。比起學生在乎學業的程度、勤勉認真的程度、對校園安全的感受度，恆毅力還是比較準確的預測指標。

同樣的，兩次在美國取樣的調查也顯示，恆毅力較高的成年人在正規教育體系中比較可能繼續深造。擁有企管碩士學位、博士學位、醫學博士、法學博士或其他研究學位的人，比只有大學學歷的人更有恆毅力。擁有大學學歷的人又比只修一些大學學分，但沒拿到學位的人恆毅力更高。有趣的是，拿到兩年制大學學位的成年人，恆毅力分數比拿到四年制大學的畢業生略高一些。最初我對此感到不解，但我很快發現，社區大學的輟學率可能高達80％，所以能夠排除萬難拿到學位的人恆毅力特別高。

　　在此同時，我也開始和陸軍特種部隊合作，更有名的綽號是「綠扁帽」（Green Berets）。他們是陸軍裡訓練最精良的士兵，總是負責最艱難、最危險的任務。綠扁帽的訓練是嚴峻的多階段考驗。我研究的階段是在九週的新兵訓練營、四週的步兵訓練、三週的傘兵訓練、四週的地面導向預備課程之後。前述的初步訓練都非常艱難，每個階段都有人放棄。但是特種部隊的篩選程序更難，套用總司令帕克（James Parker）的說法，「我們就是從這裡開始判斷誰能進入綠扁帽訓練的最後階段」。

　　相較於綠扁帽的篩選程序，野獸營簡直像夏令營。綠扁帽學員從黎明前就開始出操，直到晚上九點。除了日間和夜間的導向演習以外，還有四英里和六英里的跑步和行軍，有時是在負重近三十公斤下進行。此外，還要挑戰障礙訓練，又稱「棘手尼克」（Nasty Nick，為了紀念野地求生訓練的設計者James Nicholas "Nick" Rowe），包括爬行涉水從鐵絲網底下鑽過、橫越

高架獨木、穿過吊貨網、徒手旋盪水平梯。

學員能夠進入篩選程序就已經是一項成就了，但即便如此，我研究的學員中，有42％在考驗結束以前就自願退出。所以究竟為什麼有些人能夠撐完考驗？答案還是恆毅力。

除了恆毅力，還有什麼能預測軍中、教育、商場上的成功呢？在業務領域，我發現經驗有助於堅持，業務菜鳥撐下去的機率比老手低。在芝加哥的公立學校系統中，老師的支持和鼓勵可以讓學生更順利畢業。至於有心成為綠扁帽的青年，訓練之初具備基本的體適能是必要的。

但是在各別領域，當你比較上述特質相當的人時，恆毅力仍是預測成果的指標。即使在某些領域，特定的性格特質和優勢能幫助某些人成功，恆毅力仍是不分領域都很關鍵的成功特質。

真的與天分無關

我讀研究所的第一年，紀錄片《拼字比賽》（*Spellbound*）正好上映，紀錄三名男孩和五名女孩為了全美拼字比賽（Scripps National Spelling Bee）總決賽做的準備。每年在華盛頓特區一連舉行三天的總決賽，由專門轉播大型體育賽事的ESPN直播，總是讓人腎上腺素狂飆。為了進入總決賽，這些孩子必須先贏過數千位來自全美數百所學校的參賽者。這表示他們在一輪接一輪的考驗中，必須拼對愈來愈艱深的單字，先是打敗班上的同學，接著依序打敗同年級、同校、同校區、同地區的學生。

《拼字比賽》讓我想知道，要正確無誤地拼出schottische（一種蘇格蘭舞曲）、cymotrichous（波浪捲髮）之類的難字，究竟牽涉到多少過人的語言天賦以及多強的恆毅力。

　　於是，我聯繫比賽主辦單位執行長金柏（Paige Kimble），金柏是個活力十足的女性，她自己以前就得過拼字比賽冠軍。她跟我一樣，也對獲勝者的心理狀態很好奇。她答應在總決賽名單確認後，馬上幫我寄出問卷給273位總決賽的參賽者（總決賽將在幾個月後舉行）。大約三分之二的參賽者填了問卷，寄回我的研究室，換取二十五美元的禮券。最年長的回函者十五歲（那是比賽規定的年齡上限），最小的才七歲。

　　這些參賽者除了填寫恆毅力量表，也回覆他們花多少時間做拼字練習。平日，他們平均練習的時間超過一小時，週末則是超過兩小時。不過，個別狀況的差異很大，有些參賽者幾乎不太鑽研文字，而有些人週六的閱讀時間長達九個小時！

　　我又從這些人之中挑了一小群參賽者，邀請他們來做語文能力測驗。整體來看，這一小群參賽者的語言能力相當傑出，但是個別差異很大。有些孩子的分數已達到語言天才的等級，有些只有同齡的「平均」水準。

　　ESPN播出總決賽那天，我從頭看到尾，直到最後最緊張的時刻，聽到十三歲的卡西亞普（Anurag Kashyap）正確拼出A-P-P-O-G-G-I-A-T-U-R-A（倚音，一種音樂術語），贏得冠軍。

　　接著，我拿著最後的排名，分析之前收集的資料。

以下是我發現的結果：總決賽前幾個月所衡量的恆毅力，正確地預測了參賽者的最後表現。簡單來說，恆毅力高的孩子在比賽中的排名較高，他們是怎麼做到的？每天研讀較長的時間，也參加較多次拼字比賽。

那麼天分呢？語言能力好也可以預測出他們的比賽排名較高，但是語言能力和恆毅力毫無關係。更重要的是，語言天賦較高的參賽者，研讀時間並沒有比天賦較差者長，參賽經驗也沒有比較多。

「天賦和恆毅力毫無關連」的現象，在我對長春籐盟校的大學生做研究時又再度出現。在那個研究中，SAT成績和恆毅力甚至出現負相關。那個樣本中，SAT成績較高的學生，平均的恆毅力比同儕差一點點。我把這個研究結果和其他的研究資料整理起來，得出一個初步見解，**那個見解也指引了我未來的研究方向：潛力是一回事，發揮潛力又是另一回事。**

2

我們的天賦迷思

聚焦聰明才智，是給自己一個藉口

　　我當心理學家以前，曾是教師。在我聽說野獸營的多年前，我是在教室裡開始發現，天賦不是成就的唯一條件。

　　那年我二十七歲，開始全職教書。前一個月，我才剛從麥肯錫（McKinsey）辭職。麥肯錫是營運遍及全球的管理顧問公司，紐約市的辦公室位於市中心某棟藍色玻璃的摩天大樓，規模包辦了數個樓層。同事對於我決定辭職都有點不解，為什麼要離開多數人渴望加入的公司？而且麥肯錫又常常獲選為全球最精明、最具影響力的公司，為什麼要離開？

　　認識的人可能以為我想擺脫每週工作八十小時的生活，換一種比較輕鬆的生活。但是，當過老師的人都知道，世界上沒有任何工作比當老師更辛苦，我幹嘛要換到更苦的工作？就某些方面來說，比起教書，當顧問對我而言其實才是偏離我想要的人

生。我讀大學那幾年，就一直在當公立學校孩子的家教。畢業後，我成立免費的課業輔導組織，經營了兩年。接著，我去牛津大學深造，取得神經科學的碩士學位，研究閱讀障礙的神經機制。所以開始教書時，我反而覺得自己又回到了正軌。

即便如此，從顧問到教師的轉折還是有點突兀。在一週之內，我的薪水從「我真的有賺那麼多錢喔？」變成「哇！紐約市的老師是怎麼靠這點薪水過活的？」現在晚餐只能一邊改作業，一邊匆忙地啃著三明治，而不是叫壽司外送，還報客戶的帳。我依然搭同一條地鐵線上班，但是地鐵經過市中心時，我繼續往南搭六站，到下東城才下車。我不再穿高跟鞋，戴珍珠項鍊，穿套裝，而是穿著我不介意沾上粉筆灰的衣服，換成實穿的鞋子，才能站上一整天。

我的學生是十二、三歲的孩子，大多住在A大道和D大道之間的低收入住宅區，那時那一帶的街角還沒冒出時髦的咖啡店。我開始教書的那個秋天，某部電影開拍，內容是描述貧困市區內的學校亂象，電影正好挑選我們學校當場景。我的工作是教七年級數學，內容包括分數和小數，以及基本的代數和幾何。

第一週我就可以明顯看出，有些學生的數學領悟力比其他同學強。指導有天賦的孩子是一件很快樂的事，他們確實學得比較快。他們不需要太多的提示，就能了解一些數學題目有同樣的根本型態，資質較差的孩子則是難以理解。資質好的孩子看我在黑板上解一次數學題就說：「我懂了！」接著就自己正確解題。

不過，第一次月考結束時，我驚訝地發現，有些資質好的孩子考得不像我預期的那麼好。有些當然考得不錯，但不少資質好的學生反而成績平平或不好。

相反的，幾個花了好一番功夫才搞懂得數學原理的孩子，考得比我預期的還好。這些「超乎預期」的孩子每天乖乖來上課，上課時不鬼混，也不看窗外。他們用心做筆記，認真發問。第一次聽不懂，會一再嘗試，有時會趁午休時間或下午的選修課來尋求額外的協助。他們的認真反映在考試成績上。

顯然，**資質不保證成就**，有數學天賦不見得數學成績就很好。

我一開始很訝異。畢竟，一般認為有天賦的孩子，數學領悟力較強，他們的數學成績應該會領先資質較差的孩子。坦白講，我剛開始教書的那學期，也是抱持那樣的想法。認為天資聰穎的孩子會持續領先，似乎是再自然不過的事。事實上，我原本預期那些聰明的孩子會漸漸拉大和其他同學的差距。

我陷入了天賦的迷思。

後來，我開始認真問自己。我上課時，萬一有學生聽不懂，是因為聽不懂的學生需要想久一點才會懂呢？還是我需要換個方式解釋，幫助他們理解？在妄下「天分是注定的」這樣的結論前，我是不是應該先思考一下努力用功的重要？想辦法維持學生和我自己的努力，難道不是我身為教師的責任嗎？

同時，我也開始思考，即使某些學生資質較差，當他們談

起真正感興趣的東西時，聽起來也很聰明。他們聊的一些內容，我幾乎都聽不懂，例如籃球統計數據方面的討論、他們喜歡的歌詞、誰跟誰在冷戰的複雜人際關係等等。我更了解學生以後，發現他們每個人對自己的複雜生活都有一些不簡單的想法。解開代數方程式裡的X，真的會比他們現實生活面臨的問題還難嗎？

那些學生的天分資質都不一樣，但是在學習七年級的數學時，如果他們和我都投入夠多的心力，他們是不是都能融會貫通？我心想，他們確實都有足夠的資質可以理解那些內容。

從能力不佳到火箭科學家

那個學年結束後，我和未婚夫結婚。他也離開了麥肯錫，考量之後的職業生涯，我們從紐約遷居舊金山，我在洛爾中學（Lowell High School）找到了教數學的工作。相較於紐約下東區的教室，洛爾是全然不同的世界。

洛爾中學坐落在靠太平洋一個終年多霧的盆地，是舊金山唯一根據學業成績招生的公立中學，是加州大學聯盟最主要的學生來源，每年都有許多畢業生進入美國的頂尖大學。如果你和我一樣在美國東岸成長，可以把洛爾中學想成舊金山的史岱文森高中（Stuyvesant）。那樣的比喻可能會讓人聯想到裡面有很多資優生，比成績不到入學門檻的孩子聰明很多。但我發現，洛爾的學生之所以優秀，主要是因為用功，而不是光憑天分。有一次我問班上的學生花多少時間唸書，他們的回應大多是好幾個小時。

不是以一週來計算，而是每天都會讀書好幾個小時。

　　不過，就像其他的學校一樣，不同學生的認真程度及課業成績還是有很大的差異。和我在紐約見到的情況一樣，我原本預期有些學生成績優異，因為他們的數學領悟力很快，但實際考試結果，成績卻不如其他同學。相反的，有些最認真的學生，無論是大考小考都是考最高分。

　　梁大衛（David Luong）就是這種認真的學生。大衛是我的高一代數班上的學生。洛爾有兩種代數課，一種是進階班，高中最後一年會接著上大學先修的微積分課程，另一種是我教的一般課程。我的代數課學生都是在洛爾的數學檢定考成績不夠高，無法進入進階班的學生。

　　大衛一開始的表現並不突出，他沉默寡言，總是坐在教室後面，不太舉手發言，也很少主動到教室前面的黑板解題。但我很快就發現，每次我改作業，大衛的作業都很完美。大考小考都難不倒他，當我批改他的答案不正確時，後來常發現是我自己搞錯。而且，大衛非常渴望學習。課堂上，他總是全神貫注地聽講；課後，他也會留下來，禮貌地請我出難度更高的作業。

　　我不禁納悶，這個孩子怎麼會分到我這一班。發現這個狀況以後，我帶著大衛到系主任辦公室。幸好，我不需要解釋太多，系主任本身就是很睿智的老師，相較於僵化的制度規定，她更重視孩子本身的發展。於是，系主任馬上填寫文件，把大衛從我的班上轉到進階班。

我雖然失去了一位好學生，但別的老師可以享有「得英才而教之」的喜悅。當然，大衛的數學成績不是一直都拿A，也是起起伏伏的。「我從妳班上轉到進階班以後，一開始程度有點落後。」大衛後來告訴我，「隔年的數學上的是幾何學，那還是很難，我沒有拿A，只拿B。」在接下來的課程中，他第一次數學考試拿了D。

　　「你那時候怎麼辦？」我問。

　　「我確實很難過，但我沒有一直想著那件事，我知道成績已經是無法改變的結果，難過也沒用，我要好好思考接下來該怎麼做，所以我去找老師求助。我想搞清楚，我哪裡做錯了，需要改用什麼方式。」

　　高中最後一年，大衛開始修洛爾中學裡比較難的兩門資優微積分課程。那年春季，他在大學學分資格檢定考中拿到滿分。從洛爾畢業後，大衛進入斯沃斯莫爾學院（Swarthmore College）就讀，以工程和經濟雙學位畢業。他畢業時，我和他的父母一起在台下觀禮。我想起那位坐在教室最後面的文靜學生，他最後證明了能力性向測驗可能誤判了很多事情。

　　兩年前，大衛拿到加州大學洛杉磯分校（UCLA）的機械工程博士學位。他的博士論文是探索卡車引擎熱力過程的最佳性能演算法，用白話文講，就是運用數學來提升引擎的效率。如今他是航太公司（Aerospace Corporation）的工程師。原本被認為「能力還不夠」修進階數學課的男孩，現在變成了「火箭科學家」。

後續幾年的教學過程中，我愈來愈不相信天分是註定不變的，我對於努力所獲得的回饋愈來愈感興趣。為了深入探究其中的奧秘，我離開了教職，踏入心理學界，當起心理學家。

達爾文的天賦觀

我進入心理學研究所時，才知道心理學家長久以來一直都想了解為什麼有些人成功、有些人失敗。法蘭西斯·高爾頓（Francis Galton）是最早研究這個領域的學者之一，還曾經和表哥達爾文（Charles Darwin）爭論這個議題。

從各方面來看，高爾頓都是神童。四歲就會讀寫，六歲就懂拉丁語和長除法，熟背莎士比亞的文句。對他來說，學習輕而易舉。一八六九年，高爾頓發表第一份探索高成就起源的科學研究。他收集了科學、運動、音樂、詩歌、法律等多方面的名人清單，竭盡所能地收集他們的生平資訊。他推斷，這些人能夠不同凡響，有三種原因：非凡的「能力」，結合過人的「熱情」及「努力」。

達爾文讀了高爾頓的著作五十頁之後，寫信告訴高爾頓，他很驚訝天賦竟然是其中一個必要特質。達爾文寫道：「某方面來說，你說服了我這個原本意見不同的人，因為我一直認為除了傻瓜，人類的智慧其實差異不大，只有熱情和努力有很大的差異。我仍然認為那是極其重要的差異。」

當然，達爾文本身就是高爾頓想要了解的高成就者，他是

大家普遍認為歷史上最具影響力的科學家之一，率先解釋植物和動物物種的多元性是「天擇」的結果。此外，達爾文也是敏銳的觀察家，不僅擅長觀察動植物，也觀察人類。可以說，他的使命就是觀察能讓生物生存下去的微小差異。

所以，這裡值得停下來思考一下，達爾文對於「決定成就的因素」抱持的觀點。他認為熱情和努力終究比智力還要重要。

整體來說，達爾文的傳記作家都沒有描述他擁有過人的智商。他無疑很聰明，但不是那種迅速領悟出獨到見解的人，而是屬於埋頭苦幹型。達爾文的自傳也證實了這點：「我不像一些聰明人那樣有極快的領悟力。」他坦言：「對於很長又很抽象的想法，我的理解力其實很有限。」他認為自己無法成為優秀的數學家或哲學家，他也覺得自己的記憶欠佳：「我的記憶力很差，差到我對某個日期或某行詩句的記憶都只有幾天，之後就忘得一乾二淨。」

或許達爾文太謙虛了，但是說到觀察力以及探索自然規律的認真程度，他又頗為自豪：「我覺得我比一般人更擅長注意到不易察覺的東西，也很擅長仔細觀察它們。我這一行幾乎都很擅長觀察及收集事實，但更重要的是，我對自然科學的熱情一直很強烈。」

一位傳記作家描述，達爾文會持續思考同樣的問題，即使其他人都已經轉向思考比較簡單的問題了，他仍不肯放棄：

感到疑惑時，一般人的反應是：「我以後再想

想。」但後來就忘了。達爾文讓人覺得他從來不會那樣放掉疑惑。他把所有的問題都擱在腦子裡，只要碰到一點相關資料，就把問題抓回來再思考。

四十年後，哈佛的心理學家詹姆斯（William James）開始探索人在追求目標時有何差異。在他卓越又長久的職業生涯接近尾聲時，他在《科學》（*Science*）期刊上針對那個議題發表了一篇論文。當時和現在，《科學》都是頂尖的學術期刊，不僅限於心理學，而是涵蓋所有自然和社會科學。那篇論文的標題是〈人類的活力〉（"The Energies of Men"）。

他思考身邊好友和同仁的成就與失敗，以及自己在順遂及不順時研究的品質有什麼變化，指出：「相較於我們應該有的成就，我們都只處於半醒的狀態。我們的熱情會被澆熄，我們的潛力被壓抑，不管是身體上或是心理層面，我們都只用到一小部分的資源。」

詹姆斯認為，我們的潛力和實際的發揮之間有差距。他沒有否認每個人的天賦不同（有人比較有音樂資質，但缺乏運動細胞，或是有創業天分，但缺乏藝術天賦），他主張：「一般人通常只用到一小部分的潛力。每個人都有多種潛能，卻習慣把潛能束之高閣，活力未充分運用，行動也未達最佳狀態。」

「潛力當然會有上限。」詹姆斯坦言：「樹木不會無止盡地長上天際。」但那些無法再繼續擴張的最上限，和絕大多數的人根本無關：「全世界的人都擁有大量的潛能，但很明顯的現實

是，只有極少數的人會挑戰個人的極限。」

　　詹姆斯的這番話寫於一九○七年，至今仍是不變的真理。既然如此，為什麼我們還那麼強調天分呢？為什麼絕大多數的人明明只用到一小部分的潛力，離極限還很遙遠，卻那麼在意潛力的上限呢？為什麼我們以為長期的成就是由天分決定，而不是由努力決定？

天才崇拜

　　多年來，好幾項全國性調查都問過：天賦和努力，哪個對成就比較重要？美國人挑選努力的比例大約是天賦的兩倍。當你問美國人，天賦和努力對運動成績的影響時，結果也是如此。你問美國人：「你招募新員工時，覺得以下哪個特質最重要？」挑選「努力」的比例往往接近「智力」的五倍。

　　這些調查結果和心理學家蔡佳蓉（Chia-Jung Tsay）請音樂家填寫問卷的結果一樣，音樂家也說，努力練習比天分更重要。但是蔡佳蓉以間接的方式試探大家的態度時，卻發現正好相反的結果：大家還是崇拜天才。

　　在蔡佳蓉的實驗中，她讓職業音樂家先看兩位鋼琴家的生平，兩人的成就都一樣，接著她讓音樂家聆聽這兩人彈奏鋼琴的片段。實驗參與者都不知道，兩段音樂其實是同一人彈奏同一首曲子的不同部分。兩位鋼琴家唯一的差別是，其中一人的生平寫著從小就發現音樂天賦（天才），另一人是從小就非常積極，很

有毅力（努力）。結果參與者一反之前談論「努力vs.天賦」時抱持的想法，覺得天才比較可能成功，也比較可能獲得機會。

在後續的研究中，蔡佳蓉尋找同樣提倡勤奮努力的其他領域來做實驗，想測試口是心非的矛盾現象是否一樣明顯。這次她鎖定創業圈，找來數百位經營管理經驗不一的人，把他們隨機分成兩組。她讓其中一組看某位「勤奮努力」的創業家生平，內容描述他是靠努力和經驗成功的。另一組看的是天才創業家的生平，內容描述他是因為天資優異成功的。接著，所有參與者都聆聽同一套錄音，錄音內容是那位創業家的創業計劃。

結果就像之前的音樂家研究一樣，蔡佳蓉發現參與者覺得天才型創業家比較可能成功，他的創業計劃品質也比較優秀。在另一個相關的研究中，蔡佳蓉發現，當她要求參與者從那兩個創業家中挑一個贊助時，他們通常會挑天才型那位。事實上，勤奮努力的人需要多出四年的領導經驗，而且創業資本需要再多四萬美元，參與者才會覺得兩位創業家的條件差不多。

蔡佳蓉的研究一舉揭露了我們看待天賦和努力的矛盾情結。我們表面上說我們在意的東西，可能和我們心底的信念不一樣。那有點像我們說，選擇男女朋友時，不在乎外表美醜，但是真正挑選約會對象時，又是挑帥哥美女，而不是挑好人。

「天分偏誤」（naturalness bias）是一種對天才的隱藏性偏好，以及對努力獲得成就者的潛在偏見。我們可能不會向別人承認我們對天才有這樣的偏好，我們可能連對自己都不願承認這

點。但是我們的選擇明顯證實了我們真的有這樣的偏見。

　　蔡佳蓉本身就是「天賦vs.努力」現象的有趣例子。現在她是英國倫敦大學學院（University College London）的教授，在最負盛名的學術期刊上發表學術研究。少女時期，她就讀茱莉亞音樂學院的大學先修課程，那個課程專收「有天賦、潛力和成就追求音樂生涯的學生，讓他們體驗充分發揮藝術天賦和技巧的氛圍」。

　　蔡佳蓉擁有好幾個哈佛大學的學位，她大學讀心理系，以最優異的成績畢業，接著她拿到兩個碩士學位，分別是科學史和社會心理學。最後，她在哈佛大學攻讀組織行為和心理學博士學位時，也同時攻讀音樂博士學位。

　　很驚人吧？如果你覺得還不夠，請容我再補充：蔡佳蓉也擁有皮博迪音樂學院（Peabody Conservatory）的鋼琴演奏和教育學的學位，而且她還在卡內基音樂廳表演過，至於林肯中心、甘迺迪表演藝術中心，以及慶祝歐盟主席國的宮廷演奏會，就更不用說了。

　　光看她的資歷，可能會馬上推斷蔡佳蓉是天才，心想：「天啊！這個女生也太有才華了吧！」如果蔡佳蓉的研究結果沒錯，大家普遍對天分的崇拜還會讓她的成就顯得更吸引人、更神祕、更令人驚嘆，而不單只是：「天啊！這個年輕女生真是勤奮！」

　　那麼接下來會發生什麼事呢？很多研究都探索過，當我們

認為某個學生有特殊天賦時會出現什麼情況。我們會開始對他們關愛有加，對他們抱持更高的期許，而那些期許會變成「自我應驗的預言」（self-fulfilling prophecy）。

我問蔡佳蓉，她怎麼看待自己的音樂成就。「我猜我可能有一些天賦吧。」她回應：「但我覺得更重要的是，我非常喜歡音樂，小時候每天都練習四到六個小時。」大學時，即使課業及課外活動繁忙，她還是會抽出跟小時候幾乎一樣多的時間練習。所以，沒錯，她確實有一些天賦，但她也比別人努力。

我很想知道，蔡佳蓉為什麼那麼努力練琴？是有人逼她嗎？她自己可以選擇要不要練習嗎？

「喔，**那完全是我自願的**，我想要練習，我想進步，好還要更好。我練琴時，會想像我在滿場的觀眾面前表演，想像他們都在鼓掌。」

麥肯錫的人才理論

我離開麥肯錫去教書的那年，麥肯錫的三位合夥人發表了一份報告〈人才之戰〉（"The War for Talent"），獲得廣泛的迴響，後來還變成暢銷書。他們提出的基本論點是，現代公司的成功與否全看他們吸引及留住「頂尖人才」的能力。

那本書一開始就問：「**我們所謂的才華是什麼？**」麥肯錫的回答是：「最概略的說法是，才華是一個人的能力總和，包括他的天分、技巧、知識、經驗、智慧、判斷力、態度、個性和幹

勁，也包括他的學習力和成長力。」那個清單還挺長的，可見才華很難被精準地定義。不過，他們把「天分」擺在能力清單的第一個，我一點都不意外。

《財星》雜誌以麥肯錫做為封面報導時，一開始就寫道：「麥肯錫的年輕合夥人總讓人覺得，只要灌他一兩杯雞尾酒，他可能就會開始講一些令人尷尬的話題，例如跟你比SAT考幾分。」記者指出：「麥肯錫對於分析能力（或者他們自己人所說的『聰明』）的重視，簡直到了走火入魔的程度。」

麥肯錫以招募及獎勵聰明人著稱，有些人擁有哈佛、史丹佛等名校的企管碩士學位，其他的人就像我一樣，都有「看起來腦袋應該還不錯」的資歷。

我在麥肯錫面試的經驗和多數同事差不多，先回答一些像腦筋急轉彎的問題，測試我的分析能力。面試官請我就坐以後，先自我介紹，接著問我：「每年美國生產幾顆網球？」

「我想這有兩個解題方法。」我回答，「第一種方法是請較合適的對象，或是請職業工會之類的組織告訴你。」面試官點頭回應，但是他的表情看起來是想聽另一種解法。

「或者，你可以做一些基本的假設，做一些乘法，算出數字。」面試官咧嘴而笑，看來我說出他想要的答案了。

我說：「假設美國的人口大約二‧五億，而且最活躍的打網球族群是介於十歲到三十歲之間，大致上約占四分之一的人口，所以會有六千萬多一點的人打網球。」

面試官一聽，興趣跟著來了。我繼續照著那個邏輯推論下去，以毫無根據的粗略數字做乘除運算，包括估計有多少人打網球、他們打球的頻率、一場球賽可能使用幾顆球、壞掉或遺失的網球需要更換的頻率等等。

由於每一步推算我都做了毫無根據的假設，最後得出來的數字可能很離譜，但我說：「這個計算牽涉的數學對我來說不是很難，畢竟我正在指導一位小女孩分數的概念，我們一起做了很多心算。但如果你真的想知道，當我真的需要得到這個答案時，實際上會怎麼做，我可以告訴你：我會直接打電話請教確實知道答案的人。」

這下子面試官笑得更開心了，接著他告訴我，他已經從剛才的互動以及我的申請文件中（包括我的SAT分數，這是麥肯錫一開始篩選應徵者時，非常重視的項目）獲得他需要的資訊。換句話說，如果麥肯錫對美國企業的建議是「建立重視天賦的文化」，那麼麥肯錫確實言行一致，他們真的是這樣篩選人才的。

我加入麥肯錫的紐約辦公室後，同事告訴我，第一個月都會在佛羅里達州清水市（Clearwater）的豪華飯店裡度過。我和三十幾位新進員工一起受訓，他們跟我一樣都缺乏商業訓練，但每個人都擁有亮眼的學歷，例如坐我旁邊的傢伙有物理學博士學位，另一邊的是外科醫生，後面是兩位律師。

我們對管理大致上一無所知，對特定的產業也毫無概念。但是那種狀況很快就改變，我們必須在一個月內完成「迷你

MBA」的密集速成班。既然我們都是審核通過的超速學習者，我們肯定能在極短的時間內熟悉大量的資訊。

我們才剛剛搞懂現金流量的概念、營收和利潤的差異，對所謂的「私營企業」有一些基本概念，就被分派到世界各地的分公司，加入顧問團隊，和適合的企業客戶配對，幫他們解決任何問題。

我很快就發現，麥肯錫的運作模式很直接。企業針對自家員工搞不定的棘手問題，每月支付一大筆錢，聘請麥肯錫的顧問團隊來幫他們解決。每個專案進入尾聲時，我們必須提出一份報告，內容必須遠比他們自己內部的任何提案都更厲害。

某天，我為一個營收數十億美元的醫療器材集團製作簡報，歸納一些大膽、概括性的建議。我突然意識到，我真的不知道自己在講什麼。團隊裡還有資深顧問，也許他知道的更多，但也有比我資淺、剛剛大學畢業的顧問，他們肯定比我知道的更少。

那為什麼企業還要付那麼高的費用聘請我們呢？首先，我們擁有局外人的優勢，觀點不受內部政治角力的影響。我們也有一套解決企業問題的方法，是以假設和資料為依據。執行長找麥肯錫來解決問題可能有很多很好的理由，但我覺得最主要的原因是，他們認為我們應該比現場的工作人員都更聰明。聘請麥肯錫，意味著雇用「最好、最聰明」的人選，彷彿最聰明一定就是最好的。

〈人才之戰〉報告指出，卓越的企業會積極培養最有才華的員工，同時也積極淘汰資質與表現最差的人。在那樣的公司，員工薪資有巨幅差異不僅很合理，還是公司所追求的目標，為什麼？**這種贏家通吃的激烈競爭環境，可以鼓勵最聰明的員工留下來，也讓被認為最沒潛力的員工趁早另尋其他工作機會。**

　　記者麥唐諾（Duff McDonald）對麥肯錫做了目前為止最深入的研究，他認為這種企業理念比較貼切的說法應該是「向常識宣戰」（The War on Common Sense）。麥唐諾指出，麥肯錫在報告中列出的企業典範，後來表現都不好。

　　記者葛拉威爾（Malcolm Gladwell）也批評〈人才之戰〉的觀點。他指出，安隆（Enron）就是用麥肯錫鼓吹的「天分至上心態」管理公司的典型例子。我們都知道，安隆的下場很慘，它曾經是全球數一數二的能源貿易公司，《財星》雜誌曾連續六年把安隆評為美國最創新的公司。然而，二〇〇一年底安隆申請破產時，可以明顯看出歷年來優秀的獲利表現都是靠大規模、系統性的做假帳達成的。安隆崩解時，數以千計的無辜員工失業，失去醫療保險和退休金，當時是美國史上最大宗的企業破產案。

　　安隆的崩解不能單純怪罪於員工太聰明，也不能說是因為員工沒有恆毅力，但葛拉威爾提出很有說服力的論點。他說，安隆要求員工證明自己比其他人都聰明，這種心態無形中促成一種自戀文化，公司漸漸充滿超級自命不凡、卻因為內心極度缺乏安全感而拼命炫耀的員工。這種企業文化鼓勵短期績效表現，不鼓

勵長期的學習和成長。

分析安隆崩解始末的紀錄片《安隆風暴》（*The Smartest Guys in the Room*）也提出同樣觀點。安隆崛起的過程中，擔任執行長的史金林（Jeff Skilling）曾是麥肯錫的顧問，他相當聰明，但盛氣凌人。史金林為安隆設計了一套績效評估系統，每年為員工打考績，並且立刻開除考績墊底的15％員工。換句話說，無論你的個人績效有多好，只要你的績效比其他同事差，就會遭到解雇，安隆內部把這種作法稱為「考績定去留」（rank-and-yank）。史金林認為這是安隆最重要的策略之一，但最後這可能也變相促成了獎勵欺騙、不重誠信的工作環境。

迷信資優，讓我們忘了努力

天分是壞事嗎？我們都一樣有天分嗎？這兩個問題的答案都是否定的。能夠迅速學會任何技能，當然很棒。而且，無論你喜不喜歡，有些人的學習能力就是比較強。

既然如此，偏好「天才」多於「勤奮努力的人」有什麼不對？《美國達人》（*Americas Got Talent*）、《X音素》（*The X Factor*）、《天才兒童》（*Child Genius*）之類的電視節目有什麼缺點？為什麼我們不該把七、八歲的孩子分成「資優」和「非資優」兩類？這種以「選才」、「選秀」為名的才藝節目究竟有什麼傷害？

在我看來，太在意天分可能是有害的，原因其實很簡單：

把焦點集中在天分上，可能讓我們忽略掉其他的一切。我們潛意識裡普遍的概念都是：比起天分，包括恆毅力在內的其他特質，都沒有那麼重要。

以考夫曼（Scott Barry Kaufman）為例，他的辦公室就在我辦公室隔壁的隔壁，他和我認識的心理學家很像，每天醒著的時候通常都在閱讀、思考、收集資料、統計數據、寫作，也在科學期刊上發表研究結果，他認得非常多音節複雜的高階單字。他擁有卡內基美隆、劍橋、耶魯大學等名校學位，拉大提琴是他平日的消遣。

但童年時期，大人都覺得考夫曼學習比較遲緩，他們當時的判斷也沒錯。考夫曼解釋：「小時候我經常耳朵發炎，所以沒辦法即時處理聽到的聲音訊息，我總是比班上的孩子慢一兩拍。」事實上，他因為課業進步太慢被編到特教班，小學三年級還唸了兩遍。當時，學校的心理學家讓考夫曼做智力測驗。考夫曼說那次測驗令他非常不安，過程實在「太恐怖了」，他考得極差，還因此被轉到專為學習障礙孩童設立的特殊學校。

於是，考夫曼在特教學校待到十四歲，直到某天，有一位觀察入微的特教老師把他找過去，問他為什麼不去上比較難的課程。在那之前，考夫曼一直相信自己智力不夠，以為自己缺乏天分，未來的發展應該也很有限。

遇到相信他有潛力的老師是一個關鍵的轉捩點，讓他的心態從「你只能做到這樣」變成「誰知道你能做到怎樣？」。那一

刻，考夫曼第一次開始思考：「我是誰？我是有學習障礙、沒有未來的孩子嗎？還是有其他的可能？」

為了找出答案，考夫曼報名了校內的各種挑戰，例如拉丁文課程、音樂劇、合唱團。**他不見得每一項都表現得很好，但是從每項挑戰中，他都學到新的東西，他發現自己是有希望的。**

不過，考夫曼確實也發現，他學大提琴特別輕鬆。他的祖父曾在費城交響樂團擔任大提琴手將近五十年，他覺得祖父應該可以教他大提琴。祖父真的開始教他，考夫曼開始學大提琴的那個暑假，他每天練習八、九的小時，下定決心非要進步不可，不只是因為他喜歡大提琴而已。「我一心想讓大家知道，我的智商可以學習任何事情，當時我根本不在乎學的是什麼。」

他確實進步了，到了秋天，他憑著琴藝加入高中的管弦樂團。如果故事就到這裡，可能和恆毅力沒什麼關係。但接下來，考夫曼繼續練習，甚至增加練習的時數，把午餐時間也用來練習，有時甚至蹺課練習。到了高中最後一年，他變成樂團的大提琴副首席，同時也參加合唱團，獲得多種獎項的肯定。

他的課業也開始改善，當時他修了很多資優課程。他的朋友幾乎都是資優班的學生，考夫曼想加入他們的世界，也想談論柏拉圖、破解益智遊戲、學習更多的東西。當然，以他童年被測出來的智商來說，那是不可能的。他記得學校的心理學家在餐巾紙上畫了一個鐘形曲線，指著曲線頂點說：「這裡是平均值。」接著把筆尖往右移：「你必須在這裡才有資格進入資優班。」接

著又往左移：「這是你現在的位置。」

考夫曼問：「在線上的哪一點，努力的成果可以超越潛力？」

心理學家搖搖頭，暗示考夫曼死了這條心。

那年秋天，考夫曼決定他想研究「智力」這個東西，自己找出結論。他申請卡內基美隆的認知科學系，但沒有錄取。當然，拒絕信沒有說明原因，但是以他出色的學業成績和課外活動的表現來看，考夫曼自己推測是SAT成績不夠的緣故。

考夫曼回憶道：「我下定決心，非進卡內基美隆不可。我不管，反正我要想辦法讀我想研究的東西。」於是，考夫曼去卡內基美隆大學的歌劇系面試，為什麼？因為歌劇系不太要求SAT成績，他們在乎的是音樂資質和表達力。大一時，考夫曼選修心理學課程，不久，他開始輔修心理學系。接著，他把主修從戲劇系改成心理系，最後以優等成績畢業，還入選Phi Beta Kappa斐陶斐榮譽學會的會員。

我跟考夫曼一樣，小學的時候也做過智力測驗，測驗結果說我不夠聰明，沒辦法進資優班。但不知道為什麼，可能是老師再給我一次機會重測吧，隔年我又做了一次智力測試，突然又合格了，也許我的智商就是剛好卡在資優的邊緣。

如果要解釋這些轉折，一種說法是**天分確實很重要，但是衡量天分的測驗爛透了**。我們確實可以說天分測驗以及心理學家研究的任何測驗（包括恆毅力測驗）都不夠精確。

但另一種結論是，太專注於有沒有天分，導致我們忽略了一樣重要的東西：那就是努力。下一章我要主張，天分雖然重要，但努力加倍重要。

3

努力，雙倍重要
那些成就者沒說出口但習以為常的事

　　每天我都會讀到或聽到「天分」這個詞。報紙的各個版面，從體育到財經，從週末版的演員和音樂家專訪，到頭版的政治新秀，有關天分的報導到處都是。彷彿任何人只要有值得被報導的成就，我們就馬上認定他有過人的天分。

　　我們過於強調天分，就低估了其他各種條件的重要性。好像在我們內心深處已經認定，天分遠比努力還要重要，就像下圖：

天賦　　　　　　　　　　→ 努力成果

例如，最近我聽廣播，主持人在比較美國總統柯林頓與其夫人希拉蕊，說兩人都是卓越的溝通者，但柯林頓有政治天分，希拉蕊需要刻意把自己塑造成政治人物。總之，柯林頓是天才，希拉蕊是努力的人，言下之意是希拉蕊永遠比不上柯林頓。

其實我自己偶爾也會掉入這樣的陷阱。每次遇到令我非常非常欽佩的人，我腦中可能反射性地讚嘆：「真是天才！」我應該比誰都更清楚，天分不是唯一的原因，但我還是會有這樣的反應，這究竟是怎麼回事？為什麼我們的潛意識依然偏好天才？

幾年前，我讀到一篇有關游泳健將的研究：〈卓越見於平凡〉（"The Mundanity of Excellence"）。研究的標題已經清楚說明了它的結論：最頂尖的人類成就，其實都是無數元素匯集的結果，而每個元素就某種意義上來說，都很平凡無奇。

完成這項研究的社會學家錢布利斯（Dan Chambliss）指出：「卓越的表現，其實是由數十種小技巧或活動融合而成。每一種都是經過學習，或是偶然領悟到訣竅，接著再經過反覆的鍛練，變成習慣，持續地以和諧一致的方式呈現。那些行動都沒什麼超凡之處，只不過有人能持續不斷地精準呈現，一切平凡行動結合起來，創造了卓越。」

但是一般人很難接受「平凡」這種論點。錢布利斯做完分析後，曾經讓同事讀其中幾章的內容，同事告訴他：「你要寫得更生動一點，讓這些人看起來更有趣些……」。

後來我聯繫錢布利斯，追問他的觀察結果。過程中，我才

知道他自己也是游泳好手，而且還兼差當過教練很多年，當時他開始對天分這個概念很感興趣，很想了解天分真正的意義。成為助理教授以後，他決定對游泳健將做深入的定性研究。他總共花了六年的時間採訪觀察，有時還跟著游泳選手和教練一起生活及出征比賽。他觀察各種層級的游泳選手，有地方的游泳俱樂部，也有未來準備參加奧運的菁英團隊。

他說：「天分也許是我們最常用來解釋運動成就的外行說法。」彷彿天分是藏在「實際表現背後，某種無形的東西，是讓最頂尖運動員脫穎而出的關鍵」。這些卓越的運動員似乎都有「某種特殊天分是我們沒有的，就像體內的某種『東西』，或許是先天體型、遺傳的、心理的或生理的。總之，有些人『有』，有些人欠缺。有些人是『天生的運動好手』，有些人不是。」

我覺得錢布利斯說得對極了。當我們無法解釋為什麼某個運動員、音樂家或任何人表現令人讚嘆時，我們很容易乾脆下這樣的結論：「這是天分！那不是別人能教你的。」換句話說，當我們無法輕易解釋，一個人如何靠經驗和訓練展現出超乎尋常的成果時，我們習慣直接把那個人視為天才。

錢布利斯指出，游泳好手在傳記裡透露了很多讓他們如此卓越的因素。例如，最有成就的游泳健將幾乎都有熱愛運動的父母，他們的父母都有足夠的收入聘請教練來指導孩子，四處遠征參加比賽，還有最重要的：可以找到泳池練習。而且多年來，他們投入數千個小時不斷地練習，不斷地精進許多個別的項目，這

些項目彙總起來，才創造出無懈可擊的表現。

「認為驚人的表現完全是靠天分」雖然不正確，但這種誤會是可以理解的。錢布利斯解釋：「這是很容易產生的誤解，尤其一般人大概每四年才會從電視上的奧運轉播看到頂尖游泳選手的表現，或是只看到他們比賽的樣子，沒看過日常的訓練。」

錢布利斯也提到一點，成為游泳好手所需的天分，門檻其實比多數人想的還低。

我問：「你的意思應該不是指我們每個人都可以成為飛魚菲爾普斯（Michael Phelps）吧？」（註：二〇一六年里約奧運後，菲爾普斯成為奧運史上奪金數及總獎牌數最多的運動員。）

「當然不是。」錢布利斯說，「某些體型上的優勢是無法訓練出來的。」

我又追問：「而且，即使一樣努力又獲得同樣的教練指導，有些游泳好手就是進步得比別人多，不是嗎？」

「沒錯，但重點是，卓越是可以勤練出來的。卓越是由許多個別能力組成的，每項能力項目都是可以訓練的。」

錢布利斯想強調的是，如果你能把經年累月的心血，用縮時攝影呈現，你也會看到他看到的真相：卓越其實是平凡行為的日常累積。但是，只要逐步熟練每個平凡的項目，就能解釋一切嗎？我也想知道，難道卓越的祕密就只有這樣？

「我們都喜愛神祕與神奇，這是人之常情。」他說，「我也是如此。」

接著，錢布利斯告訴我，某天他觀看羅迪·蓋恩斯（Rowdy Gaines）和馬克·史畢茲（Mark Spitz）游泳的情況。「史畢茲在一九七二年的奧運會上奪得七面金牌，在菲爾普斯出現以前，那是驚人的創舉。」他解釋，「一九八四年，也就是退休十二年後，史畢茲又出現了。那時他差不多三十五歲，和當時百米自由式世界紀錄保持人蓋恩斯一起游泳。他們游了幾回合五十米的比賽（泳池來回一趟的衝刺）。幾乎都是蓋恩斯贏得比賽，但是比到一半後，整個團隊都站在泳池邊，目不轉睛地看著史畢茲游泳。」

整個團隊都和蓋恩斯一起訓練過，他們都知道他游得多好，大家都看好他拿到奧運金牌，但由於年齡差距，團隊中沒有人和史畢茲游過泳。

一位選手轉向錢布利斯，指著史畢茲說：「天啊，他簡直跟魚一樣。」

我從錢布利斯的語氣中可以聽出那種嘆為觀止的感受。即使他深信平凡無奇的累積效應，他似乎也很容易受到天分的吸引。於是我又追問，那種出神入化的表現是否已經接近奇蹟？

錢布利斯叫我去讀尼采。

尼采？那個哲學家？十九世紀德國哲學家的說法可以用來解釋史畢茲神乎奇技的泳技嗎？後來我發現，尼采也曾經長期苦思同樣的問題。

天才，成了我們的藉口

尼采寫道：「當一切都很完美時，我們不會追問這一切是怎麼來的。我們滿心歡喜地沉浸在其中，彷彿一切都像變魔術一般湧現。」

我讀到那段文字，想到那些年輕選手看著偶像史畢茲展現出超越人類極限的身手。

「沒有人能看見藝術家的作品**是如何變出來的**。」尼采說，「這是藝術創作的優勢，因為一旦我們能看見藝術生成的過程，它就會因此失去魔力。」換句話說，**我們想要相信史畢茲天生就能用無人能及的方式游泳**，我們不想坐在游泳池畔，看著他從業餘人士變成職業高手，我們比較喜歡渾然天成的卓越，我們深信奇蹟，不相信平凡。

但這是為什麼呢？為什麼我們想要騙自己相信，史畢茲的精湛泳技不是他日積月累的成果？

「我們的虛榮、自戀促成了對天才的崇拜。」尼采說，「因為，只要把天才視為奇蹟，我們就沒有必要拿自己去跟天才相比，發現自己的不足……當我們稱某人是『奇蹟』時，也就表示『沒必要跟其相比了』。」

換句話說，把天才塑造成神話，讓我們就此擺脫負擔，能夠安心地維持現狀。我剛開始教書時，確實也是如此，我也誤以為每個人的成就是天分決定的，這樣一來，我和學生都可以不用再努力改變現狀了。

所以，優秀的真相究竟是什麼？尼采也得出和錢布利斯一樣的結論。創造卓越的人是「**專注於一個方向**，竭盡所能，充滿熱情地觀察自己與他人，在所有事物中洞察各種模式和動機，不斷地整合各種可行的方法」。

那天分又是什麼呢？尼采認為我們可以拿工匠當範例：「別再談天生的才華了！任何領域都可以找到沒什麼天分，卻很卓越的人物。**他們的優秀是透過努力而成就的，他們是逐漸變成『天才』**（如果一定要用這個詞）……他們都擁有一流工匠的認真態度，先學會正確地製作零件，再打造出優異的成品。他們投入時間，慢慢地琢磨，他們覺得把小細節做好，比完成亮眼的整體更有樂趣。」

關於成就，我的理論是……

我讀研究所二年級的時候，每週都會和指導教授賽里格曼（Marty Seligman）見面，每次我都很緊張。只要有賽里格曼在場，大家總會很緊張，特別是他的學生。

那時賽里格曼已經六十幾歲，擁有心理學界幾乎所有大大小小的榮耀，他早年的研究讓大家對臨床憂鬱症有更多認識。近幾年，身為美國心理協會會長，他確立了正向心理學領域，以科學方法探索人類的蓬勃發展。

賽里格曼體格很魁梧，嗓音低沈，他雖然都在研究「快樂」和「幸福」這種主題，但我不會用「開朗」來形容他。

有一次，我報告到一半，可能是在報告過去一週的進度或是下一步的研究，賽里格曼打斷我：「妳已經兩年沒提出好點子了。」

我當場愣住，盯著他，想知道他剛剛說的那句話是什麼意思。接著我突然回神，心想：「兩年？我進研究所都還沒滿兩年！」

沉默。

接著，他雙手交叉在胸前，皺眉說：「妳做了各種看起來很厲害的統計數據，而且還想辦法回收到學校每個家長簽名的同意書，也提出幾個不錯的看法。但是，妳沒有理論，妳沒有一個理論可以解釋成就的心理學。」

沉默。

我實在不知道他到底在講什麼，最後只好問他：「什麼是理論？」

沉默。

「別再讀那麼多東西了，妳要去思考。」

我離開他的辦公室，走進我的研究室，開始大哭。回到家，我又繼續對我先生哭。我暗暗咒罵賽里格曼很難搞，有時也會大聲罵出來。為什麼他只會說我做錯了什麼？為什麼他從來不誇獎我做對了什麼？

妳沒有理論……

那幾個字在我的腦中盤旋了幾天。最後，我終於擦乾眼

淚，停止咒罵，坐到電腦前，盯著螢幕上閃動的游標，我意識到自己除了觀察到「光有天分並不足以出類拔萃」，其實沒有提出太多新的論點。我還沒有想出天分、努力、技能和成就是如何組合在一起的。

所謂的理論，是一種解釋，以大量的事實和觀察為基礎，用最基本的語言來說明到底是怎麼一回事。理論必然不完整、而且一定是過度簡化的，但也只有透過理論，才能幫助我們理解。

如果天分無法解釋成就，那到底少了什麼？

自從賽里格曼說我沒有提出理論以後，我就一直在鑽研成就心理的理論，畫了許多圖案，寫滿了十幾本筆記本。我就這樣思考了十幾年，有時單獨思考，有時和要好的同事一起，最後我終於發表了一篇文章，列出兩個簡單的公式來說明天分到成就的過程。就是這兩個公式：

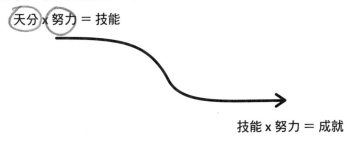

天分是指你下功夫努力了以後，技術與能力進步的速度；成就是你開始運用你習得技能。當然，機會（例如有好的教練或

老師）也非常重要，可能比個人因素還要關鍵也說不定。我的理論並沒有探討這些外在因子，也沒有納入運氣的成分，而是只看成就的心理，但因為心理並不是成就的唯一重點，所以這個理論是不完全的。

不過，我覺得它還是很實用。這個理論在說，相同情況下，考慮不同的個體時，每個個體的成就都是由兩個因素決定的：天分和努力。天分（技能進步的速度）當然很重要，但是**努力在算式中加倍重要，因為它被乘了兩次，不只一次。努力可以培養技能，在此同時，努力也讓技能變得更有效力（productive）**。我們舉幾個例子說明。

住在明尼蘇達州的知名陶藝家麥肯齊（Warren MacKenzie）九十二歲了，一生的歲月幾乎都在做陶器，未曾間斷。早年，他和同樣是藝術家的妻子嘗試了很多不同的藝術媒材。「你也知道，年輕時你總是以為自己什麼都能做。當時我們心想，我們可以做陶藝家、畫家、服裝設計師、珠寶工藝師。總之，我們可以這個做一點，那個做一點，當個多才多藝的全才藝術家。」

他們很快就發現，把一件事情做得愈來愈好，比淺淺地體驗很多種事物更有成就感。「後來我們都放棄作畫、放棄絹印，也放棄服裝設計，集中心力在陶藝上，那是我們真正的興趣所在。」

麥肯齊告訴我：「好的陶藝家一天可以做出四十或五十個陶器，其中有些很好，有些普通，有些很糟。」只有一些值得拿

出去販售。而那些賣出去的作品中，「經過經年累月的使用，依然令人愛不釋手的陶器又更少了。」

當然，麥肯齊在藝術界有一席之地，不只是因為做出很多好陶器，是因為他作品本身的美。「我盡力做出最動人的陶器，妝點別人的家。」但為了簡化起見，一般還是會用麥肯齊這一生完成的耐久、美麗的作品數量，衡量他作為藝術家的成就。身為陶藝大師，他的一生不可能只完成一兩件動人的作品就滿足。

麥肯齊還是每天拉坯，長年的努力讓他的技能進步了。「我回想我們剛開始捏陶時做的陶器，有些作品很糟。當時我們覺得很棒，已經達到我們當時的最高境界，但那時我們的想法還很粗淺，所以做出來的陶器也很粗淺，缺少我現在追求的深度。」他說：「最初一萬個陶器很難做，後來就愈來愈容易。」

抓到製作陶器的要領之後，再加上技巧漸漸純熟，麥肯齊每天做出的好作品愈來愈多，這就是：

$$天分 \times 努力 = 技能$$

在此同時，他的好作品總量也增加了，於是：

$$技能 \times 努力 = 成就$$

在不斷的努力下，麥肯齊愈來愈擅長達成他的目標：「製作出最動人的陶器，妝點別人的家」。同時，他也因為投入那些努力而成就陶藝的更高境界。

我們只是無法一夜之間

「蓋普天生擅長說故事。」

這句話節錄自約翰·厄文（John Irving）的第四本小說《蓋普眼中的世界》（*The World According to Garp*）。厄文就像小說裡的虛構主角，非常會說故事，有「當代美國文壇最強說書人」的美譽。目前為止，厄文寫過十幾本小說，多數都是暢銷書，其中半數已被改編成電影。《蓋普眼中的世界》贏得國家圖書獎，厄文為《心塵往事》（*The Cider House Rules*）編寫的劇本也贏得奧斯卡肯定。

和蓋普不同的是，厄文不是天生就擅長說故事。蓋普「可以不斷地想出很多內容，而且還能前後呼應」，厄文的小說則需要不斷地改寫，改了一版又一版。關於早期的寫作歷程，厄文曾說：「關鍵在於，我會全篇改寫……我開始認真看待自己不是天才這件事。」

厄文記得，高中時他的英語成績是C-。SAT語文項目，滿分800他拿475，也就是說，大概三分之二的考生都考得比他好。厄文高中留級了一年，才能修滿畢業學分，他記得老師都覺得他又懶又笨。

其實厄文不懶也不笨，他有嚴重的閱讀障礙。「我是最不被看好的學生……如果同學可以一小時讀完歷史作業，我就要給自己兩三個小時。學不會拼字，我就做了一份自己常拼錯的字彙清單。」厄文的兒子診斷出閱讀障礙時，他才終於明白為什麼自

己以前課業表現不佳。厄文的兒子閱讀速度明顯比同學慢,「他需要用手指著每個句子,跟我閱讀的方式一樣,我現在還是那樣。除非是我自己寫的東西,否則我讀得很慢,而且一定要用手指著。」

✓ 由於讀跟寫對厄文來說都不容易,他學到「想把任何事情做得非常好,就必須付出加倍的努力……以我自己為例,我學到自己必須多花兩倍的注意力與心力。於是我慢慢明白了,重複做同樣的事情,一遍又一遍,即使天生不會,也可以變成像天性一般自然的習慣。我發現,我是有能力完成某件事的,只是不是一夜之間就能學會。」

小時候就展現過人資質的天才是否也學到同樣的啟示?他們是否也發現,一再重複同樣的事情、努力掙扎奮鬥、沉著的耐力,都是可以靠學習得到的能力,只是無法瞬間成就?

有些天才可能也知道這點,但是人生早期就吃足苦頭的人可能更有體會。厄文說:「我有信心寫出那些小說,是因為我相信我有足夠的耐力,能夠一看再看、一改再改我寫的東西,無論有多難。」完成十部小說以後,厄文說:「身為作家,我最擅長的是重寫。我修改小說或劇本的時間,比寫初稿還多。」

「後來那變成一種優勢。」厄文察覺到自己無法像其他人讀寫得那麼流暢,「寫小說時,寫的再慢都沒關係,之後一改再改也不會怎麼樣。」

在日積月累的努力下,厄文成為史上文筆最精湛、最多產

的作家之一，也成了寫作大師，創造出感動數百萬人（包括我在內）的故事。

哈佛的跑步機實驗

威爾・史密斯（Will Smith）曾以音樂作品榮獲葛來美獎，也曾以演技獲得奧斯卡獎的提名。他對天分、努力、技能和成就有獨特的見解。他曾說：「我從來不覺得我特別有天分，我最擅長的是近乎強迫症的職業道德。」

在史密斯眼中，成就主要是堅持到底。有人請他說明他在演藝圈崛起的原因，他說：

> 我覺得我唯一與眾不同的是，我不怕死在跑步機上。總之，我一定撐得比別人久。你可能比我有天分、比我聰明、比我性感，甚至樣樣都比我強，但是我們要是一起站上跑步機比賽，只可能出現兩種結果：不是你先下跑步機，就是我跑到死為止，就那麼簡單！

一九四〇年，哈佛大學的研究人員也想到同樣的點子。為了了解「健康男性的特質，幫助大家過更幸福、美好的生活」，他們找來130位大二學生，要求他們在跑步機上跑五分鐘。他們把跑步機的坡度調得特別陡，速度也調得很快。參與者平均只能在跑步機上停留四分鐘，有些人甚至只能停留一分半。

跑步機測試故意被設計得很難，讓參與者不僅身體的負荷

很大，心理上的壓力也很大。研究人員先衡量跑步結果，接著再按照基準體適能做調整，評估受試者的「耐力和意志力」。哈佛研究人員知道，賣力跑步不僅和有氧代謝力及肌力有關，也和「受試者激勵自己的意願，或忍受不了辛苦而放棄的傾向有關」。

數十年後，精神科醫生斐伊能（George Vaillant）追蹤當初參與跑步機測試的年輕人。這些人都已經六十幾歲，大學畢業後，研究人員每兩年就會追蹤聯繫他們，每位受試者在哈佛都有一個塞滿問卷、通信內容、深度訪談筆記的個人檔案夾。例如，研究人員記錄了每個人的收入、職業發展、請病假天數、社交活動、自我評估的工作和婚姻滿意度、精神科就診紀錄，或是否服用過鎮靜劑等情緒改變藥物。所有資訊都會納入他們成年後的心理調適評估。

研究人員發現，他們二十歲做的跑步機測試結果，對於成年後的心理調適狀況，居然是非常可靠的預測指標。斐伊能和他的團隊以為，待在跑步機上的時間跟這些人年輕時的身體健康程度有關，所以表示年輕時的身體健康程度可以預測後來的心理健康狀況。不過，他們發現按照基準體適能調整後，對於「跑步機停留時間和心理健康的相關性影響並不大」。

換句話說，威爾·史密斯確實說出了重點，在人生這場漫長的馬拉松，努力是極大的關鍵。

我最近問斐伊能：「換成是你的話，你會在跑步機上待多

久？」我這樣問，是因為我覺得斐伊能本身就是恆毅力的典範。他在職涯之初，剛結束住院醫師的實習時，發現了跑步機測試的研究資料以及當時蒐集到的受試者資訊。那項研究就像接力賽一樣，代代相傳，從一個研究團隊交給下一個研究團隊，大家對那項研究的興致愈來愈低，直到交棒到斐伊能的手中。

斐伊能重振了研究動力，他用郵件和電話重新和受試者聯繫上。此外，他還親自到世界各地訪問他們。斐伊能現在八十幾歲了，比原始研究的多數受試者還要長壽。他正在寫第四本書，內容就是探討這個有史以來歷時最久的人類發展研究。

聽到我問他在跑步機上的耐力會如何，斐伊能回答：「喔，我其實不是很有毅力。我在飛機上玩填字遊戲時，稍微想不出來，就會偷看答案。」

所以玩填字遊戲時，他的恆毅力不太高。

「家裡有東西壞掉，我都是找我老婆幫忙處理。」

「所以你覺得你不是恆毅力很高的人？」我問道。

「那個哈佛研究之所以能夠延續，是因為我不斷的堅持下去，那是我長久以來唯一關注的焦點，因為那個研究令我深深著迷。世界上找不到比觀察人類成長更有趣的事了。」

停頓片刻之後，斐伊能開始回憶他在大學預備學校裡的往事。他是田徑校隊的一員，參加撐桿跳比賽。為了進步，他和其他的選手會練習引體向上，他稱為「下巴練習」，因為引體向上時，要把下巴撐過單槓上方才能鬆手，再重複同樣的動作把身體

往上撐。

「我可以做最多次下巴練習，比隊上其他人都多，不是因為我很有運動細胞，是因為我平常就做很多，我一直在練習。」

80%的成就靠持續上場

有人請作品豐富的編劇兼導演伍迪・艾倫給年輕藝術家一些意見，他說：

> 我的看法是，一個人實際完成一部戲劇或小說以後，距離製作或出版就不遠了，而不是像絕大多數的人告訴我，他們想要創作，卻連提筆都做不到，從來沒寫過一本書或劇本。

或者，套用伍迪・艾倫更犀利的說法：「人生中80%的成功是靠『上場』（showing up）。」

一九八〇年代，老布希和前紐約州長庫默（Mario Cuomo）經常在演講中提起這句話，讓這句話變成了流行語。所以，即使共和黨和民主黨的領袖在很多事上都有歧見，說到堅持到底的重要性，他們倒是很有共識。

我告訴斐伊能，如果一九四〇年我是哈佛研究團隊的一員，我會提出一個建議：讓那些年輕人選擇隔天還要不要再來測驗一次。我猜有些人可能會再來測一次，看自己的成績會不會進步，有些人則是對第一次成績已經很滿意。也許有些人還會問研究人員，是否知道什麼身體或心理方面的技巧，可以幫他們在跑

3
努力，雙倍重要

71

步機上停留久一點。也許這些人還會想測第三次、第四次也說不定。接著，我會根據他們自願重測的次數來計算恆毅力分數。

停留在跑步機上的時間，確實和我們身體不適時依然堅持下去的程度有關。但是留在跑步機上是一回事，隔天再回來，想要再測一次，那又是另一回事了，我覺得那更能反映出恆毅力的高低。因為你要是隔天不回來，選擇永遠抽離，努力就馬上歸零。因此，你的技能不會再進步，同時，你的技能也不會再產生任何後續的成就。

跑步機其實是很貼切的比喻。根據估計，大約40%購買運動器材的人，使用器材的次數不如預期。每次運動時，我們鞭策自己的程度當然很重要，但我覺得完全放棄運動，才是進步更大的阻礙。任何教練或運動員都會告訴你，<u>持續的努力才是關鍵</u>。

我們起跑以後，還沒有跑完就放棄的頻率有多高？現在全美各地的地下室裡，有多少塵封已久的跑步機、健身腳踏車、舉重器材？多少孩子參與運動還不到一季就不想玩了？多少人發誓要為朋友織毛衣，但是袖子才織一半就丟下鉤針？設計居家菜園、自製廚餘堆肥、執行節食計畫等等，也都是如此。多少人一開始興沖沖地投入某件事，但一遇到障礙或進入高原期就放棄？

√ 很多人似乎都<u>放棄得太早，或是太常放棄</u>。比起一天之內投入多少心力，對恆毅力高的人來說，更重要的是他們隔天以及後續的每一天，都準備好站上那個跑步機，繼續跑下去。

如果我提出的數學公式大致上沒錯，那麼天分是別人的兩

倍、但努力程度只有別人一半的人，可以達到和別人一樣程度的技能。但是長期下來，靠天分的人成就會比他人少很多。因為勤奮努力的人不僅技能不斷進步，他們也不斷在運用那些技能：捏陶、寫小說、執導電影、舉辦演奏會等等。如果陶器、著作、電影和演奏會的品質和數量是重點，勤奮努力的人雖然和天才的技能程度相當，但是他只要投入更多努力，長期下來成就會愈高。

　　威爾・史密斯說：「天分和技能是截然不同的，很多想要出類拔萃、想追求夢想、想要為世界做出貢獻的人，對這兩者有很大的誤解。天分是與生俱來的，技能只能靠每天每天不斷地磨練。」

　　這裡我再補充一點，技能和成就也不一樣。不努力的話，你的天分只不過是尚未開發的潛力。經過努力，天分才會轉變成技能，同時，**持續努力也會讓技能創造出成果。**

4

你的恆毅力有多高

評量你的熱情 × 毅力分數

　　最近我對華頓商學院的大學生做了一場關於恆毅力的演講。演講結束後，我還沒收完講台上的筆記，一位很想創業的學生就衝到台前自我介紹。

　　他很迷人，洋溢著年輕人特有的活力與熱情，讓人覺得教育年輕一代是很有成就感的事。他興奮地告訴我一件事，想證明他非常有恆毅力。那年稍早之前，他為自己的新創事業募集了數千美元，為此付出極大的心力，經常通宵熬夜。

　　我聽了很佩服，也讓他知道我的感想，但我還是趕緊補充，「恆毅力」比較重視的是耐力（stamina），而非衝勁（intensity）。「所以，如果一兩年後你依然那麼投入你的專案，請寫信給我，我可以更深入地分析你的恆毅力。」

　　他一臉疑惑地說：「幾年後我可能就不是在做這件事

了。」有道理。很多工作一開始看起來很有前景，後來的發展不如預期。很多看似樂觀的企劃案最後都被丟進垃圾桶。

「好吧，也許幾年後你不做這個新創事業了，但如果你不在同一個產業，**而是做完全無關的東西，你的故事可能不是恆毅力的範例。**」

「你是指待在同一家公司嗎？」他問道。

「不見得，但是一直換公司，從使用某些技能轉換成全然不同的技能，不太像是恆毅力的表現。」

「如果我常換工作，但是我都非常努力呢？」

「**恆毅力不只是非常努力而已**，那只是其中的一部分。」

他沉默了一陣子。「為什麼？」

「首先，卓越是沒有捷徑的。培養真正的專業，解決真正困難的問題，都需要時間，而且需要的時間遠比多數人以為的久。而且你需要運用那些專業技能，創造出對大家有用的商品或服務，羅馬不是一天造成的。」

他看起來還在聽，所以我又接著說。「重點是，恆毅力是指投入一件你非常在乎的事情，在乎到你願意一直守著它。」

「恆毅力是投入你熱愛的事情，這個我懂。」

「沒錯，是做你熱愛的事情，但不只是愛上它的那一瞬間，而是永遠永遠愛它。」

恆毅力量表

	一點都 不像我	不太 像我	有點 像我	很像 我	非常 像我
1. 有新的概念和專案出現時，有時會讓我從之前的想法和專案中分心。	5	4	3	2	1
2. 我不會因為挫折就氣餒，我不輕易放棄。	1	2	3	4	5
3. 我常常設定目標以後，又改追求不同的目標。	5	4	3	2	1
4. 我很努力工作。	1	2	3	4	5
5. 我很難專注於需要花費好幾個月才能完成的專案。	5	4	3	2	1
6. 任何事情只要開始動手，我一定要完成才肯罷休。	1	2	3	4	5
7. 每年我的興趣都會改變。	5	4	3	2	1
8. 我很勤奮，從不放棄。	1	2	3	4	5
9. 我曾經有很短的一段時間對某個點子或專案很入迷，但後來就失去興趣了。	5	4	3	2	1
10. 為了克服重要的挑戰，我不害怕挫折的打擊。	1	2	3	4	5

測量你的恆毅力

　　你的恆毅力有多高？左頁是我為西點軍校設計的恆毅力量表，這份量表也用於本書提到的其他研究。閱讀每句話，並在右邊欄位圈選最符合你的狀態。別想太多，只要問自己，和「多數人」（不只是同事或親友）相比，你的狀況如何就好了。

　　恆毅力總分的計算，是把你圈起來的點數加總起來，除以10。這個量表的最高分是5分（恆毅力最高），最低分數是1（恆毅力最低）。

　　你可以用下表來比較你的分數和美國成年人的狀況＊。

百分位數	恆毅力分數
10%	2.5
20%	3.0
30%	3.3
40%	3.5
50%	3.8
60%	3.9
70%	4.1
80%	4.3
90%	4.5
95%	4.7
99%	4.9

＊註：如果你的得分是 4.1，表示你比樣本中 70% 的美國成年人恆毅力還高

記得，你的分數是反映你現在對自己的看法，你現在的恆毅力可能和你年輕時不同。如果以後你有機會再填一次恆毅力量表，分數可能又不一樣。這本書會提出充分的證據，說明恆毅力是可以改變的。

恆毅力由兩個部分組成：熱情（passion）與毅力（perseverance）。如果你想要更深入探索，可以計算這兩部分個別的分數：熱情的分數是加總量表中奇數題的分數之後，除以5；毅力的分數是加總偶數題的分數之後，除以5。

如果你的熱情分數高，毅力分數可能也比較高；反之亦然。不過，我猜你的毅力分數會比熱情分數稍微高一點，並不是所有人都是如此，但我研究的多數人有這樣的傾向。例如，我在寫這一章的內容時，自己又再寫了一次恆毅力量表，我得到的總分是4.6，其中毅力項目分數是5.0，熱情項目的分數是4.2。乍聽之下或許很奇怪，但是對我來說，長期執著於一致的目標，比努力投入、受挫後再努力還要更困難。

從「毅力分數往往高於熱情分數」的普遍情況可以看出，熱情和毅力不是同一件事。我用本章接下來的內容解釋兩者的差異，以及如何把它們看成兩個構成整體的項目。

熱情是長期不變的投入

在填恆毅力量表時，你可能會注意到，**有關熱情的奇數問題都不是問你對目標的投入有多熱切**。你可能覺得奇怪，因

為熱情往往是描述強烈的情感。對很多人來說，熱情和癡狂（infatuation）或著迷（obsession）是同義詞。但是我訪問高成就者成功的關鍵時，他們的描述通常不太一樣。他們一再提到的是**長期不變的投入**，而不是投入的熱切程度。

我聽過廚師說，他們從小看茱莉亞‧柴爾德（Julia Child）的烹飪節目長大，從此以後一直對烹飪相當入迷。我聽過一些投資人說，他們投資四、五十年以後，對金融市場還是像第一天交易那麼熱中。我也聽過數學家解同一個數學題好幾年，日也想、夜也想，但他們從來不會說：「該死的定理！我不解了！我要改做別的。」這就是為什麼，**上述有關熱情的問題是問「對目標的堅持有多持久」**。熱情適合用來形容持久的投入嗎？有人可能會認為，我應該換一個更貼切的用語，也許吧。但重點是這個概念：三分鐘熱度很常見，持久的熱情則很罕見。

以《紐約時報》東非辦事處的傑夫‧蓋托曼（Jeffrey Gettleman）為例，他擔任處長已經約十年了。二〇一二年，他以東非衝突的報導榮獲普立茲國際報導獎，在國際新聞界很知名。大家很欽佩他冒著生命危險追求真相的勇氣，以及面對難以想像的恐怖事件，仍然無畏報導的意志。

我和蓋托曼二十幾歲時就認識，當時我們都在牛津大學讀碩士。那是我進入麥肯錫、成為老師、當上心理學家之前的年代。對蓋托曼來說，那也是他還沒寫過任何新聞報導的年代。當年的我們都不知道出社會要做什麼，都在拼命摸索著。

最近我電話採訪蓋托曼，他目前住在奈洛比，那是他在非洲奔波各地採訪的總部。每隔幾分鐘，我們就必須跟對方確認是否還能聽見彼此的聲音。我們回憶當年的同學、分享小孩的事，接著我請蓋托曼想一想熱情這個概念，以及熱情在他的人生中以什麼方式展現。

　　「很久以前，我就很清楚自己想去的地方。」蓋托曼說，「就是在東非生活，在東非工作。」

　　「喔！我都不知道這件事，我以為你的熱情是新聞業，而不是世界上的某個地方。如果你只能從當記者或住在東非這兩個選項中選一個，你會選什麼？」

　　我以為蓋托曼會選記者，結果不是。

　　「新聞業很適合我，我始終對寫作情有獨鍾，也很容易適應新環境。即便是新聞業必須處理衝突的那個面向，也跟我的個性很合，我喜歡挑戰權威。但是就某種程度來說，我覺得新聞業始終只是達到某個目標的手段。」

　　蓋托曼的熱情是在好幾年的歲月中培養出來的，不是被動的發現過程，而是積極的培養。蓋托曼不是單純出去尋找熱情，他是自己創造熱情。

　　十八歲時，蓋托曼從伊利諾伊州的埃文斯頓（Evanston）搬到紐約州的綺色佳（Ithaca），那時他對未來的職業生涯仍一無所知。他在康乃爾大學讀哲學系，部分是因為「那個系的入學條件最寬鬆」。大一升大二的暑假，他第一次踏上東非的土地，那

是一切的開始：「我不知道該怎麼解釋，那個地方深深地震撼了我，那裡有一股靈氣，我非常想和那塊土地產生連結，把那裡變成我人生的一部分。」

蓋托曼一回到康乃爾大學，就開始學斯瓦希里語。大二結束後，他休學一年，到世界各地自助旅行。旅途中，他重返東非，再次體驗到首次造訪當地的感動。

不過，他還是不知道如何在當地謀生。他是怎麼想到成為記者的？有位教授很欣賞蓋托曼的文筆，建議蓋托曼走新聞業，但蓋托曼當時心想：「那是我聽過最蠢的主意了……誰想去無聊的報社工作？」（我以前我對當教授也有同樣想法：「誰想當無聊的教授啊？」）最後，蓋托曼真的加入學生報社《康乃爾太陽日報》（*Cornell Daily Sun*），但不是撰稿，而是當攝影師。

「我去牛津時，其實不知道要念什麼。牛津的教授很驚訝我不知道自己想做什麼。他們的反應是：『那你為什麼來這裡？這裡是認真做學問的地方，你應該清楚知道你想做什麼，不然就不該來這裡。』」

當時我以為蓋托曼會走新聞攝影的路，他讓我想起金凱（Robert Kincaid），就是電影《麥迪遜之橋》（*The Bridges of Madison County*）裡由克林‧伊斯威特飾演的博學又充滿智慧的攝影師。那部電影正好在我跟蓋托曼認識的時候上映，事實上，我還記得二十年前蓋托曼給我看的照片，我以為那是《國家地理雜誌》的照片，結果居然是他自己拍的作品。

蓋托曼在牛津的第二年，覺得新聞業更加適合他：「後來我對記者的工作了解更多，知道那樣的工作可能可以帶我回非洲，而且可能很有趣，我可以寫一些比我原本想像更具原創性的東西。於是我心想：『管他的！這就是我將來要做的事。』我開始精心規劃記者的生涯發展，因為記者這一行是很講究資歷的，從A如何晉升到B，再如何到C、D，路徑非常清楚。」

　　步驟A是為牛津大學的學生報紙《徹韋爾報》（*Cherwell*）撰稿。步驟B是到威斯康辛州的小報當暑期實習生。步驟C是到佛羅里達州的《聖彼得堡時報》（*St. Petersburg Times*）跑市政新聞。步驟D是《洛杉磯時報》。步驟E是《紐約時報》的亞特蘭大特派員。步驟F是派駐海外，報導戰地新聞。二〇〇六年，就在他設定目標的十年後，他終於達到步驟G：擔任《紐約時報》東非辦事處的主任。

　　「那段過程非常辛苦，沿途上我被帶到各種地方，過程相當辛苦、常常令人很沮喪、洩氣、害怕。但最後，我到了這裡，真的走到了我想去的地方。」

　　當你思考熱情對蓋托曼以及許多恆毅力典範的意義時，就會發現，一般人常用煙火來比喻熱情並不恰當。煙火燃燒出耀眼的光芒，但很快就熄滅了，只留下幾縷輕煙和曾經絢麗的回憶。蓋托曼的旅程顯示，**熱情其實比較像羅盤，它需要時間打造、校準、直到找到正確的方向，在前方漫長蜿蜒的一路上，指引你到達想去的地方。**

熱情是支撐一切的人生哲學

美國職業美式足球西雅圖海鷹隊的教練卡羅（Pete Carroll）對熱情的看法是：「你有人生哲學嗎？」

對有些人來說，那個問題沒什麼意義，我們可能會說：「我追求的東西很多，我有很多目標，很多專案，你指的是什麼？」

但有些人可以毫不猶豫地回答：「這就是我想要的。」

我們要先了解卡羅問的目標是指什麼，他不是問你今天想完成什麼，或是今年想完成什麼，他是問你想從人生中獲得什麼。套用恆毅力理論的用語，他問的就是你的「熱情」是什麼。

卡羅的人生哲學是：把事情做得比以前所有人做得都更好。他就像蓋托曼，花了一些時間才確定他想追求的人生目標，那個轉折點出現在他擔任教練的低潮：當時他剛被新英格蘭愛國者隊開除總教練身分，那是他職業生涯中第一年、也是唯一的一年沒有打美式足球、也沒有擔任教練。那時候，朋友鼓勵他思考比「下個工作該做什麼」還要更抽象一點的課題：「你一定要找到自己的哲學。」

卡羅發現他毫無頭緒，應該開始好好尋找自己的人生哲學：「如果我還有機會帶領球隊，就需要有一套哲學，支撐所有的行動。」卡羅想了很多，「之後的好幾週和幾個月，我都在寫筆記和收集資料。」同時，他也在讀加州大學洛杉磯分校（UCLA）傳奇籃球教練伍登（John Wooden）的著作，伍登曾

經創下十次全國冠軍的領軍記錄。

卡羅跟許多教練一樣，他早就讀過伍登的書。這次重讀，他更深入地了解這位偶像級教練的理念。伍登最重要的主張是，雖然一支球隊需要做好非常多事情，但是最重要的還是找出能夠貫徹球隊精神的首要願景（overarching vision）。

當下卡羅領悟到，所有特定目標（贏得某場比賽或某季冠軍、找出進攻隊形、和球員溝通的方式）都需要協調一致、目的清楚，他說：「要有一個清楚的哲學提供指引，勾勒出界線，讓你持續走在正確的軌道上。」

確立人生終極目標

要了解卡羅所謂的目標，我們可以用階層的方式想像。

底層是最具體、明確的目標，也就是待辦清單上的短期任務。例如，今天我想在早上八點以前出門、我想回事業夥伴的電話、我想完成昨天寫到一半的email。這些底層目標只是「達成目的的方法」。我們想要完成這些目標，是因為它們讓我們獲得想要的其他東西。相反地，目標層級愈高，目標就愈抽象、愈全面，也愈重要。**目標層級愈高，目標本身就愈接近最後的目的，而不只是「達成目的的方法」。**

我畫的示意圖目標只有三層，是簡化的示意版。在最低與最高的目標中間，可能有很多層目標。例如，八點以前出門是底層目標，它很重要是因為你想達成再上一層「準時上班」的目

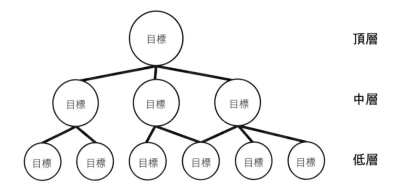

標。為什麼你會在乎準時上班，因為你想要守時。為什麼你在乎守時？因為守時是對共事者的尊重。為什麼尊重很重要？因為你想成為優秀的領導者。

如果你在問自己一連串「為什麼」的過程中，得到「沒有別的原因！」的答案，就表示你已經抵達目標階層的頂端。**頂層目標不是達成目的的方法，它就是「目的本身」**。有些心理學家喜歡稱此為「終極目標」（ultimate concern），但我把頂層目標想像成羅盤，不僅指引方向，也賦予底下各層目標意義。

以入選棒球名人堂的傳奇投手西佛（Tom Seaver）為例。一九八七年，西佛四十二歲退休時，總共累積了311勝、3,640個三振、61場完封、防禦率達2.86。一九九二年，西佛獲選進入名人堂，得票比率創下史上最高記錄98.8％。二十年的職棒生涯中，

西佛的目標是「日復一日，年復一年，每一次都盡可能投出最好的成績」。以下是西佛的終極目標賦予下層目標意義的方式：

> 投球決定了我的飲食、睡覺時間、清醒時的種種活動，也決定了我不投球的時候如何生活。如果我必須去一趟佛羅里達，我會注意絕不在太陽下打赤膊，因為曬傷會讓我好幾天無法投球。如果我要摸小狗，我會提醒自己要用左手摸，也要記得用左手為壁爐添加柴火。冬天我會提醒自己吃脫脂的茅屋起司，別吃巧克力脆片餅乾，避免體重增加，影響表現。

西佛描述的生活聽起來有很多嚴格的限制，但他自己並不這麼覺得。「投球讓我很快樂，我這輩子專心一意地投球，我已經確定這是我想做的事。投球狀況好時，我會很快樂，所以我只做那些能夠讓我投球表現好、能夠讓我快樂的事。」

我所謂的熱情，不只是指你很在乎某件事而已，而是持久關注同樣的終極目標，始終不渝。你一心一意，每天醒來想的問題都和你睡前想的一樣。就某種意義上來說，你總是朝著同一方向前進，寧可只往前邁進一小步，也不想往旁邊任何其他方向跨出一步，在某些極端的情況，有人可能會說你太執著了。你大多數的行為都可以回溯到你對終極目標，也就是你對人生哲學的執著。

你確立了人生輕重緩急的順序。

如何達到最頂層目標

恆毅力，是長期專注於同樣的頂層目標，而且根據卡羅的說法，「人生哲學」不僅非常有趣，也極其重要，它會左右你清醒時的許多活動安排。恆毅力高的人中層目標和底層目標通常都和終極目標相關。相反地，缺乏恆毅力可能是因為目標層級彼此之間不太連貫。

以下是一些缺乏恆毅力的狀況。我遇過很多年輕人都能明確說出他們的夢想，例如當醫生或是進NBA打籃球，也可以很明確地想像夢想實現時會有多麼美好，但他們無法說出達成夢想的中層和底層目標。他們有頂層目標，但下面沒有中層或底層目標支撐著。

只有頂層目標

我的好友、也是心理學家的厄廷根（Gabriele Oettingen）稱這種情況為「樂觀幻想」（positive fantasizing）。厄廷根的研究顯示，一味的樂觀，沉溺在美好的未來願景，卻沒有實際思考達成目標的方式，也沒有預先思索過程中可能遇到的阻礙，這種模式只有短期效益，長期必須付出代價。短期內，想當醫生的願望讓你自我感覺良好；但長期來看，你終究會對無法達成目標的自己感到失望。

我覺得更常見的狀況是，擁有很多中層目標，但是那些中層目標都沒有連結到一致的頂層目標：

或是有幾個相互競爭的目標層級，彼此之間毫無關連：

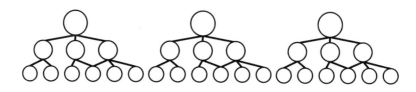

某種程度上來說，目標互相衝突是人生必然的現象。例如，我有一個目標層級是我的專業，另一個是身為母親。就連傳奇投手西佛也說，職棒選手四處奔波比賽、練習的生活，讓他沒有很多時間陪伴家人。所以，即使投球是他在職業上的熱情，他的生命中顯然還有其他目標層級也很重要。

我和西佛一樣，在工作上也有一個目標層級：運用心理學幫助孩子發展。但是我還有另一個目標層級，是盡全力成為兩個女兒的好媽媽。有上班的家長都知道，兼顧兩個「終極目標」極不容易，好像永遠沒有足夠的時間、精力或注意力處理兩邊的狀況，我已經決定接受這種兩頭燒的狀況、學習與它共存。年輕

時，我考慮過其他選擇（不要發展職業生涯，或是不要養兒育女），但後來我覺得，其實沒有所謂「正確的決定」，只有適合我的決定。

所以，所有行動都依據單一個頂層目標，是非常理想化的極致狀態，即使是最有恆毅力的人可能也無法做到。不過我認為，我們可以透過簡化精煉，根據對終極目標的重要程度，把大量的中低層目標濃縮到剩下幾個最關鍵的目標。我也覺得，最理想的是**專注一個頂層專業目標，而不是好幾個**。

總之，目標階層愈統一、一致、協調，效果愈好。

巴菲特縮減目標的祕訣

億萬富豪巴菲特（Warren Buffett）的財富都是他這輩子自己投資累積的，他的身價大約是哈佛大學捐贈基金的兩倍。據說，巴菲特曾經教給他的私人飛機駕駛一套確認優先要務的祕訣。

故事是這樣的：巴菲特問長年跟著他的私人機師，除了載著巴菲特飛到各地之外，他還有什麼更遠大的夢想。機長承認，他確實還有其他夢想，於是巴菲特教給他三個步驟。

第一步，寫下二十五個職業生涯的目標。

第二步，很深入地思考、反省，從二十五個目標中圈出五個最優先的目標，五個就好。

第三步，認真看一遍你沒有選的那二十個目標，那些就是

你無論如何都要盡力避開的事，它們只會讓你分心，占用你的時間和精力，讓你無法專注於更重要的目標。

我第一次聽到這個故事時，心想：「怎麼可能有二十五個職業目標那麼多？不是很荒謬嗎？」於是，我開始在筆記本上列出我手邊的所有專案。列到第三十二行時，我發現這個練習對我真的有一些幫助。

有趣的是，我當下想到的大多屬於中層目標。一般人被要求寫出好幾個目標時，通常都會自然而然地想到中層目標。

為了幫我自己排出優先順序，我又畫了額外的欄位，區分這些專案有趣的程度和重要性。我以1到10分評估每項目標，1代表有趣度和重要性最低，10代表最高。我把兩個數字相乘，得到一個介於1到100的數字。我的目標中，沒有一個目標的「有趣度×重要性」高達100，但也沒有一個目標只有1。

接著我嘗試巴菲特的建議，只圈出最有趣及最重要的幾個目標，把其他的目標都歸入「想盡辦法迴避」的類別。

我試過了，但是辦不到。

我為這件事想了一天，不知道我和巴菲特究竟誰才是對的。我發現我有很多目標是彼此相關的，多數目標都是「達成目的的方法」，可以幫我往終極目標邁進：幫孩子獲得成就與蓬勃發展。只有少數幾個專業目標和這個終極目標無關，所以即使不太情願，我還是勉強把它們歸入「想盡辦法迴避」的類別。

如果我有機會和巴菲特當面討論那份清單（這不太可能，

因為我的個人疑問不太可能排進他的目標層級），他肯定會告訴我，這個練習的目的是要我們認清一個事實：時間和精力都是有限的。**成功的人要決定「要做什麼」，必要先決定他「不做什麼」**。我懂這個道理，但實際上我還需要加強。

我想表達的是，這種確認優先要務的傳統方式還不夠。當你必須把心力和時間分給好幾個高層專業目標時，你會非常掙扎。**你需要一個內在的羅盤指引方向，不是兩個、三個、四個或五個**。

所以，針對巴菲特這套找出優先順序的三步驟方法，我會再加一個步驟：問自己：『這些目標中還有什麼共同目的？』你的目標愈是集中於同一個目標階層（這很重要，表示它們都是為了達成同樣的終極目標），你的熱情就會愈專注。

用這種找出優先要務的方式，就能成為名人堂投手嗎？或是成為世界首富？可能不會。但你更有機會在你在乎的領域成功，更接近你想要到達的目標。

有些目標必須放棄

當你用階層的方式整理過所有目標，就會發現恆毅力並不是不計代價、永無止境地追求清單上每個低層目標。事實上，你可能會放棄你現在非常投入的某些事，它們不見得都會有成果。當然，你應該努力嘗試，甚至投入比你原先所想更久的時間，但如果那件事只是達成某個更重要目標的一種方法，你其實不必把

法蘭克・孟代爾（Frank Modell），《紐約客》，1962 年 7 月 7 日。The New Yorker Colleciton/The Cartoon Bank

自己逼到絕境、非得完成不可。

　　我在本地的圖書館聽知名《紐約客》插畫家羅茲・查絲特（Roz Chast）演講時了解到，讓每個低層目標符合整個目標階層樹，是很重要的事。查絲特說，現在她被退稿的頻率大約是90％，以前的退稿率更高。

　　於是，我打電話給《紐約客》的插畫編輯鮑伯・曼克夫（Bob Mankoff），詢問一般的退稿率是多少。我覺得90％聽起來高的驚人，鮑伯告訴我，查絲特其實是特例。呼！我一聽鬆了口氣，還以為全球的插畫家投稿十次，就有九次被拒絕。但曼

克夫接著說，大多數插畫家遇到被退稿的情況更多！在《紐約客》，特約插畫家的作品見報率已經比其他插畫家高出許多，每週《紐約客》大約收到五百幅漫畫投稿，但每期雜誌平均只能從中挑出十七幅刊登。我算了一下：退稿率超過96％。

「天啊！見報率那麼低，誰還持續投稿啊？」

曼克夫自己就是持續投稿的插畫家之一。曼克夫的故事顯示了一個重點：也許有點矛盾，但是要以過人的毅力堅持達到最終的頂層目標，其實需要對較低層級的目標保有彈性。一旦你累積足夠的生命經驗，確立了最高層目標，像用鋼筆寫下目標；而較低層級的目標則是用鉛筆寫的，可以被修改、刪除、被新目標取代。請容我用一點也不像《紐約客》水準的插圖來說明：

低層目標可被修改、刪除、取代

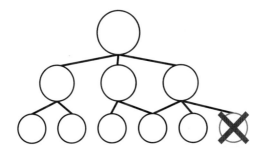

打叉的低層目標已經被淘汰，可能是拒絕信、挫折、死胡同、失敗。恆毅力高的人會感到失望，甚至很傷心，但他們不會

失落太久。不久，恆毅力高的人又會找到另一個能夠達成同一終極目標的新低層目標。例如，再開始畫另一幅插畫。

找到能達成終極目標的新低層目標

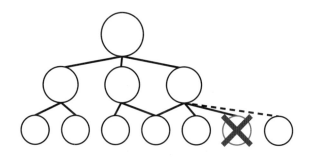

綠扁帽有一句座右銘：「應變、調適、超越。」很多人小時候常聽到：「一試再試，做不成，再試一次。」這是很中肯的建議，但是也有人說：「一試再試不成，就試試別的方式。」能夠彈性改變較低層的目標就是這個意思。

一試再試也行不通之後

曼克夫的故事是這樣的：他就像《紐約時報》東非辦事處長蓋托曼，並沒有很早就確定自己的熱情。小時候他很愛畫畫，他沒有讀本地的高中，而是去讀拉瓜迪亞音樂藝術中學（LaGuardia High School of Music and Art），電影《名揚四海》

（*Fame*）就是根據那所學校拍攝的。曼克夫進入拉瓜迪亞以後，親身體驗到藝術領域的競爭有多激烈，讓他非常恐懼。

曼克夫回憶：「接觸到真正的繪畫天才，好像讓我的天分就此枯萎。畢業後，我整整三年沒碰畫筆、鉛筆或筆刷。」他選擇進入雪城大學讀哲學和心理學。

大四那年，他買了傳奇畫家霍夫（Syd Hoff）的《學習插畫》（*Learning to Cartoon*）。霍夫本身就是「努力加倍重要」的典範，他一生為《紐約客》畫了571幅插畫，創作了六十幾本童書、兩篇長篇連載漫畫、為其他刊物畫過數千幅插畫和漫畫。霍夫的《學習插畫》開篇就明快地寫道：「成為插畫家很難嗎？不難，為了證明這點，我寫了這本書……」最後一章的標題是「如何面對退稿信」。整本書中間的內容則是談構圖、透視、人形素描、面部表情等等。

曼克夫根據霍夫的建議，創作了27幅插畫，拜訪一家又一家雜誌社，兜售他的插畫（但不是《紐約客》，《紐約客》不會直接見畫家）。當然，每位編輯都馬上婉拒了，多數編輯叫他隔週再試著畫更多的插畫。曼克夫不禁納悶：「更多？怎麼可能有人畫得比27幅還多？」

曼克夫還沒來得及重讀《學習插畫》的最後一章「如何面對退稿信」，就收到越戰的徵召令。他不太想上戰場，事實上他根本不想去，為了逃避徵召，他馬上轉行成為實驗心理學的研究生。後續幾年，曼克夫在做老鼠迷宮實驗的同時，還不斷找時間

畫畫。就在拿到博士學位前，曼克夫突然意識到心理學不是他這輩子的志業：「我記得當時心想，我最獨特的人格特質是別的。我會是你見過最幽默的人——我當時是那樣看待自己的——我很搞笑。」

曼克夫試過兩種靠幽默感為生的方式：「我心想，好吧，我可以當單口諧星，或者當插畫家。」於是他全心投入這兩個領域：「白天我用心寫腳本，晚上畫畫。」但時間一久，他發現這兩個中層目標的其中一個更吸引他：「那個年代的單口脫口秀跟今天不太一樣，不是在喜劇俱樂部裡表演，我必須去波希特帶（Borscht Belt，1920年代到1970年代之間是紐約猶太人的度假區，以提供喜劇、搞笑演出聞名），但我不是很想去……我知道我的幽默感不太能跟那群觀眾產生共鳴。」

於是曼克夫放棄了諧星之路，全力投入插畫。「連續投稿兩年後，我唯一得到的成就是：我累積的《紐約客》退稿信可以貼滿整間浴室的牆壁。」雖然偶爾有一些小小的勝利，有其他雜誌願意買他的作品，但那時曼克夫的頂層目標已經變得更明確，也更遠大：他不只想靠搞笑為生，他想成為全球頂尖的插畫家。「《紐約客》在插畫界的地位，就像棒球界的紐約洋基隊，是最好的團隊。」曼克夫說，「如果你能加入他們，你也是世界頂尖。」

那些堆積如山的退稿信告訴曼克夫，「一試再試」行不通，他決定換個方式。「我去紐約公共圖書館，把一九二五年之

後《紐約客》刊登過的插畫都看了一遍。」原本他以為是自己畫得不夠好，但是從那些作品可以明顯看出，有些非常出名的《紐約客》插畫家，技巧也不是一流水準。曼克夫接著心想，也許是他的圖說長度不對，可能太短或太長，但是這點也不成立。圖說通常很短，但不是人人都寫得很短，他的圖說長度看起來並沒有明顯不同。接著，曼克夫心想，難道是他的幽默類型不適合《紐約客》？也不是。有些知名插畫家的風格異想天開、有些是諷刺路線、有些充滿哲思，有些則是純粹趣味。

這些插畫家的共通點是：他們都會讓讀者思考。

另一個共通點是：每個插畫家都有獨特的個人風格，沒有一個「最好」的風格。最重要的是，每位插畫家都以某種深刻又獨特的風格展現自我。

曼克夫翻閱過每一期《紐約客》的每幅插畫，知道自己也可以做到那樣，甚至做得更好。「我心想：『我可以畫出這種圖，也可以畫出那種圖。』我很有信心。」他知道他有能力畫出發人省思的插畫，也知道自己可以發展出獨特的個人風格。「我嘗試了幾種風格，後來決定採用點畫法。」現在，這種出名的點畫被稱為「點描法」（stippling），曼克夫高中時接觸到法國印象派畫家秀拉的作品，自己也嘗試過這種畫法。

一九七四到一九七七年間，被《紐約客》退稿大約兩千次之後，曼克夫又再次投稿了下頁這張插圖，終於被採用了。

隔年，《紐約客》買了13幅曼克夫的插畫；再隔一年，買

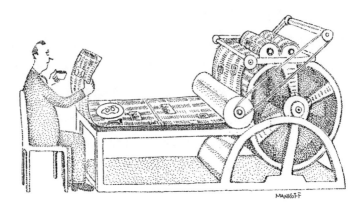

鮑伯‧曼克夫，《紐約客》，1977 年 6 月 20 日，The New Yorker Collection/The Cartoon Bank.

了25幅；接著，又增加到27幅。一九八一年，曼克夫收到《紐約客》來信，詢問他是否願意成為特約插畫家，他當然答應了。

————

　　現在，曼克夫身為編輯兼前輩，他建議有志成為插畫家的人一次以十幅為單位投稿，因為「畫插畫就像人生，十之八九不如人意。」

　　事實上，放棄低層目標不僅情有可原，有時甚至是絕對必要。當某個低層目標可以換成另一個更可行的目標時，就應該被放棄。如果另一個低層目標（達到同樣目的的不同方法）比較有效率、有趣或是更合理，你就更有理由轉換。

　　漫長的旅程，勢必會繞一些遠路。

不過，目標的層級愈高，愈應該堅持下去。我自己盡量不執著於某個研究補助申請沒通過，或是學術論文被拒絕，或是實驗失敗。失敗確實很痛苦，但我不會難過太久。相反地，我不太容易放棄中層目標，我也無法想像有什麼事情會讓我改變終極目標，就是西雅圖海鷹隊總教練卡羅說的「人生哲學」。我一旦找到羅盤的各部分零件，拼出完整的羅盤以後，那個羅盤就會持續指引著我，朝同一方向邁進，日復一日，年復一年。

考克斯的偉人 IQ 報告

　　早在我第一次開始做訪談、踏上研究「恆毅力」的路以前，史丹佛大學的心理學家考克斯（Catharine Cox）就研究過高成就者的特質。

　　一九二六年，考克斯用301位傑出歷史人物的生平為基礎，發表研究結果。這些人包括詩人、政治與宗教領袖、科學家、軍官、哲學家、藝術家和音樂家。他們生活的年代都比考克斯調查的時間早了大約四百年，這些人物也都留下足以收錄在百科全書中的偉大成就。

　　考克斯最初的目標是估計這些人物有多聰明，包括他們之間相互比較，以及相較於其他人。為了準確估計，她仔細搜尋了現有證據，尋找天才神童。接著，她再從獲得成就的年齡和成就的重要程度，估算每個人的童年智商。這項研究最後厚達八百多頁的總結報告（*Early Mental Traits of Three Hundred Geniuses*）包含

了這301位人物的個案，依智商從低而高排列。

考克斯的研究顯示，這群人中估計智商最高的是哲學家約翰‧史都華‧彌爾（John Stuart Mill），童年智商高達190，他三歲就學會希臘文，六歲就可以寫出羅馬簡史，十二歲時協助父親修訂印度史的考證資料。這群人中，排名最後的智商在100到110之間，只比一般人的平均智商高一點。這些人包括現代天文學之父哥白尼，化學家兼物理學家法拉第，西班牙詩人和小說家塞萬提斯。牛頓的排名則在中間，智商130——這也是現在許多資優班要求的最低智商。

考克斯根據這些智商估計值，推論這群優秀人物比我們多數人都還要聰明。這個推論並不令人意外。

令人意外的是，智商對於這些人成就，影響非常小。考克斯把這群人中成就最卓越的人稱為「前十名」，把相較之下成就相對小的名人稱為「末十名」。前十名的平均童年智商是146，末十名的平均智商是143，兩者的差距微乎其微。換句話說，在考克斯的樣本中，**智商和卓越成就之間的關係極其微小**。

考克斯的前十名——成就最高的天才

法蘭西斯‧培根爵士（Sir Francis Bacon）

拿破崙一世（Napoleon Bonaparte）

艾德蒙‧柏克（Edmund Burke）

歌德（Johann Wolfgang von Goethe）

馬丁・路德（Martin Luther）

約翰・彌爾頓（John Milton）

牛頓（Isaac Newton）

威廉・皮特（William Pitt）

伏爾泰（Voltaire）

喬治・華盛頓（George Washington）

考克斯的末十名──成就最低的天才

本生（Christian K. J. von Bunsen）

查莫斯（Thomas Chalmers）

查特頓（Thomas Chatterton）

科布登（Richard Cobden）

柯勒律芝（Samuel Taylor Coleridge）

丹頓（Georges J. Danton）

海頓（Joseph Haydn）

拉曼耐斯（Hugues-Felicite-Robert de Lamennais）

馬志尼（Giuseppe Mazzini）

繆拉（Joachim Murat）

如果智力不是決定一個人達到「前十名」成就或降到「末十名」的決定因素，那究竟是什麼因素決定的？考克斯和助理在鑽研成千上萬頁的傳記資料同時，也評估其中一百位天才的六十

七項人格特質。為了充分探索讓這些卓越人士脫穎而出的差異，以及造成「前十名」與「末十名」差別的原因，考克斯刻意挑了多種不同的特質，涵蓋了所有現代心理學家認為較重要的特質。

考克斯發現，這六十七項人格特質指標大多看不出卓越人士和一般大眾的差異。例如，卓越與否和外向、開朗或幽默感都沒關係。而且，這些卓越人士並不是學業成績都很優異。明確讓他們脫穎而出的只有四項指標，而且這四項指標也是「前十名」和「末十名」的差異所在，也就是超級成就者和普通成就者的差異。考克斯把這四個指標合稱為「動機的持久性」。

其中兩個指標可以改寫放進恆毅力量表的「熱情」項目。

- 為遠大目標奮鬥的程度，而不是只為了餬口。為未來人生積極準備。朝著明確的目標努力。
- 不因可以改變就輕言放棄。不會一味追求新鮮感。不會總是想要改變。

另外兩個指標則可以輕易改寫成恆毅力量表中的「毅力」項目。

- 意志力或堅持不懈的強度。只要打定主意就堅持到底的決心。
- 不因挫折就輕言放棄。堅持，不屈服，韌性頑強。

考克斯在研究摘要中總結：「高度智慧（但不需要最高等級的智商）結合最高的恆毅力，比智商最高但恆毅力較低，更能創造卓越成就。」

———

　無論你的恆毅力量表得分多少，我希望那個測量可以提供一個反思的機會。光是釐清目標、了解目標和你最重視的熱情是否契合，就是一種進步。更了解自己接到人生的退稿信後有多少堅持下去的毅力，也是一種進步。

　這是一個開始。下一章，我們會看到恆毅力會變化，以及它如何改變。之後，本書也會告訴大家如何加速培養恆毅力。

5

可以後天養成的特質

基因 × 經驗 同時影響人類每項特質

「恆毅力有多少程度是由基因決定的？」

每次我談恆毅力這個主題，通常一定會有人提出類似上述的問題。先天與後天，是大家都很關注的根本議題。我們直覺認為，身高之類的特質是由基因決定的，會不會說英語或法語之類的特質則是後天培育及經驗累積的結果。籃球教練常說：「身高是訓練不來的。」剛接觸到恆毅力這個概念的人都會想知道，恆毅力這個特質究竟比較像身高，還是語言能力。

恆毅力是否受到DNA的影響，有兩種回答：一個簡答，一個詳答。簡單回答是「有部分影響」，詳細的回答就比較複雜了，但我覺得這個問題值得我們深入探討。科學對於基因（先天）、經驗（後天）以及基因與經驗的交互作用對我們的影響，已經有長足的研究成果，但我發現，這類研究通常極為複雜，因

此大眾對這個主題依然有很多誤解。

首先，我可以很肯定地告訴大家，**人類的每項特質都同時受到基因和經驗的影響。**

以身高為例，身高確實是可以遺傳的特質。遺傳差異導致某些人長得特別高或特別矮，而多數人的身高則是介於極端值之間。

但最近幾個世代以來，男性與女性的平均身高確實都大幅增加。例如，軍隊記錄顯示，大約150年前，英國男性的平均身高是165公分，但現在的平均身高是178公分。其他國家平均身高的增幅更大，荷蘭現在的平均男性身高將近185公分，在過去150年內就增加了15公分以上。每次我見到來自荷蘭的研究夥伴，都會想到人類平均身高在幾個世代內的大幅增長。高大的荷蘭同事總是會貼心地彎下腰跟我說話，但我還是覺得自己彷彿身處一片紅杉樹林中。

人類基因組不太可能在短短幾個世代內有這麼明顯的改變，刺激身高的最大助力其實來自營養、乾淨的空氣和用水，以及現代醫藥的進步。順便一提，短短幾個世代的體重增幅更是顯著，但那好像是多吃少動的結果，不是DNA造成的。即使是同一世代，你也可以看到環境對身高的影響。飲食豐富健康的孩子長得比較高，營養不良則會阻礙成長發育。

同理，誠實和慷慨，還有恆毅力等特質，也受到基因和經驗的影響。智商、外向、熱愛戶外活動、愛吃甜食、變成老煙槍

的傾向、罹患皮膚癌的機率，以及任何你能想到的其他特質也是如此。先天很重要，但後天影響一樣重要。

先天？後天？

各式各樣的天賦都受到遺傳的影響，有些人先天音感就比較好，或是比較容易學會灌籃，或是比較擅長解二次方程式。**但是，天賦不完全是基因造成的，我們培養任何技能的速度也受到經驗的影響。**

例如，社會學家錢布利斯（Dan Chanbliss）高中時經常參加游泳比賽，但後來他發現自己不可能成為全國前幾名的泳將，就不再游泳了。

「我的體型較小。」他解釋，「而且腳踝無法蹠屈（plantar flex）。」什麼？再說一次？「我的腳指無法往下壓、腳板無法打直，那是身體結構上的限制，表示如果要比賽，我只能游蛙式。」我們談完之後，我還特地研究了一下「蹠屈」是什麼意思。伸展運動可以改善腳踝動作的範圍，但某些骨骼的長度確實會影響腳和腳踝的靈活度。

不過，阻礙進步的最大障礙不是身體結構，而是他獲得的訓練指導。「回想起來，我在幾個關鍵時點都碰到爛到爆的教練。我的高中教練帶了我四年，但他什麼也沒教我，真的是零。他教我蛙式轉身，但教的竟然是錯的。」錢布利斯後來因為經常接觸到國家級的教練及奧運教練，才終於獲得一流指導，那些經

驗對他有什麼影響？

「幾年後，我又開始游泳、恢復以前的身材，游兩百碼個人混合式的速度可以跟高中一樣快。」

這個故事應證了同樣的道理，先天有影響，後天也有影響，兩者都有影響。

———

科學家是怎麼確切知道，先天和後天都會影響天分和恆毅力之類的特質呢？過去數十年，研究人員一直在研究同卵和異卵雙胞胎，以及在相同家庭長大或分開成長的雙胞胎。同卵雙胞胎擁有完全一樣的DNA，異卵雙胞胎平均只有一半的DNA一樣。這個事實，再加上許多看起來很艱澀的統計數據（其實也沒有那麼難，只要有好的老師解釋給你聽，那些數據不難懂），讓研究人員得以從觀察雙胞胎長大之後與彼此的相似度，推斷每種特質的遺傳性。

最近，倫敦的研究人員告訴我，他們讓英國兩千多對十幾歲的雙胞胎做了恆毅力量表。那項研究預測，毅力的遺傳性是37％，熱情的遺傳性是20％。這個估計值和其他性格特質的遺傳性差不多。簡單來說，這表示大家在恆毅力上的差別，有些可以歸因於遺傳，有些可以歸因於後天經驗。

第二個重點是，**恆毅力的遺傳性不是單一基因造成的**。許多研究已經顯示，幾乎所有的人類特質都是由多基因支配，而不是

只受到單一基因影響。例如，根據最新數據，身高這項特質至少受到697種基因的影響，有些影響身高的基因也會影響其他特質。人類基因組總共有多達25,000種不同的基因，以我們還不太了解的複雜方式，彼此交互影響，也和環境因素交互影響。

總之，從這裡我們學到了什麼？第一，恆毅力、天分，以及其他和人生成就有關的所有心理特質，都受到基因及經驗的影響。第二，恆毅力以及其他任何心理特質都不只受到單一基因的影響。

———

第三個重點是：遺傳性的估計值說明了每個人和平均之間的差異，但是並沒有解釋平均本身也改變的這件事。身高的遺傳性說明了變異性（為什麼群體中有些人較高，有些人較矮），卻沒有說明平均身高為什麼改變。這點很重要，因為它證明了我們成長的環境確實有影響，而且影響很大。

人類愈來愈聰明？

另一個顯著的例子是以紐西蘭社會學家弗林（Jim Flynn）為名的弗林效應（Flynn effect）。弗林效應和「成就背後的科學」有更密切的關聯，弗林發現過去一百年人類的智商有驚人的提升。升高的幅度有多驚人？以現在最普及的魏氏兒童智力量表及魏氏成人智力量表來看，在研究的三十幾個國家中，人們過去

五十年的智商平均增加了15以上。換句話說，如果你拿現在的標準去衡量一百年前的智商，前人的平均智商是70，接近我們現在的弱智標準。如果你以一百年前的標準來衡量現在的我們，我們的平均智商是130，已經達到資優班的入學低標。

我第一次聽到弗林效應時，本來不相信。我們怎麼可能在那麼短的時間變聰明那麼多？

於是我打電話給弗林，告訴他我覺得這個結論令人難以置信，我想要更深入了解他的研究。弗林經常走訪世界各地，他還特地從費城飛過來跟我見面，發表演講分享他的研究。我們第一次見面時，弗林看起來很像卡通中典型學者的樣子：瘦瘦高高，戴著金邊眼鏡，一頭蓬亂的灰色捲髮。

弗林一開始先簡單描述智商改變這個的基本事實。他深入追蹤多年的智力測驗成績，發現某些測驗的進步幅度比其他測驗大。他走向黑板，畫出一條陡峭的直線，指出「抽象推理」項目的智力測驗成績進步幅度最大。例如，現在許多小孩可以回答「狗和兔子有什麼相似點？」這樣的問題，他們可能告訴你，狗和兔子都是生物或動物。在評分手冊中，這類答案只能得到一半的分數，有些孩子可能會說狗和兔子都是哺乳動物，這樣的洞察力可以拿滿分。相較之下，一百年前的孩子可能一臉疑惑地看著你說：「狗會追兔子」，零分。

人類愈來愈擅長抽象推理。

弗林講了一個籃球和電視的故事，解釋為什麼某些智力測

驗的項目進步很大，某些類型的進步不多。過去一百年，各層級的籃球比賽都變得愈來愈激烈。弗林在學生時代也打籃球，他深刻記得，籃球比賽在幾年內就發生很大的改變。這究竟是怎麼回事？

弗林指出，這一切都和電視有關。從小螢幕上觀賞籃球比賽時非常精彩，電視的出現助長了球賽的人氣。電視普及到每個家庭後，有更多的孩子開始打籃球，嘗試左手上籃、交叉運球、順暢完美地勾射，以及明星球員擅長的其他球技。每個小孩為了變強，無意間也為一起打球的其他孩子豐富了學習環境，因為精進球技的方法之一就是和比你強一點的孩子打球。

弗林稱這種提升技能的良性循環為「社群乘數效應」（social multiplier effect），他以同樣的邏輯說明抽象推理能力的世代進步。過去一百年，我們的工作和日常生活愈來愈需要我們運用分析與邏輯思考。我們上學的時間變長，學校每天都要求我們多做推理思考，而不是單純地死背。

環境的些微改變或遺傳上的差異，都可能啟動良性循環。無論是哪種方式，良性循環都會透過文化產生社群乘數效應，因為我們每個人都豐富了彼此的生活環境。

恆毅力一代不如一代？

下頁圖顯示恆毅力量表分數的年齡差異。這是取自美國成年人的樣本資料，從橫軸可以看出，這個樣本中，恆毅力最高的

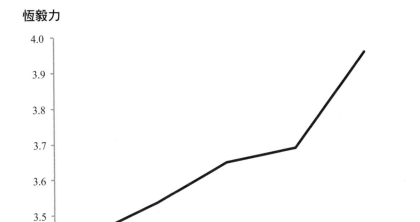

恆毅力

年齡

是六十五歲以上的成人；恆毅力最低的是二十幾歲的年輕人。

　　針對這樣的結果，一種解釋是：恆毅力似乎呈現「反向的弗林效應」。例如，六十幾歲的人恆毅力比較高，可能是因為他們在非常不同的文化中長大，也許那個年代的價值觀和規範比現在更強調熱情和毅力。換句話說，「最偉大的一代」（Greatest Generation，經濟大蕭條期間在美國成長、後來又去打第二次世界大戰的世代）比千禧世代還要有恆毅力，是因為文化氛圍的變遷。

　　以這種方式來詮釋恆毅力和年齡的關係，是某位年長同事

給我的靈感。他站在我後面看到這個圖時，不禁搖頭說：「我就知道！我在同一所大學教同齡的大學生一樣的課程，已經幾十年了。我可以告訴妳，現在的學生就是沒有以前認真！」我父親一輩子都在杜邦當化學家直到榮譽退休，他可能也會對第四章提到的那位華頓商學院創業者說出同樣的評語。即使那個年輕人為現在的事業通宵熬夜，但他已經有預感幾年內他會改做完全不同的新東西。

———

但是，另一種可能是，年齡也許和不同世代的恆毅力差異無關，那些資料可能只是顯示我們隨著時間變得更成熟罷了。我自己的經驗，以及蓋托曼和曼克夫等恆毅力典範的故事都顯示，當我們找到人生理念，學會在被拒絕與挫折後再努力、學會區別低層與高層目標，我們的恆毅力確實會增加。這套「成熟」說法的主張是：**隨著年齡增長，我們會漸漸培養出長期懷抱熱情和毅力的能力。**

要區別這兩種互相牴觸的看法，我們需要不同的研究。為了得出我在上一段內容描述的資料，我請不同年齡層的人評估自己的恆毅力，於是我得到年輕人和年長者的恆毅力概況。最理想的方式是追蹤這些人一輩子，就像心理學家斐伊能追蹤哈佛大學的跑步機實驗參與者一樣。由於恆毅力量表存在的時間還不夠長，我無法提供大家一輩子的恆毅力縮時影片。我自己也很想看

那部關於恆毅力的完整版電影，但目前只能拿到片段的快照。

　　幸好，人類還有許多面向的性格已經有長期的追蹤研究。在許多延續數十年的研究中，可以看到很明顯的趨勢。多數人隨著生活經驗增加，變得更加勤奮、更有信心、愛心和平靜。很多改變是發生在二十到四十歲之間，但事實上，人類一生的每個階段，性格都在演變。整體來說，這些資料顯示出人格心理學家所謂的「成熟原則」（maturity principle）。

需要是改變之母

　　人是會成長的，至少多數人是如此。某種程度來說，這也是與生俱來、生物性的變化。例如，青春期和更年期都會改變我們的性格。但整體來說，人生的種種經歷對於我們的性格改變影響更大。

　　人生經歷到底如何改變我們的性格？

　　其中之一是，我們從經驗中學到以前不知道的事。例如，我們可能從反覆的嘗試與犯錯中學到，一再轉換職業跑道，會一直無法得到滿意的成果。我二十幾歲時就是那樣，先是經營非營利組織，接著投入神經科學研究，然後成為管理顧問，之後又去教書。過程中我學到，當個「前途看好的初學者」很有趣，但是成為專家的成就感，遠遠超過前者。我也學到多年的認真努力常被誤認為是與生俱來的天賦，也學到要創造世界級的卓越，熱情和堅持一樣重要。

同樣地,我們和小說家約翰·厄文一樣,學到「想把任何事做得非常好,就必須加倍努力」,「重複做同樣的事,一遍又一遍,即使天生不會,也可以變成習慣」,最後認知到,要達到那種投入與堅持的程度「不是一蹴可幾的」。

除了性格以外,還有什麼會隨著年齡改變?

環境和處境也隨時間改變了。隨著年紀增長,我們被迫面臨新的狀況,踏入社會找工作、結婚、父母親變老,需要我們照顧,這些新的處境需要我們採取有別於以往的行動。世界上沒有比人類適應力更強的物種,我們會隨著情境改變,也會面對環境應變。

換句話說,**有需要,我們就會改變,需要是改變之母。**

舉個很日常的小例子。不知道為什麼,我的小女兒露西到了三歲還沒學會自己用馬桶上廁所。我和先生已經使出渾身解數,哄騙、誘導她別再包尿布。我們讀遍了相關的書,試遍所有方法(或者應該說,對於上班族家長來說,我們已經竭盡所能了),都沒有效果,露西的意志看起來比我們還要堅定。

露西滿三歲不久後,換到托兒所的另一個班級。原本的幼幼班,幾乎每個孩子都包著尿布,現在換到「大孩子」的班上,教室裡連尿布台都沒有。我第一天送她到新教室時,她張大眼睛環顧四周的新環境,我想她大概有點恐懼,想待在以前習慣的教室。

我永遠不會忘記那天下午去接露西放學,她露出笑容,自

豪地對我說她用了便盆，接著又告訴我她不用再包尿布了。是真的，她就在那一瞬間學會了自己用便盆上廁所。這是怎麼辦到的？因為當她和所有小孩一起排隊使用便盆，也知道接下來會輪到她自己時，她自然而然就跟著大家做了，她學會做需要做的事。

　　柏尼‧諾伊（Bernie Noe）是西雅圖湖濱中學的校長，最近他跟我們分享了他女兒的故事，充分說明了成熟原則。諾伊一家人住在校園內，他的女兒高中時幾乎天天遲到。某年暑假，女兒在當地的American Eagle服飾店打工，負責折衣服。上班第一天，店長就說：「喔，順便告訴你，只要遲到一次，你就被開除了。」她一聽非常震驚，沒有第二次機會嗎？她這輩子遇到的人總是很有耐心、善解人意，而且都會給她第二次機會。

　　接下來發生什麼事？

　　諾伊回憶道：「真的很驚人，我從來沒看過她這麼迅速地改變自己的行為。」突然間，為了準時或提早到不允許遲到的American Eagle上班，女兒設定兩個鬧鐘。諾伊身為校長，職責是引導、陪伴青少年邁向身心成熟之路，但是他覺得自己能影響的有限。「經營企業的人根本不會在乎孩子有沒有覺得自己很特別，他們在乎的是『你能達成任務嗎？如果不行，嘿，我們不需要你。』」

　　顯然，「事前提醒」遠不如「告知後果」來得有效。

　　總而言之，成熟原則告訴我們：隨著時間的推移，我們會

記取無法遺忘的人生教訓，因應環境日漸嚴格的要求。最後，新的思維和行為經過日積月累，變成慣性，直到某天，我們幾乎記不得以前那個不成熟的自己，我們已經調適了，而且調適的效果很持久。最後，我們的身分、我們看待自己的方式都進化了。我們成熟了。

整體來看，我收集的恆毅力和年齡資料同時呼應了兩種不同的詮釋。一種看法是，恆毅力會受到我們成長的文化背景影響。另一種詮釋是，年紀愈大，恆毅力愈高。兩種說法可能都對，我想兩者至少就某種程度來說都是對的。無論是哪一種說法，我們得到的快照圖都顯示，恆毅力不是固定的。就像心理特質的各種面向，恆毅力比你想像的更有可塑性。

培養恆毅力的四種方法

如果恆毅力可以增強，該怎麼培養呢？

我幾乎每天都會收到有人來信詢問如何強化恆毅力。許多人感嘆自己做任何事情都無法堅持到底，沒有想做到最好的決心。他們覺得自己浪費了天分，很迫切地想要找到一個長期目標，用熱情和毅力追求那個目標。但他們不知道該從哪裡下手。

不錯的起點是，從了解自己的現況開始。如果你覺得自己恆毅力不夠高，**先問自己：為什麼？**

最常見的回應是：「我猜我就是太懶了。」或是：「我就是怪咖。」或是：「我天生就沒辦法堅持到底。」

我覺得這些回答都不對。事實上，人會放棄某件事都是有原因的，**只是原因各不相同**。你放棄時，腦中可能閃過以下四種念頭：

✔「我覺得很無聊。」

✔「我覺得不值得花力氣。」

✔「這件事對我不重要。」

✔「我做不來，乾脆放棄。」

這些想法從道德或其他方面來看都沒有錯。我也不只一次說明，即使是恆毅力非常高的人也會放棄目標。但是目標的層級愈高，他們愈會堅持到底。最重要的是，恆毅力典範不會更換羅盤。面對指引著一切的終極目標時，**恆毅力很高的人通常不會說出上面那幾句話**。

我對於培養、增強恆毅力的了解，大多是來自訪問心得。我在書中收錄了一些訪談片段，讓大家一窺恆毅力典範的想法，看有什麼值得仿效的信念、態度或習慣。

這些訪談故事也是一種資料，補充了我在西點軍校及全國拼字比賽等地方做的系統量化研究。兩者合起來顯示，成熟的恆毅力典範共同擁有的心理特質有四個，這四個特質一一擊退上面四句「動力殺手」，這四個特質通常是依序逐漸成長的。

第一個是興趣（interest）。熱情始於真心喜歡你所做的事。我研究的每位恆毅力典範都說不太喜歡工作的某些面向，他們通常必須忍受至少一兩件討厭的雜務。但是，整體工作還是令他們

深深著迷，他們認為自己做的事有意義。他們的執著不變，以及抱持孩童般的好奇心，就像在大喊著：「我愛我做的事！」

第二個是**練習**（practice）。每天盡可能把事情做得比前一天更好，這種日常的紀律是種堅持力。在某個領域發現及培養興趣以後，必須全心全力投入練習，尋求進步，達到純熟的境界，並且鎖定自己的缺點，加以克服。每天必須投入數小時練習，日復一日，年復一年。恆毅力能夠抵抗自滿的心態，所有恆毅力典範不分領域、無論已經有多優秀，他們腦中一再浮現的聲音還是：「無論如何，我都想要進步！」。

第三個是**目的**（purpose）。深深相信你在做的事很重要，熱情才會成熟。做的事情必須對你個人來說很有趣，同時又和他人的幸福息息相關。對多數人來說，沒有目的的興趣幾乎不可能延續一輩子。有些人很早就產生使命感，但是對許多人來說，造福他人的動機是在培養興趣及經過多年有紀律的練習之後才增強的。無論如何，成熟的恆毅力典範總是告訴我：「我做的事情很重要，對我和其他人來說都是如此。」

最後一個是**希望**（hope）。「希望」是指一種能夠面對各種處境的毅力。在書中，我把它排在興趣、練習、目的之後討論，**但「希望」並不是定義恆毅力的最後階段，它界定了恆毅力的每個階段**。定義恆毅力最關鍵的就是遇到困難、產生自我懷疑時，都必須學習堅持下去。在不同的時刻，我們都會遇到大大小小的挫折，如果我們讓自己持續陷在消沉中，恆毅力就會不斷消減。唯

有再接再厲，恆毅力才會愈來愈高。

─────

不需要由心理學家來說明，你可能早就發現到恆毅力的重要。長久以來，你可能早就對某件事抱持濃厚的興趣、總是準備好隨時迎接挑戰、持續鞭策自己進步，深信任何逆境都無法阻礙你堅持到底。如果是這樣的話，你的恆毅力分數可能接近滿分，我為你喝采！

如果你覺得自己恆毅力不夠高，後續幾章的內容可以幫助你改善提升。就像微積分和鋼琴一樣，你也可以用自學的方式學著變得更有恆毅力，加上一點點的指引與協助，就能產生很大的效果。

興趣、練習、目的、希望這四個心理特質並不是「全有或全無」的東西。你可以學習探索、培養、強化興趣；養成有紀律的習慣；培養使命感和人生意義；教會自己常常懷抱希望。

你可以由內而外，強化自己的恆毅力。如果你想知道怎麼做，繼續讀下去。

PART II

培養恆毅力 1
由內而外的
四大驅動力

The Power of Passion
and Perseverance

Grit

6

興趣 必須再三重新觸發

追隨夢想是空話，熱情不會從天而降

「追隨你的熱情」是畢業演講的熱門主題，我自己以學生或教授的身分，已經參加過夠多次畢業典禮。我敢打賭，至少有一半的演講者都強調，做你所愛有多重要。

例如，長期擔任《紐約時報》填字遊戲編輯的威爾‧修茲（Will Shortz）告訴印第安納大學的學生：「我給諸位的建議是，在生活中找出你最愛做的事情，想辦法全職投入。人生苦短，應該追隨心之所向。」

貝佐斯（Jeff Bezos）告訴普林斯頓大學畢業生，他離開曼哈頓金融圈，放棄高薪與社會地位去創立亞馬遜的故事：「再三考慮後，我選了比較不安穩的路，追隨自己的熱情。」他也說：「無論你想做什麼，你會發現，對現在做的事情缺乏熱情，你會無法堅持下去。」

這類建議不是只有在炎夏六月天、穿著畢業袍時才聽得到。我訪問每位恆毅力典範時，也一再聽到幾乎一模一樣的字眼。

　　英國記者萊西（Hester Lacey）也是如此。萊西從二〇一一年開始，每週訪問一位像修茲、貝佐斯那樣的成功人士。她在《金融時報》的每週專欄訪問對象十分多元，包括時尚設計師妮可・法希（Nicole Farhi）、作家薩爾曼・魯西迪（Salman Rushdie）、音樂家郎朗、喜劇演員麥可・帕林（Michael Palin）、巧克力專家尚塔爾・考迪（Chantal Coady），或調酒師科林・費爾德（Colin Field），萊西都會問同樣的問題：「驅動你的動力是什麼？」、「萬一明天你突然失去了一切，你會做什麼？」

　　我問萊西，她從兩百多位「超級成功人士」（mega successful people，這是萊西的說法）的訪談中學到了什麼。萊西回答：「我一再聽到他們提起一句話：『我熱愛我做的事。』也許說法有點不同，通常他們會說：『我熱愛我做的事』，也會說：『我真的很幸運，每天起床都很期待工作，等不及想進工作室，等不及要投入下一個專案』等等。這些人之所以投入工作，不是因為他們必須做，或是因為可以賺很多錢……」

追隨所愛，都是騙人的？

　　從小到大，我很少聽到「追隨你的熱情」這句話。我聽到

的是，在「現實世界」生存，遠比我這種嬌生慣養的年輕人想像的還重要。長輩告誡我，「找到熱愛的事」這種過於理想化的夢想，可能讓人一步步邁向貧困與絕望。大人也提醒我，像醫生之類的工作收入好、地位高。長期而言，保障會比我當下想要的東西更重要。

你可能已經猜到了，說這些話的人是我父親。

「那你為什麼要當化學家？」有一次我問他。「因為我父親叫我這樣做。」他的語氣完全不帶一絲埋怨，「小時候，我最愛的科目是歷史。」他接著說，他也很喜歡數學和科學，但是大學選系時，他真的別無選擇，家族企業是做紡織的，我的祖父派他的每個兒子去念和紡織製造各階段有關的科系。「我們的事業需要化學家，不是史學家。」

後來，中國的共產革命提前結束了家族事業，我父親來美國定居不久就去杜邦工作，一做三十五年，退休時是公司內最高階的科學家。

以我父親常為了工作上某些技術或管理問題廢寢忘食的那種投入程度，還有他職業生涯的成就來看，他認為「以實務為重，而不是以熱情為重」的看法，或許才是對的。

但是，建議年輕人追求熱愛的事物，真的這麼荒謬嗎？過去十年左右，研究興趣的科學家有了明確的答案。

首先，研究顯示，我們做自己有興趣的工作時，工作滿意度遠高於其他情況。這是匯集了近百個研究、涵蓋各行各業後進

行綜合分析的結論。例如，喜歡抽象思考的人，不喜歡管理流程複雜又細瑣的專案，他們寧可去解數學題。喜歡與人互動的人，不喜歡整天面對電腦的工作，他們比較適合跑業務或教書。此外，對自己工作有興趣的人，通常整體生活也比較快樂。

第二，對工作有興趣時，工作表現也比較好。這是另一個匯集過去六十年、綜合六十個研究的分析結論。工作者的個人興趣和職業相符，工作成果較好，對同事比較有幫助，在職時間也較長。大學生的科系和興趣相符，學生的成績比較好，輟學率也比較低。

當然，**你沒辦法找到一個工作會讓你只做你愛做的任何事**。即使你是電玩遊戲《創世神》（*Minecraft*）的頂尖高手，想純粹靠打《創世神》謀生還是很難。世界上有很多人沒有多元的職業選擇。無論你喜不喜歡，我們謀生的選擇確實受到非常多現實條件的侷限。

不過，誠如心理學家威廉・詹姆斯在一世紀前提出的觀點，這些新的科學研究驗證了那些畢業演講傳承的智慧：「欲望、熱情、興趣的強度」是預測投入任何事物表現高下的「關鍵」。

二○一四年的蓋洛普一項民調（Gallup poll）顯示，超過三分之二的成年人表示自己對工作不太投入，還有不少人說他們是很「積極地與工作保持距離」。國外的情況更慘。蓋洛普在141個國家的調查發現，除了加拿大，每個國家「不太投入工作」和

「積極疏離工作」的比例都比美國還高。全球來看，只有13％的成年人表示自己「投入」工作。

由此可見，很少人的工作是做自己熱愛的事。

勵志演講一再建議大家追隨熱情，但事實上，大眾普遍對工作不感興趣，兩者之間似乎很難協調。說到職業與興趣相符，為什麼有那麼多人辦不到？我父親的成就是不是推翻了「熱情為重」的說法？我出生以後，我父親的工作確實變成他的熱情所在，這點又該如何解釋？難道我們應該別再勸人「追隨你的熱情」，而是叫他們「依循別人的指示」嗎？

我認為不是這樣。事實上，我認為修茲和貝佐斯的故事是絕佳的啟示，他們兩個的例子告訴我們，工作可以有什麼樣的格局和意義。雖然任何人都不可能每分每秒都熱愛自己做的事，但我相信那些綜合分析裡的數千個資料點已經證實了我們的常識直覺：興趣確實很重要。沒有人對任何事情都感興趣，但每個人總是對某些事情有興趣。所以，工作和你所關注的事物相符是正面的，雖然不保證一定快樂或成功，但肯定可以提高快樂或成功的機率。

話又說回來，我覺得多數年輕人並不太需要被鼓勵去追隨熱情，他們本來就會那樣做，而且是立刻、馬上，毫不猶豫去做，重點是他們要先找到自己熱愛的東西。如果以後我有機會受邀去畢業演講，我開頭就會建議大家：**培養熱情**，然後用剩下的時間向莘莘學子說明如何培養熱情。

熱情不會從天而降

我剛開始訪談恆毅力典範時，本來以為他們都會分享在人生中的某個關鍵時刻，他們突然發現上天賦予他們的可貴的熱情。在我的想像中，那就像是可以被拍成電影的瞬間，打上聚光燈，配上符合人生轉捩點的振奮音樂。

在電影《美味關係》（*Julie & Julia*）中，一開場是年輕時的茱莉亞・柴爾德和先生保羅在法國餐廳裡用餐，茱莉亞吃了一口香煎比目魚的畫面。魚才剛剛完美去骨，煎得恰到好處，淋上諾曼第的焦香奶油，灑上一點檸檬汁和香菜點綴。魚一入口，茱莉亞就驚艷不已，她從未有過那樣的體驗。她向來愛吃，但從來不知道食物竟然可以如此美味。多年後，茱莉亞說：「那整個經驗開啟了我的身心靈，我被深深吸引，就這樣迷戀了一輩子。」

我原本預期恆毅力典範受訪時也會和我分享那種充滿戲劇性的時刻。我想，年輕的畢業生穿著畢業袍被豔陽烘烤，忍受大腿卡在折疊椅的邊緣上的不舒適，他們想像的「找到人生熱情」一定也充滿戲劇性。前一刻仍對未來毫無概念，下一刻就已經豁然開朗，清楚知道命中注定的天職。

事實不然，我採訪的恆毅力典範大多告訴我，他們花了好幾年的時間探索不同的興趣，現在令他們廢寢忘食的工作並非一見傾心，第一次遇到時，並沒有發現那是一生的志業。

例如，奧運游泳金牌得主蓋恩斯（Rowdy Gaines）告訴我：「從小我就很愛運動，高中時，我去考了美式足球、棒球、籃

球、高爾夫、網球校隊，嘗試游泳之前，我一直換來換去。那時我心想，我乾脆就這樣從一個運動換到另一個，直到我找到真正熱愛的運動為止。」後來他找到了真正喜愛的運動——游泳，但也不是一見鍾情。「我考游泳校隊那天，還跑去學校的圖書館查田徑運動的資料，因為我有預感田徑隊會錄取我，所以還打算接下來去考田徑隊。」

榮獲詹姆斯比爾德大獎（James Beard Award）的名廚維特利（Marc Vetri）在青少年時期對音樂和料理一樣興趣濃厚。大學畢業後，他搬到洛杉磯。「我去那裡讀了一年的音樂學校，晚上去餐廳打工。後來我加入樂團，白天在餐廳工作，晚上玩音樂，我開始覺得：『餐廳的工作有錢賺，我也開始真正愛上烹飪，但音樂上則是一無斬獲。』之後，我有機會去了一趟義大利，從此決定了一切。」我很難想像我最喜歡的廚師彈著吉他，而不是在製作義大利麵的模樣。我又追問他對於放棄音樂的想法，他說：「音樂和料理都是創意產業，我很高興選擇這一行，但我也覺得其實我可以成為音樂家。」

至於茱莉亞・柴爾德，那道令她魂牽夢縈的香煎比目魚確實變成了啟蒙的關鍵，但是當下她只是讚嘆法國菜的美味，還沒有想到要當廚師、寫食譜，成為教導美國人在自家廚房做紅酒燉雞的名廚。事實上，柴爾德在自傳提到，吃了那餐畢生難忘的法國菜以後，她又經歷了一連串體驗，激發她對料理的興趣，在巴黎的小酒館裡享用無數美味佳餚；在巴黎露天市場與親切的魚

販、肉販、蔬果小販的友誼；讀了兩大本像百科全書的法國食譜（第一本是法語老師借她的，另一本是一直很支持她的先生送的禮物）；在藍帶學校無數個小時的烹飪課，獲得熱心但嚴格的名師布尼亞（Bugnard）指導，又認識了兩位想要為美國人寫食譜的巴黎女性。

柴爾德以前曾夢想當小說家，她說自己從小就對「料理毫無興趣」。要是當年柴爾德吃完那完美的煎魚後就回加州了，故事會怎麼發展？誰也不敢確定，但是在柴爾德和法國菜的愛情故事中，香煎比目魚顯然只是初吻。柴爾德後來對她的弟媳說：「真的！我愈煮愈感興趣，沒想到我竟然花了四十年，才找到真正的熱情所在（貓跟老公除外）。」

所以，我們也許羨慕那些以熱情為業的人，但我們不該誤以為他們摸索的過程和一般人有所不同，他們很可能也花了好長一段時間尋找真正想做的事。畢業典禮的致詞者在談論他們的職業時可能說：「我無法想像自己做其他的事情，」但他們更年輕的時候，確實想過其他的事物。

興趣就像找伴侶

幾個月前，我在新聞網站Reddit讀到一篇文章，標題是〈事事有興趣，生涯無志向〉（ "Fleeting Interest in Everything, No Career Direction" ）：

> 我現在三十出頭，不知道職業生涯該往哪裡發

展。從小到大，大家總是說我有多聰明、多有潛力。我對太多東西都充滿興趣，反而不知道該從哪裡著手，結果卻陷入停滯狀態、對什麼都無力嘗試。感覺每種工作都需要某些專業上的認證，或著是需要先投入大量時間和金錢才能取得入門的資格，實在蠻令人沮喪的。

我對這位三十幾歲的朋友寄予無限的同情。身為大學教授，我也很心疼那些來找我尋求職涯建議的二十幾歲學生。

我的同事貝瑞・史瓦茲（Barry Schwartz）為焦慮學子提供諮詢的經驗比我還久，他在斯沃斯摩爾學院（Swarthmore College）教心理學四十五年了。史瓦茲認為，很多年輕人無法發展出認真的職業興趣，是因為抱持不切實際的期望。「其實這個問題就像很多年輕人找不到戀愛對象一樣，」他說：「他們希望找到迷人、聰明、善良、善解人意，貼心、風趣的對象。你告訴二十一歲的年輕人，你不可能找到各方面都很美好的人，他們就是聽不進去，他們堅持要等那個完美對象出現。」

「可是你太太茉娜呢？她那麼棒。」我問。「哦，她確實很棒，肯定比我還棒。但是她是完美的嗎？只有跟她在一起我才會幸福嗎？世界上只有我能帶給她美好的婚姻嗎？我不這樣覺得。」

史瓦茲指出，另一個相關的問題是，我們誤以為愛上某個職業應該是很突然、迅速的感覺。「很多事情的微妙及令人滿足

之處，是堅持投入一段時間、深入摸索以後才會感受到。很多東西在你開始做以前看似無趣膚淺，但做了一陣子你會發現很多面向是你一開始不知道的，你永遠無法完全解決問題或完全了解那個領域，諸如此類的，都需要堅持才會有所體會。」

史瓦茲停了一下，接著又說：「其實，這就像找伴侶。碰到潛在對象只是個開始，潛在對象還不是唯一的完美對象，只是很有希望的對象而已。」

熱情是一輩子的深耕

興趣的心理學仍有許多未知的領域有待探索。例如，我想知道為什麼有些人（包括我在內）覺得料理非常有趣，但有些人毫無興趣。為什麼維特利對創意領域感興趣，為什麼蓋恩斯喜歡運動？興趣就像其他的人類特質，部分是先天決定的，部分受到後天的影響，但是除了這種籠統的解釋，我無法告訴你確切的原因。不過，關於「興趣演變」（the evolution of interests）的科學研究，已經有一些重要的見解。很可惜的是，大家不了解這些基本事實。

多數人想到熱情，都以為那是瞬間發現的。例如，吃一口香煎比目魚，就確信你這一生都會待在廚房裡；第一次參加游泳比賽，比賽結束，頭一探出水面，就知道有一天你會成為奧運選手；讀完《麥田捕手》（Catcher in the Rye）後，就覺得自己注定成為作家。相對於最後可能變成終生志業的熱情，與熱情的第一

6 興趣 必須再三重新觸發 —

次邂逅只是序幕，它揭開後面相對沒那麼戲劇性的漫長篇章。

我想對那位在Reddit發文、覺得自己毫無職業志向的三十幾歲朋友說，科學的結論是：**工作的熱情來自於一點點的發現，加上大量的培育發展，以及一輩子的深度耕耘。**

請聽接下來的說明。

首先，童年時期想像長大後要做什麼，通常言之過早。追蹤數千人的長期研究顯示，**多數人是中學時期才開始對某些職業感興趣**。我做訪談研究確實也發現同樣的模式；英國記者萊西訪問那些「超級成功人士」，也發現同樣的模式。不過請記得，一個七年級學生即使未來會成為恆毅力很高的人，也不太可能在那個年紀就充分表現出特定的熱情。七年級學生才剛開始發現自己整體來說喜歡什麼、不愛什麼。

第二，**興趣不是經由內省發現，而是透過和外界互動時被激發的**。發現興趣的過程可能隨機、偶然、並不會很有組織、很有效率，因為你無法預測什麼東西會引起你的注意，什麼不會。你也**無法光憑意志力去喜歡某些東西**。就像貝佐斯說的：「有些人試圖強迫自己喜歡上某個興趣，那是天大的錯誤。」如果不親身嘗試，你也不會知道哪些興趣會持續下去，哪些只是三分鐘熱度。

矛盾的是，初次和自己的熱情邂逅時，當事人通常沒察覺。換句話說，你開始對某事感興趣時，可能沒意識到發生了什麼事。無聊的感覺向來很明顯，馬上會知道自己覺得無聊，但是你的注意力被新活動或新體驗吸引時，你可能沒什麼特別感覺。

如果才剛投入全新的事物，不需要每隔幾天就緊張地問自己那是不是熱情，一切都言之過早。

第三，發現興趣之後，接著是更漫長、也更需要積極投入的發展階段。很重要的是，一旦接觸到新的興趣，接下來必須持續地發展，一再地重新吸引你的注意力。

例如，美國NASA太空總署的太空人邁克‧霍普金斯（Mike Hopkins）告訴我，他高中時從電視上看到太空梭發射，啟發他對航太的終生興趣。但他並不是看過一次的太空梭發射就從此迷上太空，而是幾年內連續看了好多次火箭升空。不久之後，他開始搜尋更多有關NASA的資料，「一項資訊連到另一項資訊，如此不斷地相連下去。」

至於陶藝大師麥肯齊，他第一次接觸陶藝是因為大學時繪畫課都爆滿了，只好改修陶藝課。他發現伯納‧李奇（Bernard Leach）的著作《陶藝家之書》（*A Potter's Book*），之後他跟在李奇身邊實習了一年。

最後一點，要成功發展興趣，需要一群支持者的鼓勵，支持者可能是家長、老師、教練或同儕。為什麼其他人很重要？一方面，他們持續提供強化興趣所需要的刺激和資訊。此外，更明顯的效果是，正面的意見回饋可以讓我們感到快樂、安心、更有自信。

以主廚維特利為例。對我來說，閱讀他寫的食譜和美食文章是人生一大樂事，但是他求學期間，從頭到尾成績都是C。

「我對功課一直不太認真。」他告訴我,「我老是覺得『有點無聊。』」週日下午,他都會去南費城找來自西西里的祖母,一起度過悠閒美好的下午。「祖母會做肉丸子和千層麵等料理,我總是喜歡提早去她家幫忙。我十一歲左右,開始想在自己家裡做菜。」

維特利十幾歲到餐廳洗盤子打工。「我很喜歡那份工作,很認真工作。」為什麼?可以賺錢是一個動力,但另一個動力是廚房裡大夥兒同甘共苦的情誼。「那時候我沒什麼朋友,不善社交,講話會結巴,學校裡每個人都覺得我是怪咖,我心想:『我在那裡可以洗盤子。一邊洗盤子、一邊看廚房的大家忙著出菜,忙完又可以搭伙。這裡每個人都很好,都喜歡我。』」

你翻閱維特利的料理書,發現他在美食界結交了眾多良師益友,想在書中找到維特利的獨照非常困難,只有極少數幾張。翻到《維特利之旅》(*Il Viaggio Di Vetri*)的謝辭,會發現整整兩頁寫滿了他一路走來曾經幫過他的所有人,包括下面這段:「爸爸、媽媽,你們總是讓我自己尋找方向,引導我怎麼做,你們永遠不會知道我有多麼感激,我永遠需要你們。」

發現熱情不是瞬間的頓悟,是不是有點「討厭」?也許吧,但是早年的興趣其實都很脆弱,定義也很模糊,需要長時間用心地栽培和精進。

下苦工前，先學會玩

　　有時我和焦慮的家長談話，總感覺他們好像誤解了「恆毅力」。我告訴他們，恆毅力有一半是毅力，他們都認同地點頭。我也告訴他們，沒有人能對自己不感興趣的東西堅持不懈。說到這裡，點頭就停止了，變成不解地歪著頭。

　　「你熱愛某個東西，不表示你就可以變得很厲害。」以虎媽自居的蔡美兒說：「如果你不努力，就無法變卓越。多數人其實不擅長他們熱愛的事物。」我完全認同她的說法。即使是培養興趣，還是需要下苦工，需要經過不斷地練習、研究與學習歷程。但我想強調，雖然多數人不見得擅長自己的興趣，但比起自己喜愛的事物，更不擅長他們不愛的東西。

　　所以，我想告訴各年齡層的家長、準家長或非家長：努力下苦工以前，先學會玩耍。在找到熱情並準備好每天投入數小時認真精進技巧之前，孩子們會先到處摸索遊蕩，發現興趣、重複觸發興趣。當然，培養興趣需要時間和精力，也需要紀律和犧牲。但是在最初階段，新手不會太在乎技能的精進，**他們還沒想到未來好幾年的狀況，還不知道他們的頂層目標、終極人生理念是什麼**。這時候最重要的是，他們在體驗人生的各種樂趣。

　　換句話說，就連最頂尖的專家，一開始也都是四處摸索的新手。

　　心理學家布隆姆（Benjamin Bloom）的研究也得出一樣的結論。他訪問120位在運動、藝術或科學領域全球頂尖的專家，以

及他們的父母、教練和老師，發現技能的培育有三個階段，每一階段各持續數年，而興趣的發掘和培育是發生在布隆姆所謂的「早期」。

早期的鼓勵非常重要，因為初學者還在考慮他們要投入，還是退出。布隆姆和他的團隊發現，這個階段最好的指導老師通常比較親切溫暖、願意給初學者很大的支持。「這些老師最大的特質，或許是他們讓初學者覺得學習非常愉快，很有成就感。對領域一開始的認識大多是從好玩的活動開始，這個階段剛開始的學習就很像在玩遊戲。」

早期的自主性也很重要。追蹤學習者的長期研究證實，太強勢的父母和老師會削弱學習者的內在動機。家長讓孩子自己選擇興趣，孩子比較可能把興趣培養成熱情。一九五〇年我父親還在上海時，他的父親幫他指定了職業生涯，他從未猶豫過，但現在大多數的年輕人應該很難完全接受別人決定的興趣。

運動心理學家科泰（Jean Côté）發現，縮短或省略這個輕鬆、好玩的發現及培育興趣階段，結果並不好。在他的研究中，像蓋恩斯那樣的專業運動員，小時候嘗試過多種不同的運動後才選定一個項目深度訓練，長期而言，表現通常出色很多。這種初期廣泛接觸多元運動的經驗，可以幫助年輕運動員思考哪種運動比較適合自己。多方嘗試也是「交叉訓練」肌肉和技能的機會，對之後較專精的訓練是有幫助的。跳過這個階段的運動員，即使通常在比賽中會比還沒鎖定單一運動的對手享有初期優勢，但科

泰發現，長期來說，他們比較可能受傷或是熱情耗盡。

我們下一章談練習時，會討論布隆姆所謂的「中期」。第八章討論目的時則會探索「後期」。

我想表達的是，專家和初學者有不同的動機需求。剛開始投入某種活動時，我們需要鼓勵以及隨意探索的自由，需要有小小的成果，需要掌聲。沒錯，我們可以應付一點批評及指正；沒錯，我們需要練習，但是不需要太早練習，也不需要太大量練習。揠苗助長只會扼殺才剛萌發的興趣。興趣一旦削弱或消失，就很難再找回來了。

紐時填字遊戲王

我們回頭談畢業典禮的演講者，他們都是追尋、找到熱情的案例，他們早年發掘熱情的過程有一些值得大家學習的地方。

《紐約時報》填字遊戲的編輯修茲告訴我，他母親是「作家及文字愛好者」，所以也很喜歡填字遊戲。修茲推測，他很能遺傳了對語言的偏好。

不過，他走上這條獨特的職業生涯，不單只因為遺傳。他開始學習讀寫不久後，偶然翻閱到一本益智遊戲書，他回憶道：「我看得入迷，想自己做一本。」

可想而知，第一本書觸動了他的好奇心，他開始大量接觸益智遊戲書。「填字遊戲、數學謎題、各種遊戲……」不久，修茲已經非常熟悉那些出版益智遊戲的大出版社，他收集了偶像勞

埃德（Sam Loyd）在多佛出版社（Dover Books）發行的全套作品，以及另外六家出版社發行的益智遊戲書（修茲很熟悉那些出版社，但我很陌生）。

那些書都是誰買的？他的母親。她還做了什麼？

「我記得我很小的時候，我媽有一次找朋友到家裡打橋牌。為了讓我下午乖乖地自己玩耍，她給我一張紙，在上面畫了方格，教我如何把較長的單字橫著填及縱著填。整個下午我都很開心地製作自己的填字遊戲。牌友離開後，我媽走過來，幫我在填字表格上編號，教我如何寫填字線索，那是我第一次自製填字遊戲。」

接著，修茲的媽媽做了很少母親（包括我）會主動提議或是知道該怎麼做的事。「我開始自製填字遊戲以後，我媽鼓勵我出售那些遊戲，因為她自己是作家，經常向雜誌和報紙投稿。她看我對拼字有興趣，也教我怎麼投稿。」

「我十四歲時賣出第一個填字遊戲，十六歲時開始為《戴爾》（Dell）益智解題遊戲雜誌固定供稿。」

修茲的母親顯然很仔細在觀察可能激發兒子興趣的東西：「我媽做了很多很棒的事。」他說，「比如說，小時候我喜歡聽電台廣播、流行音樂和搖滾樂，她看到我有興趣，就去跟鄰居借了吉他，放在我房間雙層床的上舖，讓我想彈吉他時，就可以隨手拿起來彈。」

但是創作音樂的欲望完全比不上創作填字遊戲的吸引力，

「九個月後，她發現我從來沒碰過那把吉他，就把吉他拿去還了。我想我喜歡聽音樂，但沒有興趣自己演奏音樂。」

修茲讀印第安納大學時，他母親發現學校有個人化學程，修茲可以設計自己的主修。直到今天，修茲仍然是全球唯一擁有「解謎學」（enigmatology）學士文憑的人。

貝佐斯三歲的改裝計劃

貝佐斯又是如何發掘他的興趣？

貝佐斯的童年興趣多的出奇，主要是他的母親賈姬也有非比尋常的好奇心。

賈姬滿十七歲後隔兩週，貝佐斯就出生了。她說：「所以我對於該怎麼養小孩，其實沒有先入為主的觀念。」

她記得以前她對貝佐斯及他的弟弟和妹妹都很好奇：「我對這些小生物實在太好奇了，我想了解他們，也想知道他們以後究竟會變成什麼樣子，所以特別注意什麼東西會引發他們的興趣，讓他們順著各自的興趣發展，三個人都很不一樣。我覺得我有責任讓他們深入探索自己喜愛的事物。」

例如，貝佐斯三歲時，多次要求睡在「大床」上，賈姬向他解釋，以後可以睡「大床」，但當時還不行。隔天，賈姬走進貝佐斯的房間，發現他拿著螺絲起子拆解他的兒童床。賈姬沒有罵他，而是坐下來一起幫忙。那晚貝佐斯真的如願睡在他改裝好的「大床」上。

中學時，貝佐斯發明了各種機械裝置，包括臥室門上的警鈴，只要弟弟妹妹擅自闖入界線，警鈴就會大響。「我們去了 RadioShack 賣場好幾趟，」賈姬笑著說：「有時甚至一天跑四趟，因為我們需要買另一個零件。」

「有一次，他用線把廚房裡所有櫥櫃的把手都綁在一起，只要拉開一個櫥櫃門，其他的門會跟著全部打開。」

我試想自己在那樣的情境，想像我如何能控制住發脾氣的衝動，想像我如何在不抓狂的狀態下做到賈姬做的那些事：注意到她的大兒子漸漸變成世界級的問題解決高手，並且開心地陪他發展這方面的興趣。

「我在家裡的綽號是『混亂隊長』。」賈姬告訴我：「因為孩子們想做任何事情，我幾乎都會同意。」

賈姬記得，有一次貝佐斯決定自製無限立方體（infinity cube）（基本上是一組電動的鏡子，無限來回反射彼此的影像）。當時她和一位朋友坐在旁邊，「貝佐斯走過來，跟我們解釋那個東西背後的科學原理，我聽的時候持續點頭、偶爾問幾個問題。他走開後，朋友問我有沒有聽懂，我說：『我有沒有聽懂不重要，重要的是我聽他說。』」

高中時，貝佐斯已經把家裡的車庫改裝成發明實驗室。某天，賈姬接到貝佐斯的高中的電話，說他吃完午餐就蹺課了。他回家後，賈姬問他下午去了哪裡。貝佐斯告訴她，他找到一位本地的教授，讓他可以用飛機的機翼做實驗，研究摩擦和阻力，賈

姬說：「好，我知道了。我們看能不能討論出一個兩全其美的辦法。」

大學時，貝佐斯主修資訊和電子工程，畢業後，他把寫程式的技巧應用在管理投資基金。幾年後，貝佐斯成立一家網路書店，以全球最長的河流命名：Amazon.com（他同時註冊了這個網址www.relentless.com，你可以把這個網址輸入瀏覽器，看它連到哪裡。編注：relentless有永不放棄、永遠堅持之意，是貝佐斯為Amazon申請的URL網址。）

人類天生喜新厭舊

「我一直在學習。」填字遊戲編輯修茲告訴我，「我總是嘗試新的思考角度，為一個字尋找新線索，搜尋新的主題。我曾經看到某位作家說，如果你厭倦寫作，表示你厭倦了生活。我覺得填字遊戲也是如此，如果你厭倦解謎，你也厭倦了生活，因為它們是如此地多彩多姿。」

我訪問過的恆毅力典範幾乎都對我說過同樣的話，包括我父親。我檢閱一個又一個大規模的研究，發現一個人恆毅力愈高，轉換職業生涯的次數愈少。

相反的，我們都認識有些人興趣強烈，習慣一頭栽進新專案，但是三到五年後，就轉往截然不同的領域。投入多種不同的興趣與喜好，看起來沒有壞處，但是不斷換工作，無法定下來，問題比較嚴重。「我稱這種人為短工人員（short-termer）。」

珍‧高登（Jane Golden）告訴我。

高登是壁畫藝術計畫（Mural Arts Program）的負責人，在我家鄉費城推廣公共藝術已經三十幾年，她的壁畫藝術計畫是全美最大的公共藝術計畫。根據最近的數據，她已經把3,600多棟建築的牆壁改裝成壁畫。認識高登的人描述她對壁畫藝術的投入時，大多會以「堅持不懈」來形容，高登也認同這種說法。

「短工人員來這裡做一陣子，就離開去別的地方、做別的事，之後又換地方，不斷更換。每次我看他們，都覺得這樣的人好像外星人，心想：『怎麼會這樣？你為什麼無法專注在一件事上呢？』」

當然我們都知道，真正需要解釋的，不是短工人員來來去去、難以專注的問題，而是高登為什麼能夠如此堅定不移。基本上，一件事做一段時間後，感到無聊是很自然的反應。人類從嬰兒時期開始就容易把注意力從已經看過的事物上移開，去關注新奇的事物。事實上，「interest」（興趣）這個字來自拉丁文interesse，意思是「不同」。顧名思義，要「interesting」（有趣），就要不一樣，喜新厭舊是人類的天性。

即使接觸某個事物一陣子後感到厭倦很常見，卻不是無可避免。回頭看一下恆毅力量表，會發現有一半的問題是問你的興趣是否長期持久不變。這又呼應了我們在恆毅力典範身上看到的實例，**他們不只發現自己喜愛的事物，發展成興趣，他們也學會繼續強化興趣**。

年輕時，高登原本以為她會成為畫家。現在她每天必須應付官僚、到處募款、處理鄰里間的政治。我不知道她是否為了她覺得更有意義但不太有趣的事，犧牲了自己的生活。我也不知道她是否放棄了追求新鮮感。

　　「停止畫畫時真的很痛苦，」高登告訴我：「但之後我發現，成功發展壁畫藝術計畫，是很需要發揮創意的挑戰，那很棒，因為我是很有好奇心的人。」

　　「表面上，你可能會覺得我的生活很平凡，你可能會說：『高登，妳就只是經營這個壁畫計畫，而且妳已經做那麼久了，』我會說：『這樣講就不對了，今天我去了最高戒備監獄、去了北費城、去教會、參加會議、會見副局長、會見一位市議員、執行藝術家的駐留專案、還參加孩子的畢業典禮。』」

　　接著高登以畫家作為比喻：「我就像每天早上望著天空的藝術家，看到多種絢麗的色彩變化，但其他人只看到藍色或灰色。我在一天之中就能看見極度的繁複與最細微的差別，我看見的是不斷演變進化，而且極其豐富的景物。」

✔新奇，是因為看見最細微的差異

　　為了更深入了解專家是如何不斷強化興趣的，我向心理學家席爾維亞（Paul Silvia）請教。

　　席爾維亞是研究興趣情感面向的權威。我們的交談一開始，他就點出嬰兒和其他動物不同。小嬰兒剛出生時是一無所

知，其他的動物天生就有強烈的行為直覺，嬰兒需要從經驗中學習一切。如果嬰兒對新事物沒有強烈的動機，他們就無法學習到更多，導致生存能力降低。「所以興趣，那種想要學習新事物、探索世界、尋求新奇、注意變化與多元性的欲望，其實是最原始的動力。」

恆毅力典範的興趣可以那麼持久，又該如何解釋呢？

席爾維亞跟我一樣發現，專家很常說：「我知道得愈多，了解得愈少」。例如，率先提出多角化共同基金概念的約翰・坦伯頓爵士（Sir John Templeton）把「知之有限，學之熱切」（How little we know, How eagar to learn.）設為慈善基金會的格言。

席爾維亞解釋，關鍵在於初學者眼中的新奇是一種形式，專家眼中的新奇又是不同的樣貌。**對初學者來說，新奇是從未遇過的事物；對專家來說，新奇是細微的差異變化。**

席爾維亞說：「以現代藝術為例，很多藝術品在新手眼中很相似，但是在專家眼中卻截然不同，新手沒有必要的背景知識，他們只看到顏色和形狀，不確定重點在哪裡。」但藝術專家相較之下具備較豐富的知識，他們已經培養出一定的敏感度，能夠看見其他人看不見的細節。

另一個例子，你看過奧運比賽嗎？聽過體育播報員即時評論「哦！那個勾手三周跳有點太短了！」、「那個側身蹬牆的時間抓得恰到好處」嗎？你可能會不禁納悶，播報員怎麼能不看慢

動作重播，就馬上分辨出不同選手之間的細微差異。我需要看重播才分得出來，對於些微之差缺乏敏感度，但專家有累積已久的知識和技能，可以看出我這種新手看不見的東西。

尋找熱情的方法

如果你想追隨熱情，但還沒有培養出熱情，你必須從頭開始：先找到你的熱情。

問自己幾個簡單的問題：**我喜歡想什麼？腦中常浮現什麼？我在乎什麼？什麼東西對我最重要？我喜歡花時間做什麼事？還有，我對什麼事情難以忍受？**如果你覺得這些問題很難回答，可以試著回憶青少年時期，我們對職業的興趣通常是在那個階段開始萌芽。

腦中有個大方向以後，你必須觸發這個才剛開始發展的興趣。為此，你必須走出去，真正開始做點事情。如果你是不知道該從何下手的畢業生，我會說：去實驗！去嘗試！肯定會比你什麼都不做學到更多！

在這個探索的初期，可以參考下面一些相關的規則，這些規則是擷取自修茲所寫的〈如何破解《紐約時報》填字遊戲〉（ "How to Solve the *New York Times* Crossword Puzzle" ）一文：

從最有把握的答案開始填。無論你的興趣定義有多模糊，你應該知道自己討厭做哪些事，有些事情比其他事看起來更有發展機會，這就是個開始。

✓ **別怕用猜的**。無論你喜不喜歡，興趣一定是在嘗試與犯錯中摸索出來的。不過，和破解填字遊戲不同的是，把興趣培養成熱情不只一種方法，而是有很多種方法。你不必找到「正確」或「最好」的方法，只要找到感覺不錯的方向就行了。你可能需要先嘗試一陣子，才會知道那個興趣是否真的適合你。

✓ **別怕擦掉不適合的答案**。在某個時間點，你可能準備好用擦不掉的墨水寫下人生的頂層目標，但是在確定之前，你可以先用鉛筆，保有修改的彈性。

如果你已經很清楚你喜歡做什麼，就應該開始發展這個興趣。發現興趣之後，緊接著就是發展。

請記得，興趣必須一而再、再而三地重新觸發。我們要想辦法做到這點，而且要有耐心。興趣的培育需要時間。記得持續發問，讓問題的答案指引你探索更多的問題。也別放棄持續地探索，找到跟自己有共同興趣的人，接近能夠啟發人心的導師。無論你年紀多大，作為初學者學習一段時間後，你會變得更積極也更有知識。幾年內，你的知識和專業都會成長，信心和好奇心也會跟著增加。

最後，如果你已經投入喜歡的事物幾年，還是覺得那稱不上是你的熱情，你可能需要深化這個興趣。我們的大腦渴望新奇的事物，你會想把焦點轉移到新東西上，那樣做可能是最合理的反應。但如果你想在某個領域耕耘很多年，就要想辦法愛上那些只有真正的愛好者才懂得欣賞的細微差別。威廉‧詹姆斯說：

「真正吸引人的是新事物裡蘊含著的熟悉元素，也就是老調中見新意。」

　　總之，「追隨夢想」這個建議並不壞，但是更實用的建議或許是先了解如何培養熱情。

7

練習 專家的刻意練習法

重複操作 vs 有目標的持續進步

早期我研究全國拼字比賽的參賽者發現，恆毅力高的孩子平日練習的時間較長。超過一般的練習時間，讓他們在決賽中表現得更優異。

這個結果很合理。我當數學老師的時候，也觀察到學生的認真程度差異很大。有些孩子每週花在功課上的時間是零，有些孩子則是一天花好幾個小時做功課。由於所有研究都顯示恆毅力較高的人投入的時間比其他人多，恆毅力的一大優點好像只是花比較多的時間在任務上。

但是，也有很多人在工作上累積了數十年的經驗，但能力似乎始終停滯在中等層級，無法再往上提升，我相信你也可以想到身邊的例子。你是不是也認識某人，已經投入某個工作很久，甚至可能一輩子都做同樣的工作，但他們的技能就只是還可以接

受，還沒差到被解雇的程度？就像我同事開玩笑說的：**有些人有二十年經驗，有些人只是將一年經驗重複了二十年。**

「改善法」（Kaizen）在日語中意思是：突破進步停滯的高原期，直譯的意思就是「持續進步」。前陣子，有人聲稱「改善法」是日本製造業效率驚人的核心原則，所以這個概念在美國企業文化中獲得不錯的迴響。在訪問過數十位恆毅力典範後，我也可以告訴你，每位恆毅力典範都表現出這種持續進步的特質，無一例外。

同樣的，記者萊西訪問「超級成功人士」時，也注意到每個人都有明顯的持續進步傾向，想要超越自己已經很驚人的專業成就。「演員可能會說：『我可能永遠也無法演到完美，但我想竭盡所能做到最好。遇到每個角色，我都想用新的方法詮釋，我想要不斷精進演技。』作家可能會說：『我希望每本書都寫得比上一本更好。』」

「那是一種持續想要變得更好的渴望，」萊西解釋，「和自滿正好相反。那是一種正面的心態，不是負面的。他們**並不是對過去的表現感到不滿意，而是向前看，想要持續成長。**」

十年一萬小時的練習

我的訪談研究讓我不禁思考，恆毅力可能不只攸關投入興趣的時間多寡，也攸關投入時間的品質。也就是說，不只投入更多的時間在任務上，也更妥善地運用那些時間。

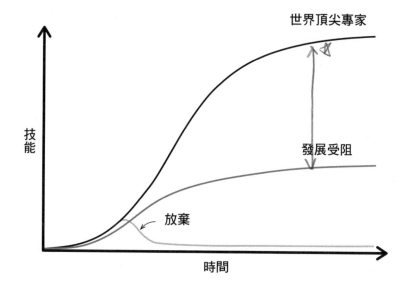

世界頂尖專家

技能

發展受阻

放棄

時間

　　於是，我開始廣泛閱讀有關技能培育的相關資料。不久，我就找到了認知心理學家安德斯・艾瑞克森（Anders Ericsson）。艾瑞克森終身致力研究專家如何獲得世界級的頂尖技能。他研究奧運健將、棋藝大師、知名鋼琴演奏家、首席芭蕾舞者、PGA高球好手、拼字比賽冠軍、放射學專家，還有很多其他領域頂尖好手。

　　換句話說，艾瑞克森是研究世界專家的世界專家。

　　我用上面的圖歸納艾瑞克森的研究結論。如果你追蹤世界頂尖專家的發展，你一定會看到他們的技能逐年進步。隨著技能精進，進步的速度跟著減緩，其實所有人都是如此。你對某個領

域了解愈多，後面的進步幅度會愈來愈小。

技能進步有學習曲線，這點並不足為奇，但是技能發展的時間表就有趣了。在艾瑞克森的研究中，德國樂壇最優秀的小提琴家，在達到頂尖專業水準以前的十年間，總共累積了約一萬小時的練習時間。相較之下，成就較低的學生，同樣期間累積的練習時數只有一半。

或許不是巧合，舞蹈家瑪莎‧葛蘭姆（Martha Graham）也說過：「一位成熟的舞者需要約十年的養成時間。」一百多年前研究電報員的心理學家也說，熟悉摩斯電碼的人很少，因為那需要「多年努力的學習」。幾年呢？研究人員指出：「我們的證據顯示，資深電報員的養成需要十年。」

如果你讀過艾瑞克森的原始研究，就會知道「十年一萬小時的練習」只是約略的平均值，有些音樂家在累積那麼多練習以前，就已經達到頂尖水準；有些則是在累積更多的練習以後才達到。但是「一萬小時」和「十年」的準則會那麼風行，是很有道理的。這些準則讓我們實際感受到成為專家需要的投入程度，不是幾小時、幾十小時、幾百小時，而是年復一年，投入上萬小時。

刻意練習

不過，艾瑞克森根據研究提出的關鍵見解，**倒不是專家累積的練習時數比較多，而是專家練習的方式不一樣**。專家和多數

人不同的是，他們累積的上萬小時練習是所謂的「刻意練習」（deliberate practice）。

我心想艾瑞克森應該可以回答下面的問題：如果經驗如此重要，為什麼經驗的累積不一定能達到卓越？所以我決定以自己為例，向他請教這個問題。

「艾瑞克森教授，我從十八歲開始，每週都會慢跑幾天，每次大約跑一個小時，但是現在我跑步並沒有比較快，我累積的跑步時數已經數千個小時了，但是距離奧運水準依然遙不可及。」

艾瑞克森回應：「嗯，有意思，那我可以問妳幾個問題嗎？」

「當然可以。」

「妳的跑步訓練有特定的目標嗎？」

「為了健康？為了穿上合身的牛仔褲？這些算目標嗎？」

「好，但是妳跑步時，有沒有設定跑速目標？或是距離目標？換句話說，妳有沒有想過要精進跑步的特定方面？」

「嗯，我想沒有。」

接著艾瑞克森問我，跑步時都在想什麼。

「喔，我邊跑邊聽美國公共廣播電台（NPR），有時會想到當天需要完成的事，或是盤算晚餐要煮什麼。」

艾瑞克森又跟我確認，我沒有系統化地記下跑步資料，沒有記錄跑速、距離、路線、跑完後的心跳、或是中間穿插快跑的

次數。我何必記這些東西呢？我的慢跑習慣一成不變，每次跑步都跟上次一樣。

「我猜妳也沒有教練，對吧？」

我笑了。

「啊──」他會意地說，「我想我明白了，妳沒有進步是因為妳沒做刻意的練習。」

刻意練習的方法

專家的訓練方式是這樣的：

首先，他們設下挑戰目標，鎖定整體表現的某個特定面向，他們不看已經表現很好的部分，而是針對尚未突破的特定弱點，有意識地挑戰他們還無法駕馭的部分。例如，奧運游泳金牌得主蓋恩斯說：「每次練習，我都會想辦法超越自己的紀錄。如果教練今天要我用一分十五秒的時限游十趟百米，隔天他再叫我游十次百米，我就會想辦法進步到一分十四秒。」小提琴名家迪亞茲（Roberto Diaz）也曾說「努力找出你的致命弱點，那個需要克服的特定技巧難關」。

專家全神貫注地下苦功，努力達到他們設定的目標。有趣的是，他們很多人都是在沒人監督下自發地挑戰。NBA籃球巨星凱文·杜蘭特（Kevin Durant）說：「我大概有70％的時間都是自己練習，精進球技。」同樣的，音樂家單獨練習的時間，比他們和其他音樂家一起練習的時間，更能預測他們進步的速度。

專家也會盡快尋求別人對自己表現的意見回饋，當然，多數的回饋必然是負面的。這表示比起知道自己哪裡做對了，**專家更感興趣他們哪裡做錯**了，這樣他們才有辦法改進。除了尋求立即的回饋，主動積極地處理這些意見也一樣重要。

底下是克里欽森（Ulrik Christensen）學到這個教訓的故事。克里欽森原本是醫生，後來去創業。他根據刻意練習的原則，設計適性化學習軟體（adaptive learning software）。他早期開發的一個專案是一種虛擬實境遊戲，教醫生如何妥善地處理中風、心臟病發等緊急狀況。某次訓練課程，只有一個醫生一直無法過關，克里欽森發現他好像沒辦法完成訓練。

克里欽森告訴我：「我也搞不懂，這個傢伙又不笨，但是我花了幾個小時，詳細地告訴他哪裡做錯，他還是一直重複犯錯，其他人都已經完成訓練回家了，只剩我們兩個僵在那裡。」克里欽森後來終於受不了。「暫停！」克里欽森說：「你剛剛治療病人的方式中，有沒有什麼地方是你自己覺得沒把握的？是你不確定有沒有符合新規則的？」

那位醫生想了想，接著列出他有把握的決策，然後列出他不太確定的幾個選擇。換句話說，他停下來好好思考了一遍自己知道什麼，不知道什麼。

克里欽森點頭、聽完那位醫生說的話，然後他讓醫生看電腦螢幕上已經顯示十幾次的相同意見回饋。下回合練習中，那位醫生就做對了。

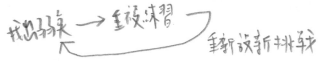

獲得回饋之後，接下來呢？

專家會再重做一遍，之後一再地重複練習，直到他們終於達到最初設定的挑戰目標，直到之前的弱點已經變成熟練流暢、完美的境界。從「自覺不足」（conscious incompetence）練到「不自覺地游刃有餘」（unconscious competence）。

在前面醫生的例子中，那位醫生花時間思考自己哪裡做錯了之後，克里欽森就讓他持續練習，直到完全不再出錯。等他連續四次都正確完成步驟以後，克里欽森說：「很好，今天我們完成練習了。」

然後呢？達成挑戰目標之後，接著是什麼？

接著專家又重頭開始，設立新的挑戰目標。

一個接一個的小進步，累積成精湛的成果。

所有神奇，都可以刻意練習

研究人員探索「刻意練習」時，最初的研究對象是西洋棋手，後來才開始研究音樂家和運動員。如果你不是棋手、音樂家或運動員，你可能會想知道刻意練習的基本原則是否也適用在你身上。

我可以毫不猶豫地告訴你：可以！即使是最複雜、最需要創意的人類能力，也可以細分成幾項技能，每個技能都可以透過再三練習，不斷進步。

例如，刻意練習是富蘭克林（Benjamin Franklin）改善寫作

技巧的方式。富蘭克林在自傳中提到，他從最愛的雜誌《觀察家》（Spectator）收集最好的文章，反覆閱讀、做筆記，再把那些文章收進抽屜裡。接著，他自己動筆重寫那些文章，「然後我比較自己的文章和原始文章，發現自己的一些缺點，加以改正。」富蘭克林就像艾瑞克森研究的現代專家一樣，鎖定特定弱點，持續改善。例如，為了強化自己論述的邏輯，富蘭克林刻意把他寫的筆記順序打亂，然後再試著以合理的順序重新排列，他說：「這是為了訓練我整理思緒的方法。」同理，為了加強對語言的掌握力，富蘭克林也反覆練習把散文改寫成韻文，再把韻文改寫成散文。

富蘭克林留下的箴言機智巧妙，很難想像他竟然不是天生就很會寫作的人。也許我們應該以富蘭克林的箴言總結這個故事：**不勞則無獲**（*There are no gains without pains.*）。

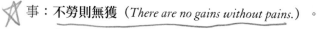

但是，如果你也不是作家呢？如果你是企業人士，可以聽聽終身擔任執行長顧問的管理大師彼得·杜拉克（Peter Drucker）的說法。他說，有效的管理「需要做某些非常簡單的事情，包括一些練習……。」

如果你是外科醫生，可以想想名醫阿圖·葛文德（Atul Gawande）的說法：「大家常以為你要有一雙巧手，才能成為外科醫生，其實不然。」葛文德說，最重要的是「經年累月不斷地練習這件困難的事，一遍又一遍。」

如果你想打破世界紀錄，像魔術師大衛·布萊恩（David

Blaine）那樣在水裡閉氣長達17分鐘，你可以看他的TED演講。那場演講快結束時，這位能夠控制自己生理各方面表現的魔術大師，突然控制不住情緒，哽咽地說：「身為魔術師，我努力向大家展現看似不可能的事。我認為魔術很簡單，無論是閉氣或洗牌都一樣。你只要不停地練習、訓練、⋯⋯」他啜泣：「實驗⋯⋯」他繼續含著淚水說，「同時忍受一切痛苦，不斷地追求進步，直到做到最佳境界。這就是魔術對我的意義⋯⋯」

十三歲的冠軍

艾瑞克森和我更了解彼此以後，我們一起設計了一個研究，想探索全國拼字比賽那些恆毅力很高的孩子是如何勝出的。

我已經知道，恆毅力較高的孩子練習時數較多，比賽成績也比較好。但我不確定的是，拼字技能的精進是不是因為刻意練習，也不確定恆毅力是不是他們願意多練習的原因。

在艾瑞克森的學生協助下，我們開始訪問進入拼字決賽的參賽者，了解他們為比賽做了哪些準備。同時，我們也研讀這方面的書籍，包括拼字比賽主辦單位的執行長金柏（Paige Kimble）寫的《拼字冠軍養成術》（*How to Spell Like a Champ*）。

我們發現基本上，經驗豐富的拼字高手與他們的家長和教練會建議有志參賽的人投入三種活動。第一，把讀書當成消遣、玩拼字遊戲之類的文字遊戲。第二，請別人出題考你或使用電腦

程式做測驗。第三，在無人協助的情況下，獨自做拼字練習，包括記憶字典裡的新單字、複習拼字筆記裡的單字、熟背拉丁語、希臘語及其他語言的字源。其中只有第三類活動符合刻意練習的標準。

決賽前幾個月，我們寄問卷給每位參賽者。裡面除了恆毅力量表，我們也請他們估計每週花在不同拼字活動上的時數，並以喜愛和努力的程度來評估他們從事這些活動時的感覺。

那年五月，ESPN轉播決賽時，艾瑞克森和我都在看。結果誰贏得冠軍？十三歲的女孩凱莉·克洛斯（Kerry Close），這是她連續第五年參賽，根據她填寫的問卷，我估計她至少累積了三千小時的拼字練習。凱莉最後透過麥克風，面帶微笑，自信地拼出：「Ursprache（單字的意思是「原始語言」）。U-R-S-P-R-A-C-H-E。Ursprache。」

「這是我有資格參賽的最後一年，所以我盡全力研讀、全力以赴。」凱莉告訴持續追蹤她準備過程的記者：「我努力學習冷僻的字彙，那些比賽中可能出現的艱澀單字。」前一年，同一位記者觀察到，凱莉「增加獨自研讀單字的時間，鑽研多本拼字指南，從閱讀中自製有趣的單字表，而且卯起來背字典。」

我們分析資料時，首先證實了我之前的研究結果：恆毅力過人的孩子練習的時數較多。但這次最重要的發現是，練習的類型非常重要。**刻意練習比其他類型的準備更能預測參賽者在決賽中的晉級機率。**

我和家長及學生分享這些研究結果時，都會趕緊補充：測驗有很多的學習效用，其中的一種功能是讓你知道你以為已經懂了、但其實還不熟的東西。事實上，凱莉後來告訴我，她利用測驗來診斷自己的弱點，找出她經常拼錯的某些單字或類型，再加強練習。某種意義來說，為了投入更專注、更有效率的刻意練習，先做測驗可能是必要的。

那麼把讀書當成消遣的效果又是如何呢？答案是毫無幫助。參加全國拼字比賽的孩子幾乎都對語言很感興趣，但是把讀書當成休閒娛樂活動（他們全都很愛閱讀）和拼字實力其實一點關係都沒有。

葛蘭姆每天都經歷小小的死亡

如果從能力進步的程度來評斷各種練習，刻意練習是最有效的方法。愈常參加拼字比賽的參賽者，似乎愈了解刻意練習的重要。參賽經驗每多一年，他們花在刻意練習上的時間愈多。尤其決賽前的幾個月，這種練習趨勢更明顯。拼字選手平均每週投入十小時做刻意練習。

不過，如果你從練習時的感覺來評斷各種練習，可能會得到不同的結論。平均而言，參賽者都認為刻意練習比其他準備方法更花費心力，過程中愉快程度也比較低。相反的，他們覺得把讀書當成休閒娛樂、玩文字遊戲最輕鬆，就像「吃最愛的食物」一樣開心。

舞蹈家葛蘭姆描述她刻意練習的感覺相當生動，甚至有點誇張：「跳舞看起來很迷人、輕鬆、愉悅，但要達到那種天堂般的境界，過程並不容易。你會非常疲累，感覺身體連睡覺時都在哭泣，有時會陷入極度的沮喪，每天都歷經小小的死亡。」

　　不是每個人都用這麼強烈的字眼描述他們跨出舒適圈努力的感受。但艾瑞克森發現，刻意練習通常會產生極度辛苦的感受。證據顯示，全神貫注地精進技巧非常耗費心力，所以艾瑞克森指出，即使是世界頂尖的表演者，在他們職業生涯的顛峰期，每天頂多做一小時的刻意練習就需要休息，一天總共只能做三到五小時的刻意練習。

　　另一個相關的現象是，許多運動員和音樂家做完最密集的訓練後，都有小睡片刻的習慣。為什麼？對運動員來說，休息及恢復精力可能有明顯的必要。但是對非運動員來說，他們做完最密集的練習時，也需要休息及恢復精力。由此可見，刻意練習如此辛苦，因為動腦和動身體一樣耗費力氣。例如，導演賈德・阿帕托（Judd Apatow）描述拍攝電影的情況：「每天都是實驗，每個場景都有可能行不通，所以你一直在想：『這樣行嗎？』『我應該多加一句台詞，才比較好剪接嗎？』『萬一片子非改不可，我要改什麼？萬一三個月後我討厭這部片子，我會改什麼？為什麼我會討厭這部片？』你一直想這些，把自己搞得筋疲力盡……真的非常傷神。」

　　世界頂尖的表演者退休後，通常不會維持那麼多的刻意練

習。如果練習真的是愉悅的感受，本身就令人樂在其中，這些專家退休以後，應該會維持同樣的練習強度才對。

狂喜還是痛苦？

艾瑞克森和我開始合作的隔年夏天，米哈里．奇克森米海（Mihaly Csik-szentmihalyi*）到我任教的學校擔任駐校學者，他和艾瑞克森都是知名心理學家，兩人的職業生涯都致力研究專家，但是他們對頂尖專業的描述截然不同。

奇克森米海認為，專家最與眾不同的經驗是心流（flow），一種渾然忘我的專注境界，「進而到達一種一切都彷彿自然發生的感覺」。心流是進行難度極高的挑戰，卻有一種「不費吹灰之力」的感覺，彷彿「你完全不必經過思考，一切就自然而然地表現出來。」

例如，一位交響樂團指揮告訴奇克森米海：

> 你進入一種狂喜的狀態，快樂到幾乎覺得自己不存在……我的手感覺已經不是我的，我和當下發生的事情毫無關係，我只是坐在那裡驚奇地旁觀一切發生，音樂就這樣流瀉而出。

一位花式滑冰選手對心流狀態的描述如下：

> 只有一首曲目讓我有那種感覺，一切都是那麼恰

---

*註：發音是 cheeks-sent-me-high。多年來，米哈里使用「麥克」這個名字為代稱。

到好處，……好像有一股衝動，你覺得它會一直持續下去，不希望它停下來，因為一切進行得如此完美。

感覺你幾乎不必思考，一切都會自動進行下去……

奇克森米海收集了數百位專家的親口描述，在他研究的每個領域裡，專家都以類似的字眼描述他們的最佳體驗。

艾瑞克森則認為，刻意練習不太可能像心流的狀態那樣令人愉悅。他認為，「技巧卓越的人在表演的時候，有時會體驗到非常喜悅的狀態（亦即奇克森米海的「心流」），但那些狀態和刻意練習是不相容的……」為什麼？因為刻意練習是細心策劃的，心流則是自發的；刻意練習是鎖定那些超越現前技能的挑戰；心流則是最常出現在挑戰和能力相當的時刻。最重要的是，刻意練習需要下很大的功夫，非常耗費心力；但根據定義，心流是不費吹灰之力的。

奇克森米海發表過相反的論點：「天賦發展的研究人員認為，精通任何複雜的技能需要約一萬小時的練習……而且那些練習可能很枯燥、不好玩。雖然這種情況通常是真的，但並不是那麼絕對。」奇克森米海接著分享個人的經驗說明他的觀點。他在匈牙利成長，當地的小學在高聳的木製大門上掛著一個標示，上面寫著：「知識的根源苦澀，但果實甜美。」他一直覺得那是錯的，他寫道：「即使學習很難，當你認為那是值得的、是可以熟練的、你運用所學可以表達自我及達成想要的目標時，就不會覺得辛苦。」

所以，究竟誰的論點才對？

巧的是，奇克森米海駐校的那個夏天，艾瑞克森剛好也在附近。我安排兩人在八十位教育工作者面前，辯論「熱情和世界頂尖的演出」這個主題。

兩人坐在演講廳的前方時，我才發現他們彷彿是同一個人。他們的身材高大壯碩，都是歐洲出生，講話帶點口音，聽起來更顯權威，也更有學術氣息。他們都留著修剪整齊的大鬍子，雖然只有奇克森米海的鬍子全白了，但如果你要找人扮聖誕老人，兩人都是合適人選。

辯論當天，我有點焦慮。我生性不喜歡衝突，即使不是我和別人發生衝突，我也感到不安。

後來發現我根本不需要擔心，這兩位「刻意練習」與「心流」的支持者都是風度十足的紳士，過程中從未冒犯彼此，也非常尊重對方。

他們肩並肩坐著，輪到他們發言時就拿起麥克風，有條不紊地援引數十年的研究，來支持截然不同的觀點。其中一人說話時，另一人看起來都是全神貫注地聆聽。接著換人拿麥克風，換對方申論，就這樣進行了九十分鐘。

我想知道，專家究竟是感到痛苦，還是狂喜？

我原本預期他們的對談可以解開這個難題，但不知為什

麼，結果卻演變成雙方的各自表述，一人談刻意練習，另一人談心流。

對談結束後，我有點失望，不是因為沒看到兩方激辯，而是因為沒有解決我的疑惑。我還是不知道問題的答案是什麼：專家表演究竟是辛苦的付出，當下不是那麼好玩；還是不費吹灰之力的樂事？

從刻意練習到忘我之境

那次對談結束後，我花了幾年的時間閱讀與思考那個議題。最後，由於我從未想出任何論點促使我推翻任一邊的主張，我決定開始蒐集一些資料。我請數千位在網路上做過恆毅力量表的成年人，做第二份評估心流的問卷。這項研究的參與者包括各年齡層的男性與女性，來自各行各業，有演員、麵包師傅、銀行行員、理髮師、牙醫、醫生、警察、祕書、教師、服務員、焊接工人等等。

在這些多元的職業中，**恆毅力高的成年人體驗過心流的次數較多**。換句話說，心流和恆毅力呈現正相關。

綜合這項調查結果、全國拼字比賽的研究以及十年來鑽研相關文獻的心得，我得出以下結論：**恆毅力高的人做比較多的刻意練習，也體驗到較多次的心流**。這句話並不矛盾，原因有兩個。第一，刻意練習是一種行為，心流是一種體驗。艾瑞克森談的是專家做什麼，奇克森米海談的是專家的感受。第二，刻意練

習和心流沒有必要同時發生。事實上，我覺得對多數專家來說，這兩者很少一起出現。

這個問題需要更多的研究才能解決，未來幾年，我希望艾瑞克森、奇克森米海和我可以合作研究這個問題。

目前我的看法是，下功夫刻意練習的主要動機是為了精進技能。你是全神貫注地投入，刻意設定一個超出目前技能水準的挑戰目標，處於「解決問題」模式，分析你做的一切，為了更接近理想的狀態（練習之初設定的目標）。你會得到意見回饋，很多回饋是告訴你哪裡做錯了，於是你運用那些回饋調整自己，再次嘗試。

相反地，體驗到心流的期間，主要動機全然不同。心流狀態本質上是愉悅的，當下你不在乎自己是否精進了技能中的某個面向。雖然你也是全神貫注地投入，但並不是處在「解決問題」模式。你不是在分析你做的事情，而是自然而然地享受著你熱愛的事。你也會獲得意見回饋，但是由於挑戰的水準剛好和你目前的技能程度相當，別人的回饋通常是告訴你，你做了很多正確的事，覺得你完全掌握了狀況，因為你確實如此。你整個人飄飄然，忘了時間，無論你跑得多快或想得多深入，當你處於心流狀態時，一切感覺起來都毫不費力。

換句話說，刻意練習是為了準備，心流則是為了表演。

我們回頭來看游泳好手蓋恩斯的例子。

蓋恩斯告訴我，他曾經列出奪得奧運金牌所需的耐力、技

巧、信心、判斷力需要多少練習。在一九八四年比賽前的八年期間，他以每次增加五十碼的距離來訓練自己，至少游了兩萬英里。當然，如果你把那八年前後的時間也算進去，里程數又更多了。

「我到世界各地游泳，」他告訴我，露出淺淺的微笑，「只為了參加歷時49秒的比賽。」

「你游泳時快樂嗎？」我問道，「我的意思是說，你熱愛練習嗎？」

「這點我不會撒謊。」他回答：「我沒有一次是滿心歡喜跑去練習的，練習時當然也沒有樂在其中。事實上，清晨四點或四點半走向泳池，或是我真的無法忍受疼痛時，會有短暫的片刻心想：『天啊，這一切值得嗎？』」

「既然如此，為什麼你沒有放棄？」

「答案很簡單。」蓋恩斯說：「因為我喜歡游泳……我熱愛競賽、訓練的結果、維持身材的感覺、獲勝、旅遊、結交朋友。我討厭練習，但是對游泳整體來說充滿了熱情。」

奧運賽艇金牌得主拉斯穆森（Mads Rasmussen）對他的動機也提出類似的描述：「這很辛苦，當你覺得沒什麼樂趣時，你只能埋頭苦練。當你獲得成果時會覺得棒極了，你有機會先苦後甘。苦盡甘來的樂趣會支撐你熬過來。」

多年的辛苦練習促成日後的心流時刻，這可以解釋為什麼頂尖表演者看起來如此輕鬆自如，因為就某種意義上來說，心流

發生的當下確實毫不費力。以下就是一例，十八歲的游泳選手凱蒂‧萊德基（Katie Ledecky）最近打破她自己的1500米自由式世界紀錄，而且是在俄羅斯喀山舉行的錦標賽初賽中改寫歷史。「坦白講，那感覺很容易，」她事後表示，「我覺得很輕鬆。」但萊德基並不覺得她的表現是因為體驗到心流狀態：「打破那個記錄，證明我下過的功夫以及現在的體態。」

事實上，萊德基從六歲開始游泳，而且大家都知道她每次練習時都非常認真，有時為了增加挑戰性，甚至會跟著男性游泳選手一起訓練。三年前，萊德基提到她在贏得金牌的那場八百米比賽中，腦子稍微放空了一下。她後來說：「關於游泳，大家其實不知道：你練習時下了多少功夫，比賽時就會展現出來。」

我的 TED 演講練習

以下是我自己下功夫刻意練習、後來進入心流狀態的故事。幾年前，製作人朱麗葉‧布雷克（Juliet Blake）打電話給我，問我有沒有興趣做一場TED演講。我說：「好啊，聽起來很有趣！」

「太好了！妳準備好演講後，我們會安排一場視訊會議，看妳演練一遍，之後再給妳一些意見，類似彩排那樣。」

嗯？妳說「意見」？不是掌聲嗎？於是我緩緩回應：「好啊……聽起來不錯。」

我準備了演講，在約定當天和朱麗葉及她的老闆（TED的

領導人）克里斯・安德森（Chris Anderson）連線。我看著網路攝影機，在限定的時間內演講，接著等候他們的讚美。

結果克里斯只告訴我，我講太多科學術語、用太多太長的詞彙、太多投影片、容易懂的例子太少，他都聽迷糊了。此外，我也沒有講清楚我是怎麼投入這個研究領域的，為什麼會從教師變成心理學家。朱麗葉也認同克里斯的看法，她又補充提到，我的故事毫無抓住人心的效果，整個演講好像在一開場就把笑梗講完了。

天啊！有那麼糟嗎？朱麗葉和克里斯都是大忙人，我知道我不會有第二次被指導的機會，所以逼自己仔細聽他們的回饋。事後我仔細思考，到底是他們比較懂如何談恆毅力這個主題，還是我比較懂？

不久我就想清楚了，他們才是經驗老到的說故事專家，我只是一個需要意見來精進演講技巧的科學家。

我重寫講稿，在家人面前練習，得到更多負面的回饋。大女兒亞曼達問：「為什麼妳老是說『嗯』？」小女兒露西也附和：「對啊，媽，妳為什麼要那樣？還有妳一緊張就咬嘴唇。不要那樣，很容易讓人分心。」

於是我又做了更多的練習，更多的改進。

接著，正式演講的大日子來了。那天我的演講和最初的彩排幾乎已經完全不同，效果好很多。如果你看了那場演講，會看到我當時正處於心流狀態。你上YouTube尋找之前多次排練的影

片（或是任何人在下苦功反覆刻意練習、不斷犯錯的影片），我猜你應該找不到。

沒有人想讓你看到他們投入無數小時的轉變歷程，他們只想讓你看到轉變後的精彩。

演講結束後，我衝去和我先生及婆婆會合，那天他們坐在觀眾席裡為我加油打氣。我走到他們聽得見我聲音的距離時，搶先說：「拜託！我只想聽熱情的讚美。」他們確實給了我肯定。

忘我的境界

最近我請多元領域的恆毅力典範以及他們的教練闡述刻意練習時的感覺，很多人認同舞蹈家瑪莎・葛蘭姆的說法，試圖做自己還做不到的事情，會感覺很沮喪、不安，甚至痛苦。

不過，有人認為，其實刻意練習的經驗也可以很正面，不僅長期如此，當下也是如此。他們並未用「有趣」這個字眼來描述刻意練習，但也不覺得刻意練習是「苦差事」。頂尖人士也指出，若不做刻意練習，而是漫無目的地「重複執行動作」，毫無進步，本身就是一種痛苦。

我對這種說法感到有些困惑，於是我決定回顧艾瑞克森和我從全國拼字比賽決賽者收集到的資料。我知道那些參賽者認為刻意練習特別費功夫，愉悅度較低。我也記得不同參賽者的狀況有顯著差異，換句話說，不是所有的參賽者都有同樣的體驗。

我深入了解恆毅力高的參賽者是如何做刻意練習的。相較

於熱情較少、毅力較弱的參賽者，恆毅力較高的參賽者不僅刻意練習的時數較多，他們也覺得刻意練習的過程比較開心，也比較費功夫。沒錯，恆毅力高的孩子做刻意練習時，不僅更認真投入，也更樂在其中。

我不確定要如何解讀這個結果，一種可能是，恆毅力較高的孩子花較多時間做刻意練習，久而久之，他們體會到努力就有收穫，因此開始喜歡勤奮努力，這是「學習愛上辛苦」的說法。另一種解釋是，恆毅力較高的孩子本來就比較喜歡勤奮努力，所以才會做比較多的刻意練習，這是「有些人熱愛挑戰」的說法。

我無法告訴你哪一種說法正確，真要我猜的話，我會說兩者都有些道理。我們在第十一章會學到，科學證據明確顯示，當我們的努力獲得獎勵時，主觀的努力體驗，也就是勤奮努力時的感覺確實會改變。我親眼目睹我的女兒比以前更喜歡花力氣嘗試、下苦功，我自己也有類似的轉變。

但另一方面，萊德基的教練加梅爾（Bruce Gemmell）說，萊德基向來很喜歡嚴峻的挑戰。

「萊德基的爸媽有一支小影片，記錄她早年剛參加游泳比賽的情況，」加梅爾告訴我，「比賽只游一趟，那時她才六歲。她游了幾下，就碰到泳道分隔線。接著又游了幾下，又碰到分隔線。最後，她游到泳池的尾端，冒出水面。她的父親一邊錄影一邊問她：『告訴我，第一次比賽的感覺如何？』她說：『很棒！』隔了幾秒，她又補充：『很難耶！』但是她笑得很開

心，笑到合不攏嘴，那說明了一切，她對每件事都抱持那樣的態度。」

同一次訪談中加梅爾也告訴我，萊德基自願做的刻意練習比他遇過的任何人還多。「我們加強訓練她的弱項，她在整個游泳隊裡，那一項的表現一開始是倒數第三。我發現她會偷偷自己練習，逼自己進步，過一段時間，她那一項的表現在團隊裡已經名列前茅。有些運動員一旦嘗試失敗後，我就必須連哄帶騙地懇求他們再試一次。」

如果刻意練習的感覺可以那麼「棒」，有可能出現心流狀態時那種不費吹灰之力的感覺嗎？

我問拼字冠軍克洛斯，她做刻意練習時是否曾經體驗過心流狀態。她說：「沒有，唯一一次稱得上心流狀態，是我沒有受到挑戰的時候。」但她也說，刻意練習本身很有成就感：「我覺得最有成就感的一些研讀經驗，是自己私下的練習。我逼自己把大任務分成幾個小任務，然後逐一完成它們。」

目前還沒有足夠的研究顯示，刻意練習能否體驗到輕鬆自如的心流狀態。我猜想，刻意練習給人很大的成就感，但那種感覺和心流是截然不同的。換句話說，那是不同類型的正面體驗：更上層樓的快感是一回事，完美演出的忘我境界又是另一回事。

如何把刻意練習變成習慣

除了找優秀的教練、導師或老師，如何從刻意練習中獲得

最大的效益，並在努力下功夫以後，體驗到更多的心流呢？

首先是了解科學。

刻意練習的每個基本要求都很平凡無奇：

- 明確定義的挑戰目標　*目標要也明確.*
- 全神貫注、全心投入
- 即時、實用的意見回饋
- 不斷檢討、不斷進步

但多數人的練習中，有多少小時完全符合上述四點？我猜很多人的每一天都是在毫無刻意練習下度過的。

即使是動力很強、做到精疲力竭的人，可能也不是在做刻意練習。例如，日本的賽艇隊邀請奧運金牌得主拉斯穆森到日本，他看到日本選手每天的練習時數時大吃一驚。他告訴他們，重點不是埋頭苦練到精疲力竭，而是追求深思熟慮的優質訓練目標，就像艾瑞克森的研究顯示，每天頂多只要用心練習幾個小時就行了。

在茱莉亞音樂學院任教的表演心理學家景山乃明（Noa Kageyama）指出，他從兩歲開始拉小提琴，但是直到二十二歲才真正開始刻意練習，為什麼？因為缺乏動力。小時候他一度跟隨四個不同的老師學習，還為此跑到三個不同的城市上課，所以問題在於當時他真的不知道可以有更好的方式。他後來發現練習背後的科學原理，發現確實有方法可以有效改善琴藝後，他的練習品質以及對自己進步的滿意度都大幅提升了，他現在致力和其

他的音樂家分享那些經驗。

　　幾年前，我的研究生勞倫・艾斯克萊－溫克勒（Lauren Eskreis-Winkler）和我決定教導孩子刻意練習。我們規劃了一套自學課程，裡面加入許多卡通和故事，說明刻意練習和效果較差的讀書方式的關鍵差異。我們跟孩子們解釋，無論天分高低，每個領域的頂尖人物都是透過刻意練習才能不斷變強的。我們讓學生知道每支看似輕鬆的YouTube影片，背後都藏著無數小時艱鉅、努力、不斷犯錯的練習，那些練習不為外人所知，也沒有錄影存證。我們告訴孩子，嘗試做自己還不會做的事，失敗了並從中學習如何改進，正是專家練習的方式。我們幫孩子了解，挫敗感不見得表示他們做錯了，學習期間希望自己能夠進步是非常普遍的想法。接著，我們再比較這種有經過引導的孩子活動和其他對照組活動的效果。

　　我們發現學生能改變他們對練習和成就的看法。例如，我們問那些孩子，他們會怎麼建議其他學生改善學業成績。學過刻意練習的孩子比較可能建議「針對你的弱項」、「全神貫注地投入」。讓這些孩子選擇刻意練習數學或是上社群網站及遊戲網站玩，他們會選擇多做刻意練習。至於那些原本學業成績中下的孩子，他們學習刻意練習以後，成績也改善了。

　　這個結果也促使我提出第二個建議：**把刻意練習變成習慣**。我的意思是，找出什麼時候、在哪裡做刻意練習讓你覺得最自在。選好之後，開始每天在那個時候、去那個地點做刻意練習。

為什麼？困難的事情一旦變成例行活動，就會習慣成自然。許多研究（包括我自己的研究）顯示，養成每天同時同地練習的習慣，你幾乎不需要多想，就可以自然而然地開始。

梅森‧柯瑞（Mason Currey）在《創作者的日常生活》（*Daily Rituals*）裡描述161位藝術家、科學家、創作者的日常生活。如果你想找出書中每個人都符合的條件（例如「總是喝咖啡」、「從不喝咖啡」、「只在臥室工作」或「從來不在臥室工作」之類的），你肯定找不到。但是如果你問：「這些創作者有什麼共通點？」你從英文書名就可以找到答案：Daily Rituals（日常的例行）。這本書裡的每個專家都以自己的方式，持續投入數個小時，獨自進行刻意的練習。他們各有一套慣例，他們都是習性動物。

例如，漫畫家查爾斯‧舒茲（Charles Schulz）整個職業生涯畫了近18,000幅史奴比漫畫，每天清晨就起床，梳洗後跟孩子共進早餐。接著送小孩上學、進工作室，開始工作到下午小孩放學為止，中午也待在工作室用餐（火腿三明治配一杯牛奶）。作家瑪雅‧安傑洛（Maya Angelou）的日常作息是，起床和先生一起喝咖啡，接著七點前抵達她在旅館租的「簡陋小房間」，在心無旁騖的狀態下工作到下午兩點。

如果你一直在同一時間與地點練習，原本需要花心思啟動的動作，會開始自然地發生。哲學家威廉‧詹姆斯（William James）曾說，每天都必須「重新設定、重頭開始做每項工作」

的人是「最可悲的」。

我自己也很快地學會這個教訓，作家喬伊斯‧卡羅‧歐茨（Joyce Carol Oates）曾把完成作品的初稿比喻成「在骯髒的廚房地板上，用鼻子推著一顆花生米前進」，我現在知道她那句話的意思了。所以，我該怎麼做呢？以下是幫我啟動工作的簡單日常計畫：早上八點，如果我還在家裡的工作室，我會重讀一遍昨天的初稿。這個習慣本身不會讓寫作變得更容易，但是確實可以讓人更快進入工作狀況。

我的第三個建議是，**改變你體會刻意練習的方式**。

重新檢閱全國拼字比賽的資料，我發現恆毅力較強的孩子覺得刻意練習的感覺比較愉悅，於是我打電話給游泳教練泰瑞‧羅夫林（Terry Laughlin）。羅夫林指導過各種程度的泳者，從旱鴨子到奧運冠軍都有，他自己也曾打破開放水域的成人游泳記錄。我對他的觀點特別感興趣，因為他長久以來大力推廣「完全沉浸游泳法」（total immersion swimming，一種優游自在、滑過水中的方法）。

「刻意練習也可以感覺很美好，」羅夫林告訴我：「只要你願意嘗試，你也可以學會迎向挑戰，而不是畏懼挑戰。你在刻意練習期間可以做你該做的一切（例如設定明確目標、尋求意見回饋等等），但是刻意練習的當下仍然感覺很棒。」

「重點在於當下的自我覺察，而不是自我評斷，」他繼續說：「你必須擺脫阻礙你樂在其中的自我評斷。」

我和羅夫林通完電話後，開始想到嬰幼兒大部分時間都在嘗試他們不會的事情，而且一而再、再而三地嘗試，一點都不會尷尬或焦慮。「不吃苦就學不會」這種說法，似乎不適用於學齡前兒童。

　　艾琳娜‧波德羅瓦（Elena Bodrova）和黛博拉‧梁（Deborah Leong）是致力研究小孩學習方式的心理學家。她們也認為，嬰幼兒一點都不介意從錯誤中學習。你觀察嬰兒學坐或幼兒學步，會看到他們不斷地失誤，很多挑戰都超越了他們當時具備的技能，他們全神貫注、過程中獲得許多意見回饋、累積了許多學習。情緒上又如何呢？他們還太小，所以無法採訪他們的感受，但是這些小孩嘗試做他們還不會的事情時，看起來一點也不痛苦。

　　但是後來情況就變了，艾琳娜和黛博拉說，小孩子進入幼稚園後，開始注意到自己犯錯會引起大人的某些反應。大人有什麼反應？皺眉、臉色稍微脹紅、趕緊衝到小孩面前指出他們剛剛做錯了什麼。這些反應帶給孩子的啟示是什麼？尷尬、恐懼、羞愧。游泳教練加梅爾說他指導的很多泳者就是這樣：「他們從教練、父母、朋友、媒體的反應得知，失敗很糟糕，所以他們開始保護自己，不敢冒險挑戰，也不敢全力以赴。」

　　「羞愧無法幫你解決任何事情。」黛博拉告訴我。

　　那該怎麼做呢？

　　艾琳娜和黛博拉建議老師親自示範「沒有情緒後果的犯

錯」。他們教老師故意犯錯，接著面帶微笑說：「喔，天啊，我以為那一堆裡面有五塊！我們再數一遍！一、二、三、四、五、六！有六塊！太好了！我學到我數的時候，手指應該觸碰每一塊！」

　　我不確定你能不能把刻意練習變成渾然忘我的心流狀態，但我確實認為你可以對自己和其他人說：「那很難！但是很棒！」

8

目的 造福他人的意念

持久的熱情，需要興趣與目的兩個支柱

「興趣」是熱情的一個來源，「目的」，也就是造福他人的意向，則是另一個來源。恆毅力很高的人，他們的熱情是由興趣和目的兩者共同支撐的。

對有些人來說，目的比興趣還早出現。這也是我了解恆毅力典範艾莉克絲・史葛（Alex Scott）的唯一方法。艾莉克絲從有記憶以來，只記得自己都在生病。她一歲時診斷出罹患神經母細胞瘤，滿四歲不久，她告訴母親：「出院以後，我想擺攤賣檸檬汁。」她確實做到了，滿五歲以前，她開始經營第一個檸檬汁攤位，為她的醫生籌募了兩千美元，「讓他們可以像幫助我這樣，幫助其他的孩子」。四年後，艾莉克絲過世時，她的故事激勵了許多人，總計募到了上百萬美元。艾莉克絲的家人延續她的遺志，至今，艾莉克絲檸檬汁攤基金會（Alex's Lemonade Stand

Foundation）已為癌症研究募集了上億美元。

艾莉克絲非常特別，但多數人是先受到喜歡的事物所吸引，之後才想到這些興趣可能幫助他人。換句話說，比較常見的發展順序是：從自我導向的興趣開始，接著學習自律的練習，最後把努力和「他人導向的目的」（other-centered purpose）結合起來。

心理學家布隆姆是最早注意到這三階段演進的專家之一。

三十年前，他開始訪問世界頂尖的運動員、藝術家、數學家和科學家，他透過研究了解到這些人是如何達到頂尖，但他沒料到自己因此發現了一種通用的學習模型，可以套用在他研究的所有領域。他的研究對象表面上成長背景和訓練都截然不同，但他們都經歷了三個發展階段。我們在第六章談興趣時，討論過布隆姆所謂的「早期」；在第七章談練習時，討論過所謂的「中期」；現在我們來到布隆姆模型裡的最後階段，也是最長的階段：「後期」。他說，到了後期，努力的「更大目的和意義」終於豁然開朗。

造福他人

我訪問恆毅力典範時，他們告訴我，他們追求的東西是有目的的，是比單純的「企圖」（intension）還要更深層。他們不只是目標導向，而且目標的本質是特別的。

當我追問：「能不能請你進一步說明？那是什麼意思？」

有時恆毅力典範不知道如何用言語確切表達，但是他們接下來說的話，總是會提到其他人，有時對象很明確（例如「我的孩子」、「我的客戶」、「我的學生」），有時很抽象（例如「這個國家」、「這項運動」、「社會」）。無論他們怎麼說，他們想傳達的訊息都一樣：日以繼夜地辛苦、挫折、失望、奮鬥、犧牲，這一切都是值得的，**因為這些努力最終都能造福他人**。

「目的」的根本概念是，我們做的事情對其他人有利。

像艾莉克絲那樣早熟的利他主義者，就是很典型的「他人導向目的」範例。

我們在第六章介紹過的公共藝術活動家高登也是如此。對藝術的興趣促使高登大學畢業後到洛杉磯當壁畫家。到了快三十歲的年紀，高登被診斷出罹患紅斑性狼瘡，醫生告訴她來日不多。「生病的消息讓我非常震驚，」她告訴我，「我對人生有了全新的觀點。」高登一度發病、出現最嚴重的症狀，但復原後她覺得自己應該可以活得比醫生預測的還久，只不過要忍受慢性長期的疼痛。

搬回費城老家後，她接下市政府的反塗鴉小專案。後續的三十年間，她把那個小專案逐漸變成全球最大的公共藝術計畫之一。現在高登年近六十歲，仍然從清晨工作到深夜，每週工作六、七天。一位同事說，跟她共事好像每天都是選戰打到最後一天的火熱狀態，只不過選舉之日永遠不會到來。對高登來說，她投入的那些時間都變成更多的壁畫和計畫，表示社群中的人們有

更多機會創作及體驗藝術。

　　我問她紅斑性狼瘡的狀況，她很淡然地說，痛苦如影隨形，始終都在。有一次她告訴記者：「有時候我會忍不住哭了起來，覺得自己再也撐不下去，沒辦法繼續把巨石推向山頂。但是自怨自艾無濟於事，所以我會想辦法振作起來。」為什麼？是因為工作很有趣嗎？對高登來說，那只是動力的開始。「我做的一切都是為了幫助更多人，」她告訴我，「我覺得自己的動力來自道德上的責任。」總結來說，她說：「藝術可以拯救生命。」

　　其他恆毅力典範的頂層目標也有目的，只不過比較不明顯。例如，知名的酒評家伽羅尼（Antonio Galloni）告訴我：「品酒是我很想和他人分享的熱情。我走進餐廳時，想看到每張桌上都放著一瓶醇美的葡萄酒。」

　　伽羅尼說，他的使命是「幫大家啟發美味鑑賞力，」他說，那就像讓腦筋開竅一樣，他想「讓一百萬人的腦筋開竅」。所以，父母經營食品與葡萄酒專賣店，他從小就對葡萄酒相當著迷的伽羅尼雖然是先發現他的興趣，但他想幫其他人的想法，大幅提升了原本的興趣：「我不是腦科醫生、也不是在尋找癌症解藥，但是我覺得可以用自己微薄的力量，讓世界變得更好。我每天醒來都充滿了使命感。」

　　所以，在我的「恆毅力術語」中，**目的的意思是指「造福他人的意念」**。

亞里斯多德的兩種快樂

我一再聽到恆毅力典範說，他們覺得自己的工作和他人密切相關，這讓我決定更深入分析兩者的關連。目的可能很重要，但是相較於其他的優先要務，目的究竟有多重要？全神貫注於頂層目標也有可能是比較自私的，而不是無私的。

亞里斯多德最早提出追求快樂至少有兩種方法，他稱其一是「心理幸福」（eudaimonic），與個人「良善的」（eu）「內在精神」（daemon）和諧一致；另一個方法為「享樂」（hedonic），鎖定當下自我中心的正面經驗。亞里斯多德顯然比較偏好其中一種，他認為享樂的生活是原始、粗俗的，心理幸福的生活才是高尚、純淨的。

然而事實上，這兩種追求幸福的方式在演化上都有很深的淵源。

一方面，人類追求快樂，因為讓我們開心的事情可以增加我們生存的機率。假設我們的祖先對食物和性愛都沒有渴望，應該無法生存很久，也不會有很多後代。某種程度來說，每個人都像佛洛伊德所說的，被「以追求快樂為原則」這個原始動機驅動著。

但另一方面，人類已經演化到懂得追求意義和目的的境界，我們成為群居動物。為什麼？因為想要互相交流與服務他人的動力，也有助於我們的生存。怎麼說呢？因為合作比獨來獨往更有利於生存。社會的存續需要穩定的人際關係網絡，而社會又

以各種方式提供我們溫飽、讓我們得以遮風避雨、保護我們不受敵人侵害。想要與他人建立連結的欲望，就像對快樂的渴望一樣，是基本的人類需求。

某種程度來說，**每個人先天都會追求享樂體驗及心理幸福，只是我們賦予這兩者的相對比重可能不同。**有些人對目的的重視更勝於追求愉悅的體驗，有人則相反。

為了探索恆毅力背後的動機，我招募了16,000名美國成年人填寫恆毅力量表。另外，也提供參與者一份很長的補充問卷，讓他們閱讀有關「目的」的敘述，並評估每句敘述適用於他們的程度，例如「我做的事情對社會很重要。」他們也針對六項有關「快樂」的敘述做同樣的評估，例如「對我來說，好生活就是過得愉悅開心。」我們從這些回答估算出每位參與者對目的與快樂的偏好，分數介於1到5之間。

我把這個大型研究的資料繪製成圖。你可以從下頁的圖看到，恆毅力較高的人並不是苦行僧，也不是享樂主義者。在追求快樂方面，他們跟其他人一樣。無論你恆毅力有多高，「快樂」對你來說都有相當的重要性。但恆毅力較高的人，遠比其他人更有動力去追求有意義、以他人為先的人生。「目的」的得分愈高，對應的恆毅力分數也愈高。

這不是說所有的恆毅力典範都是聖人，而是說恆毅力較高的人通常會認為，他們的終極目標是和超越小我的外在世界緊緊相連。

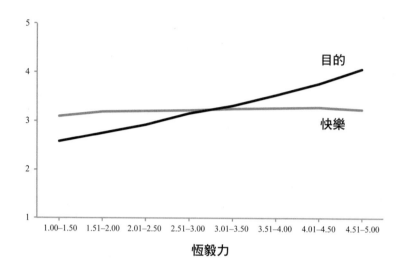

我的看法是，對多數人來說，目的是很強大的動力來源。當然可能有少數例外，但例外很少見這個現象更加證明了這個常理。我有沒有遺漏了什麼？

當然，我的取樣不太可能包含很多恐怖分子或連續殺人魔。我也確實沒有訪問過獨裁者或是黑幫老大。你也許可以說，我忽略了特定一群的恆毅力典範，他們的目標是完全自私的，甚至是會損害他人的。

關於這點，我坦承有部分人物確實是如此。理論上，你可以是厭惡人類、誤入歧途的恆毅力典範。例如，史達林和希特勒確實具有非常高的恆毅力，他們也展現了非常邪惡的目的。多少無辜人民因為有人假「造福他人」的名義而慘遭無情迫害？

換句話說，真正正面、利他的目的，不見得是恆毅力的必要條件。我也必須坦承，壞蛋也可能非常有恆毅力。

　　但整體來說，我還是相信我收集到的調查資料，以及親自訪問的恆毅力典範所告訴我的事。所以，興趣對於維持長期的熱情雖然重要，想要與他人建立連結、幫助他人的欲望也一樣重要。

　　我猜想，當你靜下來回想過去真正竭盡所能、發揮所長的時候，例如迎向挑戰、找到力量去克服看似不可能的任務，你會發現你達成的目標多多少少都和他人的幸福有關。

　　總之，世界上可能有恆毅力超高的大壞蛋，但我的研究顯示，非常有恆毅力的英雄數量更多。

工作→職業→志業 利他

　　有些人確實很幸運，他們的頂層目標對世界如此重要，不管他們所做的一切是多麼細微或繁瑣，都有絕對的重要性。我們來看三位泥水匠的寓言故事：

　　有人問三位泥水匠：「你在做什麼？」

　　第一位泥水匠說：「我在砌磚。」 → Job 工作

　　第二人說：「我在建教堂。」 → career 職業

　　第三人說：「我在打造上帝的殿堂。」 → calling 志業

　　第一位泥水匠有一份工作（job），第二位泥水匠有一份職業（career），第三位泥水匠有一份志業（calling）。

很多人都期望像第三位泥水匠那樣，但在現實生活中卻只能做到第一位或第二位的程度。

耶魯大學的管理學教授艾美‧瑞斯尼斯基（Amy Wrzesniewski）發現，大家都可以清楚說出自己比較像哪一位泥水匠。受訪者認為自己屬於下列三種類別的比例大致相當：

1）工作：「我覺得我的工作只是生活必須，就像呼吸或睡眠一樣。」

2）職業：「我把工作視為邁向其他機會的必經之路。」

3）志業：「我的工作是人生的最重要的事之一。」

我用瑞斯尼斯基的衡量方式，自己進行了調查，我也發現只有少數工作者把他們的工作稱為志業。而且一如預期，把工作視為志業的人，恆毅力比另外兩種人高。

把工作視為志業的幸運兒都肯定地說：「我的工作讓世界變得更好。」他們對工作和整體生活的滿意度似乎也最高。在一項研究中，把工作視為志業的人，缺勤的天數比另外兩種人至少少三分之一。

最近一項調查訪問982位動物園管理員，這個行業中，80％的工作者有大學學歷，但平均年薪只有25,000美元。研究發現，把工作視為志業的人（「與動物相處，感覺就像我命中注定該做的事」），也展現出強烈的使命感（「我做的事情讓世界變得更好」），他們比較願意無薪加班照顧生病的動物，而且較有道德感（「我有義務提供動物們最好的照顧」）。

我們都渴望意義

　　我想先點出個重點：沒有職業抱負，只想正正當當地工作過生活並沒有錯。但多數人通常會渴望更多。這是記者斯特茲・特克爾（Studs Terkel）的結論，他在一九七〇年代訪問了一百多位各行各業工作者。結果一點也不意外，只有少數工作者認為自己的工作是一生的志業，但那不是因為他們缺乏追求志業的意念。特克爾認為，每個人都在追尋「每一天的生計，與每一天的意義……都在追求著某種生命，而不只是週一到週五不斷循環地漸漸凋零。」

　　其中一位受訪者諾拉・華森（Nora Watson）二十八歲，她的工作是為某家保健刊物撰稿。從她的故事可以看出，把絕大部分的清醒時間投入缺乏目的的工作，是多麼無奈的事情。「多數人都在追尋一生的志業，而不是工作，」她告訴特克爾，「如果我真的很愛一份工作，覺得它很有意義，我甚至會把它帶回家繼續做。」但她坦承，現在她每天真正投入工作的時間只有大約兩小時，其他時間都在裝忙。「我是整棟樓裡唯一把桌子面對著窗戶，而不是面向門口的人，我想盡辦法不去理會周遭的事物。」

　　華森在訪談接近尾聲時說：「我覺得目前的我沒有志業，除非是把做自己當成一種志業。但是沒有人會付錢請你做自己，所以目前我就是在公司裡，每天照常上班下班。」

　　特克爾在研究過程中，確實遇到「少數幾位從日常工作中發掘樂趣的人」。從局外人的觀點看，把工作視為志業的人，

不見得是做比華森更厲害的工作。其中一個人是石匠，另一位是書籍裝訂工。五十八歲的垃圾清潔工羅伊・施密特（Roy Schmidt）告訴特克爾，他的工作很辛苦，充滿髒污又危險。他知道多數其他工作，包括他以前在辦公室工作，對多數人來說比較有吸引力，但他說：「我不會看不起自己的工作……它對社會是有意義的。」

相較於華森的結論，施密特受訪時的結語如下：「我聽某位醫生講過一個故事。在古時候的法國，要是得罪了國王，就會被派去做最低階的工作：清掃巴黎的街頭。那個年代的街頭肯定髒亂得恐怖，有位貴族因為不小心捅了妻子，就被下放街頭當清掃工。結果他居然做得很好，還因此受到表揚。那是全法國最糟的工作，他卻因為表現良好受到讚賞。那是我第一次聽到，清垃圾確實是件有價值的事。」

———

在泥水匠的寓言中，每個人的職業一樣，但主觀感受（看待自己工作的方式）截然不同。

同理，瑞斯尼斯基的研究顯示，志業與工作內容描述沒有很大的關係。事實上，她覺得任何職業都可以是工作、職業或志業。例如，她研究祕書，原本預期很少人會把祕書工作當成志業。但是回收問卷後，她發現認定祕書是工作、職業或志業的人數差不多，跟其他樣本的比例相似。

瑞斯尼斯基因此得出以下結論：每一個行業不一定能被歸類為工作、職業或志業，而是看從業人員認為砌一塊磚只是他必須做的事，還是為了追求更大的成就，或是為了造福他人。

　　我認同這樣的論點，如何看待自己的工作，比你的職位更重要。這表示，即使你不必透過換工作，也可以把工作變成職業或志業。

　　最近我問瑞斯尼斯基：「有人來諮詢妳的意見時，妳會給什麼建議？」

　　「很多人以為他們需要去找出志業，」她說：「我想，他們會感到這麼焦慮，是因為他們以為志業就像一種神奇的東西，等著被發掘。」

　　我相信，**大家對興趣也有同樣的誤解，他們不知道自己需要主動積極地培養及強化興趣。**

　　她告訴那些尋求建議的人：「志業不是某種已經固定成形的東西，等著你去探索，而是充滿了變數。無論你從事哪一行，工友也好，執行長也好，你可以持續自問，這份工作如何和其他人相連，如何和更廣大的世界相連，如何展現你最深層的價值觀。」

　　換句話說，曾說「我在砌磚」的水泥匠，可能某天會有所體悟，變成「我在打造上帝的殿堂」。

從搬鐵軌到首席工程師

瑞斯尼斯基主張，同一人在不同時期看待同一份工作，可能有工作、職業或志業等三種不同的看法。這讓我想起了喬·李德（Joe Leader）。

李德是紐約市地鐵的資深副總裁，基本上是紐約市地鐵的首席工程師，那是幾乎難以想像的任務。每年有超過170億人次搭乘紐約市地鐵，是美國最繁忙的地鐵系統，總共有469個車站。把所有的地鐵線路頭尾相連、一字排開，長度可以一路從紐約排到芝加哥。

年輕時，李德並沒有尋找志業，他只想找個工作，還清學生貸款。

他告訴我：「我大學快畢業時，只想趕快找個工作，什麼都行。地鐵公司來我們學校招募工程師，我就這樣錄取了。」

實習階段，李德的任務是負責軌道。「我需要搬運鐵軌、鋪設軌道、在軌道供電系統區牽電纜。」

不是人人都覺得那份工作很有趣，但李德樂在其中。「那很有意思，我剛來上班時，工作上的好朋友都是學商或電腦的，我們晚上會一起出去，從酒吧回家的路上，他們有時會在月台邊爬上爬下，問我：「這是什麼？那是什麼？」我會告訴他們：「這是高壓絕緣體，那是絕緣接頭，我覺得很好玩。」

所以，興趣是李德熱情的起源。

李德後來開始負責很多規劃的任務，他也喜歡那樣的工作

內容。隨著興趣和專業日益深厚，他逐漸脫穎而出，開始把地鐵工程視為長期的職業。「休假日，我去自助洗衣店洗衣服。你知道自助洗衣店都有那種很大的桌子讓大家折衣服嗎？以前所有女性顧客都會笑我，因為我會帶著工程圖一起去洗衣服，把圖攤在大桌上開始研究，我真的很喜歡那個部分的工作。」

李德說，一年內他就對工作有不同的看法。有時候，他看著某個螺栓或鉚釘，發現那是數十年前就安裝好的，如今仍在同一個地方，每天協助地鐵順利運行，幫大家抵達想去的地方。

「我開始覺得我在貢獻社會，」李德告訴我：「我了解到自己負責每天的大眾運輸。後來我變成專案經理，當我們完成大型安裝任務時（例如安裝上百個軌框，或是建置整個號誌連鎖系統），我知道我們做的東西可以被使用三十年，那時我開始覺得我有一份職業，甚至是志業。」

他們這樣找到志業

聽李德談論工作，你可能會想，假如工作了一年還是覺得那份工作不是志業，是不是應該放棄希望。瑞斯尼斯基發現，她的MBA學生通常會投入一份工作好幾年，才會確定那是不是他們這輩子的熱情所在。

如果你知道貝姆（Michael Baime）花了更久的時間才確定他對工作的熱情，你可能會放心一些。

貝姆是賓州大學的內科教授，你可能以為他的志業是行醫

及教書，那只對了一半。貝姆的熱情是透過正念（mindfulness）尋求幸福。他花了好幾年時間，才把他對正念的興趣和「幫助他人過得更健康快樂」這個目的整合起來。興趣和目的融合後，他才覺得自己在為這輩子的使命奮鬥。

我問貝姆當初是如何對正念產生興趣的，他回溯到童年：「我仰望天空，發生很奇妙的事，我覺得自己好像迷失在天空中，感覺自己好像打開了，變得比以前大了很多，那是我遇過最美好的體驗。」

後來，貝姆發現他只要專注於自己的思緒，同樣的情況就會發生。「於是我迷上了那種感受，我不知道該怎麼稱呼它，但我經常那樣做。」

幾年後，他和母親去書店，碰巧翻到一本書就在描述那種感受。那本書是英國哲學家瓦特（Alan Watts）寫的，他在西方國家開始流行冥想之前就寫了那本書。

貝姆在家長的鼓勵下，高中和大學持續上冥想課程。後來快畢業時，他必須決定將來做什麼。專業冥想家不算全職職業，所以他決定當醫生。

攻讀醫學院幾年後，他向冥想老師坦承：「行醫其實不是我想做的，不適合我。」行醫很重要，但不符合他最深厚的興趣。老師告訴他：「不要放棄，當醫生可以幫助更多人。」

於是，貝姆留下來了。

修完課程後，貝姆說：「我真的不知道我想做什麼，為了

且戰且走，我只簽了一年的實習約。」

意外的是，他竟然開始喜歡行醫的感覺。「行醫是一個不錯的助人方法，不像在醫學院時，沒有真正醫治病人，只是在解剖屍體和死背克氏循環（Krebs cycle）。」他很快就從實習醫師晉升為負責整個內科門診的研究醫師，接著升任為住院副主任，最後成為一般內科主任。

不過，貝姆還是不覺得當醫生是他一生的志業。「我行醫的時候，發現許多病人真正需要的，不是我開個處方或安排照X光檢查，而是我從小就會自己做的那件事：很多病人需要的是停下來、好好呼吸，真實地和自我的生命產生連結。」

那樣的領悟促使貝姆開始為重症患者開設冥想課程，那是一九九二年，從此課程不斷擴張，今年開始貝姆全職投入課程。目前已有大約15,000名患者、護士和醫生上過那個課程。

最近，我請貝姆來為本地的教師演講「正念」這個主題。演講那天，共有七十位老師放棄週日下午的休閒時間，前來聽講。貝姆站上講台，專注地看著觀眾。他逐一和現場的每位老師目光相接，現場靜默了好一段時間。

接著他露出燦爛的微笑，開始說：「我有一個志業。」

不為自己，所以強大

我二十一歲時，第一次體驗到有明確目的的頂層目標力量有多大。

大三那年春天，我去就業服務中心，想找那年暑假可以做的事。我翻著一個標著〈暑期公共服務〉的三孔活頁夾，看到一個叫夏橋（Summerbridge）的活動。夏橋計畫在尋找大學生，為弱勢家庭的中學生設計暑期輔導課程，並擔任指導老師。

我心想：「利用暑假指導孩子學習，感覺很不錯，我可以教生物和生態學，示範怎麼用錫箔紙和紙板製作太陽能烤爐，我們還可以烤熱狗，那一定很有趣。」

我不是想：「這次經驗將會改變一切。」

我沒想到：「我現在是醫學預科生，但不久後就不是了。」

我也沒想：「注意囉，快要發現目的的力量了。」

坦白說，我無法詳細描述那個夏天發生的事，細節我早就忘了。我只記得那段日子我每天黎明前就起床備課，連週末也是如此。我只記得每天我都做到深夜。我還記得那時候教幾個孩子的情境和某些片段畫面。我一直等到回到老家，有空回想，才意識到發生了什麼事。我親身體會到學生和老師的關係可能從此改變學生和老師的一生。

那年秋天我回學校上課時，去找了參與夏橋計畫的其他大學生。其中一人是菲利普·金恩（Philip King），他剛好也住在同一棟宿舍。他跟我一樣，也迫不及待想成立另一個夏橋計畫。那個點子實在太吸引人了，我們都覺得非試不可。

我們沒有資金，不知道如何成立非營利組織，也沒有人脈。我也承受了來自父母的懷疑和擔憂，他們認為我在浪費哈佛

的學歷。金恩和我沒有任何資源，但我們有真正需要的東西：目的。從頭成立過組織的人都可以告訴你，創立一個組織需要處理成千上萬件的大小事，而且沒有指導手冊可以參考。如果金恩和我只是做我們覺得有趣的事情，我們不可能完成。我們打從心底認為創立這個計畫對孩子們非常重要，讓我們產生了前所未有的勇氣和精力。

我們不是為自己尋求資源，所以有勇氣逐一拜訪麻州劍橋地區的每個小商家和餐館，請他們捐款贊助。我們有耐心坐在會客室裡，有時候一等就是好幾個小時，才終於等到對方有時間見我們。我們也有頑強的精神，一再尋求贊助，直到我們獲得需要的資金。

我們用這種方式完成了一切該做的事——因為我們不是為了小我，而是為了更大的目標。

金恩和我畢業兩週後，我們的計畫正式啟動營運。那年暑假，七位高中生和大學生體驗了當老師的感覺，三十位五年級的小學生體驗了暑假學習、認真用功，同時玩得開心的感覺（他們以前從來沒想過，學習和玩樂竟然可以同時兼顧）。

那是二十幾年前的事了，現在這個計畫名為「突破大波士頓」（Breakthrough Greater Boston），已經成長到金恩和我都難以想像的境界，每年為數百位學生提供免學費、全年度的補救教學。目前為止，有上千位年輕男女曾在這個計畫裡擔任老師，很多人後來進入教育界全職發展。

夏橋計畫讓我開始嚮往教學，教學讓我對於幫助孩子發揮潛力產生了持久的興趣。

不過……

對我來說，教學還不夠。我內心還住著一個小女孩，她熱愛科學、也對人性充滿好奇，她在十六歲參加暑期輔修課程時，從所有課程中挑了她的最愛——心理學。

寫這本書讓我發現，我在青春期開始了解到自己的興趣，二十幾歲時開始有比較清晰的目的，三十幾歲時才終於有足夠的經驗和專業，可以明確地說出我人生的頂層目標，以及想要貫徹直到生命終結的目標：**運用心理學，幫助孩子們成長**。

助人就是利己

我父親對夏橋計畫很不滿，其中一個原因在於他對我的愛。他認為我犧牲自己的福利去成就別人的福祉，坦白說，他對那些孩子的愛不如對女兒的愛。

沒錯，原則上，恆毅力的概念和目的可能是相互矛盾的。你怎麼可能全神貫注於自己的頂層目標，同時又東張西望擔心別人呢？如果恆毅力是指你有一套階層性的目標，那些目標都是為了達成某個個人目標，那**別人的角色又如何融入這個架構？**

「多數人認為，自我導向和他人導向的動機是分別位於某個光譜的兩端，」我的同事及華頓商學院的教授亞當‧格蘭特（Adam Grant）說：「但我一直覺得兩者是完全獨立的，你可

能兩者皆無，也可能兩者兼有。」換句話說，你可能想要出人頭地，同時又有動力幫助他人。

格蘭特的研究顯示，同時謹記個人與他人利益的領導者及員工，長期的表現優於那些只在乎個人利益的人。例如，格蘭特詢問市府消防隊員：「為什麼你想從事消防工作？」接著他追蹤這些人後續兩個月的加班時間。他原本預期愈有動力幫助他人的消防隊員，恆毅力愈強。但結果顯示，很多有動力幫助他人的消防隊員反而加班時數較少，為什麼？

因為少了第二個動機：對工作本身的興趣。當他們喜歡消防員的工作時，幫助他人的欲望才會讓他們更投入。事實上，有利他動機（「因為我想透過工作幫助他人」）又對工作有興趣（「因為我喜歡這個工作」）的消防隊員，平均每週加班時間比其他隊員多50％。

格蘭特也對140位在電話中心為公立大學募款的人員提出同樣的問題：「為什麼你有動力做募款工作？」他發現結果幾乎一樣。只有那些有強烈的利他動機又覺得工作很有趣的人會打比較多的電話，也為大學募到比較多資金。

發展心理學家大衛・耶格（David Yeager）和麥特・邦迪克（Matt Bundick）發現，青少年也表現出同樣的模式。例如在一項研究中，耶格採訪約一百位青少年，請他們說長大以後想做什麼及原因。

有些青少年談論未來時，只用自我導向的字眼（例如「我

自己喜歡 + 可以利他

想成為時尚設計師，因為那很有趣⋯⋯重點是你真的很熱愛你的職業。」）。有些只提他人導向的動機（例如「我想當醫生，幫助他人。」）還有一些是同時提及自我導向和他人導向的動機。例如，「如果我是海洋生物學家，我會努力推動海洋淨化⋯⋯我會選一個地方，幫助那裡的海洋生物⋯⋯我一直很愛養魚，也喜歡維護魚缸，因為牠們可以自在地在水中悠游，就像在水裡飛行一樣。」

兩年後，再請這些青少年評斷課業對自己的意義。有同時表達自我導向及他人導向動機的青少年，覺得課業對自己比較有意義。

培養超越自我的意念

很多受訪的恆毅力典範都表示，尋找目的明確又有趣的熱情是一個難以預測的過程。

艾羅拉（Aurora）和法蘭科・方提（Franco Fonte）是澳洲的企業家，他們經營設施服務公司，旗下有兩千五百名員工，年收超過一・三億美元。

二十七年前方提夫婦新婚，窮得要命。他們想開餐廳，但沒有創業資金，於是他們去打掃購物中心和小型辦公大樓。這個選擇完全不是出於使命感，只因為可以賺錢支付開銷。

不久，他們的職業夢想就變了，他們看出清潔維護這一行可以比餐飲更有前景。他們都做得非常勤奮，每週工作八十個小

時，有時還用嬰兒揹帶把孩子背在胸前工作，用力刷洗客戶辦公大樓裡的廁所瓷磚，彷彿像在清洗自家的廁所那般認真。

他們的事業經歷了很多波折，但法蘭科告訴我：「我們一直咬牙撐著，沒有因為遇到阻礙而放棄，我們絕不容許自己失敗。」

我向艾羅拉及法蘭科坦承，我很難想像清掃廁所，甚至把掃廁所變成年收上億美元的企業，是一種志業。

「重點不在清掃這件事，」艾羅拉回答，語氣因為情緒而有些緊繃，「而是在創造價值，為我們的客戶解決問題。最重要的是，我們雇用了很棒的員工，他們都是很認真的人，我們對他們有很大的責任。」

───

史丹佛大學的發展心理學家比爾‧戴蒙（Bill Damon）指出，那種超越自我的導向是可以培養、也應該刻意培養的。戴蒙投身發展心理學超過四十年，主要研究青少年如何學習過自己滿意又對社群有利的生活。他說，研究「目的」就是他的志業。

戴蒙說，「為什麼？為什麼你會做這件事？」的最終答案就是目的。

戴蒙從目標產生的過程了解到什麼？他告訴我：「資料一再顯現出一種型態，每個人都會碰到燃起興趣的火花，那是目的的最開端。那個火花就是你感興趣的事物。」

接著，需要找到有明確目標的人，好好地觀察這個榜樣。那個人可能是家人、歷史人物或政治人物。那個人是誰並不重要，他的目標和你最後做的事情也可能沒有關係。戴蒙解釋：「重要的是，有人示範給你看，為了別人完成某件事情，是有可能的。」

事實上，戴蒙不記得有案例是在沒有早期榜樣可觀摩的狀態下，自己發展出目標的。他說：「理想情況是，孩子有機會看到，有明確目的的人生可能因為充滿挫折和障礙而非常艱難，但是最終達到目的時又會多有成就感。」

戴蒙說，接下來的階段是受到啟發，意識到世界上有問題需要解決。這個發現可能以各種方式出現，有時是因為自己遇到失去或逆境，有時是因為知道他人遭逢損失或逆境。

但是戴蒙立刻補充，看到別人需要幫忙還不夠。目的還需要第二次的啟發：「意識到自己可以發揮影響力。」他說，這種信念，這種採取行動的意念，正是「觀察榜樣達成目的」那麼重要的原因。「你必須相信，你的努力不會白費。」

助人看見無限可能

凱特‧柯爾（Kat Cole）就擁有一個懷抱目的的恆毅力榜樣。

我認識柯爾時，她三十五歲，已經是Cinnabon肉桂卷連鎖店的總裁。乍聽她的故事，你可能會覺得那是個「麻雀變鳳凰」的

個案，但是更仔細聽，你會聽見一個不同的主題：「從貧窮到助人」。

柯爾在佛羅里達的傑克森維爾市（Jacksonville）長大。九歲時，她的母親喬（Jo）鼓起勇氣離開酗酒的丈夫，為了獨力扶養三個女兒，同時兼三份工作。即便如此，母親還是有時間幫助他人。柯爾說：「她為別人作點心、幫人跑腿辦事，她總是可以一眼看出別人需要幫助。她把每位認識的人都當成家人，無論是同事或社區的鄰居。」

柯爾繼承了母親認真的工作態度與樂於助人的天性。

不過，在談到柯爾的動力來源之前，我們先來看她在企業內部竄升的驚人速度。柯爾履歷表上的工作經驗從十五歲開始，她在當地的購物中心銷售衣服。十八歲時，已經成年的她可以在Hooters美式餐廳當服務生。一年後，公司派她去澳洲開第一家分店，後來又到墨西哥市、巴哈馬、阿根廷展店。二十二歲時，她已經帶領十人的部門。二十六歲時，柯爾已經升任副總裁。身為管理團隊的一員，她幫公司把全球分店擴增至四百多家，遍及全球二十八國。柯爾三十二歲時，私募公司買下Hooters餐廳，由於柯爾的經歷極其亮眼，肉桂卷連鎖店於是聘請她擔任總裁。在柯爾的領導下，肉桂卷連鎖店的業績成長得比過去十年還快，四年內，營收就突破十億美元。

現在，我們來看柯爾成功的祕訣。

柯爾早期還在Hooters餐廳當女服務生時，某天的值班廚師

工作到一半突然憤而辭職，柯爾冷靜接著說：「於是我和店長就一起到廚房裡煮東西，讓客人點的菜都能順利上桌。」

為什麼？

「首先，服務生主要是賺小費，我需要小費收入才能支付開銷，客人吃不到食物就不會付帳，更不可能留小費。第二，我也很好奇自己能不能勝任廚房的工作。第三，我想幫忙。」

小費和好奇心屬於自我導向的動機，想要幫忙則是他人導向的動機。這個例子可以看出，單一行動（自告奮勇為等候的客人準備餐點）如何同時讓自己以及周遭的人受惠。

沒多久，柯爾已經在負責訓練廚房員工以及協助內場運作。「某天，酒保有事情提前離開，同樣的事又上演一次。之後，某天店長辭職，我又學會管理一整個班次。在六個月內，整家店裡的所有工作我都做過了。我不僅學會做那些工作，也變成訓練者，協助指導新手。」

看到職缺就馬上扛起來或主動協助他人，並不是柯爾處心積慮想快速晉升的計謀。不過，高層看到柯爾勇於承擔職責以外的任務，就請她到海外展店，後來又拔擢她擔任管理高層，一路往上爬。

其實她的母親喬碰到類似狀況時，也會如此應對。「我很喜歡幫助別人。」喬告訴我，「無論是公事或私事，只要你需要人手，我都很樂意幫你。對我來說，我有任何成就都是因為我樂於分享。我不藏私，我有任何東西，都很樂意給你或其他人。」

柯爾認為她的人生哲學都要歸功於母親，從小母親就灌輸她「勤奮工作，回饋社會」的概念，這樣的工作態度如今依舊指引著她。

「後來我漸漸發現，我很容易適應新環境，也擅長幫助他人發揮潛力，我發現這是我的專長。於是我意識到，既然我能幫助他人發揮所長，我也能幫助團隊；既然我能幫助團隊，我也能幫助公司；既然我能幫助公司，我也能幫助品牌；既然我能幫助品牌，我也能幫助社會和國家。」

不久前，柯爾在她的部落格上發表一篇文章，標題是〈看見無限可能，也助人看見可能〉（ "See What's Possible, and Help Others Do the Same" ）。她寫道：「我與大家共事時，可以明顯感受到大家的卓越，能與這些厲害的人在一起是非常開心的事。那些卓越可能尚未被開發，或是被大材小用，但卓越的潛力是確實存在的。你永遠不知道未來誰會脫穎而出，成為下一個改變世界的偉大人物，所以請把每個人都看成是那位明日之星。」

培養目的的三種方法

無論你年紀多大，開始培養目的或使命感都不嫌太早或太遲。以下分享三點建議，每一點都是借用本章提到的，研究「目的」的學者提出的概念。

大衛・耶格建議，思考你已經在做的事情如何對社會產生正面的貢獻。

在幾個長期研究中，耶格和同事戴夫‧博內斯丘（Dave Paunesku）訪問高中生：「如何讓世界變得更好？」接著請他們思考學校所學和那些改善世界的方法有什麼關連。一位九年級生說：「我以後想當基因研究員，投入作物基因改造，才能生產更多的食物、改善世界。」另一位學生說：「我認為受教育可以幫助我了解周遭的世界……我需要先受教育才能夠幫助他人。」

這個簡單的活動在一堂課內就能完成，而且大幅提升了學生的課堂參與。相較於另一個無效的對照組活動，思考「目的」這個活動讓學生在準備下次考試時，願意投入加倍的時間；即使讓他們可以選擇看娛樂影片，他們還是更努力地練習算複雜的數學題；而且數學和自然科學課的成績都進步了。

艾美‧瑞斯尼斯基建議，**思考如何用小規模、但是具有意義的行動改變現在的工作，讓它更貼近你的核心價值觀。**

瑞斯尼斯基說這叫「工作塑型」（job crafting）。那是她和心理學家珍‧達頓（Jane Dutton）、賈斯汀‧伯格（Justin Berg）、亞當‧格蘭特一起研究的方法。這不是盲目的樂觀主義，也不是主張任何工作都可能變成極樂世界，而是點出無論任何職業，你都可以在工作中進行巧妙的調整，增添、呈現、量身定義你的工作，讓它愈來愈符合你的興趣和價值觀。

瑞斯尼斯基最近和合作研究者在Google驗證這個概念。他們從無法讓人馬上聯想到目的的工作（例如業務、行銷、財務、作業、會計等部門），隨機找人來參加工作塑造研討會。每位參與

者都思考一些「微調日常工作」的新點子，並且為了讓工作更有意義及愉快，畫出個人化的「藍圖」。六週後，參與者的上司和同事都覺得他們參加研討會後，明顯變得更快樂，做事也更有成效。

最後，比爾·戴蒙建議，**找一位有明確目的的榜樣，從他的身上尋找靈感**。戴蒙做訪談研究時提出的一些問題，很適合大家拿來練習，例如：「想像十五年後的你，你覺得那個時候什麼對你最重要？」、「你能想到誰的人生激勵你成為更好的人嗎？那個人是誰？為什麼？」

我自己做戴蒙的練習時，發現我的人生中真的有人讓我見識到「利他導向目的」的美好，那個人就是我的母親。毫不誇張，她是我見過最善良的人。

成長過程中，我不是一直都很欣賞母親的大方與無私。我討厭每次感恩節來我家共享大餐的陌生人，不只是剛從中國移民來美國的遠親，還有他們的室友以及室友的朋友。基本上，十一月我媽遇到的任何人，只要是感恩節剛好沒地方去的，我媽都會熱情邀請他們來我家過節。

某年，我拆開生日禮物一個月後，我媽就把我的禮物拿去送人了。還有一年，她把我姊的所有絨毛玩具也都拿去送人。我們發脾氣大哭，說她根本不愛我們，她說：「但是其他小孩更需要那些東西啊。」她是真心的對我們的反應感到訝異，「妳們擁有那麼多，他們擁有那麼少。」

我告訴我父親，我不去考醫學院的入學考MCAT，打算致力投入夏橋計畫時，他大發雷霆。「為什麼妳要關心那些窮人家的孩子？他們又不是妳的家人！妳根本不認識他們！」現在我終於明白原因了，一直以來，我的母親都在示範如何以一己之力幫助他人，我親眼目睹了目的的力量。

9

希望 相信努力就可以改變未來

跌倒七次，爬起來八次的力量

日本有句俗語：「跌倒七次，要爬起來八次。」失敗為成功之母。哪天我如果突然想要紋身的話，我會選擇紋上這句簡單的格言。

什麼是希望？

有一種希望是預期明天會比今天更好。這種希望會讓我們期待更晴朗的天氣，或是未來的路途更加順遂。我們無需承受責任的重擔，讓事情變好是宇宙的責任。

但是培養恆毅力所需要的是另一種希望，是期待自己的努力可以改變自己的未來。「我感覺明天會更好」和「我決心讓明天變得更好」是不一樣的。恆毅力較高的人抱持的希望和運氣無關，而是和「再次爬起來」的信念有關。

轉折

大一下學期，我選修神經生物學。

每堂課我都提早到，坐在教室最前排，把老師上課寫的每個公式和圖表都一字不差抄進筆記本裡。下課後，我也讀完所有指定閱讀，做了老師指定的問題集。參加第一次期中考時，有些內容我還不是很熟。那門課很難，我高中的生物課又學得很淺，但整體來說，我對那個科目還是很有信心。

考試一開始的狀況還好，但很快就變得很難。我不禁慌了起來，腦中不斷浮現：「我寫不完！我不知道我在寫什麼！我要被當了！」當然，這也成了自我應驗的預言。腦中愈是充滿慌亂的想法，就愈無法專心。我連最後一題都還沒看到，考試時間就結束了。

幾天後，教授發回考卷。我難過地看著糟糕的成績，不久後，我就拖著沉重的腳步，走進助教的辦公室。助教建議：「妳真的應該考慮退選這門課，妳才大一，未來還有三年，以後隨時可以再選修。」

「高中時，我修過大學先修生物課。」我不甘示弱地說。

「成績如何？」

「我拿了Ａ，但老師教得不多，那可能也是我沒去考『大學學分資格鑑定考』的原因。」我這麼一說，似乎印證了他認為我應該退選的直覺。

第二次期中考時，同樣的情形又重演。我卯足全力準備，

但是考完後，我又進了助教的辦公室。這次他的語氣變得更加急迫：「成績單上出現被當的成績，你會後悔的，現在退選還來得及。退選後，這一科就不會計入學業平均成績。」

我謝謝助教的說明，離開辦公室。在走廊上，我很意外自己竟然沒有哭出來。我冷靜檢討當下的情況：已經考砸兩次，學期結束前只剩一次期末考。我發現我應該先修比較簡單的課程，但是現在學期過了一半，顯然我現在的努力方式是不夠的。如果我繼續修這門課，我很有可能期末考再次搞砸，最後成績單上留下一個F。如果我現在退選，還可以趕快停損。

我握緊了拳頭，咬緊牙根，索性大步邁向註冊組。當下，我決心繼續修那門課，事實上，我還決定要主修神經生物學。

如今回顧那個轉折點，我可以看到那天的我被擊倒了，或者更精確地說，是我跌了一跤，正面撲倒在地。總之，那一刻我大可繼續趴在地上，告訴自己：「我是白癡！我做什麼都不夠好！我早該退選這門課！」

但是當時我對自己說的話充滿了不願認輸的希望：「我不放棄！我一定可以搞懂！」

學期結束以前，我不僅更加認真讀書，也嘗試以前沒做過的事。我利用每次的助教輔導時間，請他們給我更多的作業。我練習在時間壓力下做最難的題目，模擬考試時能夠正常作答的情境。我知道考試時太緊張可能會讓我失常，所以我決心把那門課讀到非常透徹，達到什麼難題都考不倒我的境界。期末考時，我

覺得我甚至可以自己出題了。

期末考我考得很好，那門課的總成績是B，是我大學四年成績最低的科目，但卻是我最自豪的一科。

穿梭箱實驗

我沒想到我為了神經生物學吃盡苦頭時，正在重演心理學的一個知名實驗。

把時光倒轉回一九六四年，兩位心理學博士班一年級的學生賽里格曼和史蒂夫・麥爾（Steve Maier）在一個沒有窗戶的實驗室裡，觀察一隻被關在籠子裡的狗遭到電擊的反應。電擊是隨機啟動、毫無預警地傳到狗的腳爪。如果狗毫無反應，電擊會持續五秒鐘；如果狗用鼻子觸碰前方圍欄上的面板，電擊就會提早停止。另一隻狗也受到同樣的電擊，但沒有面板可以觸碰。換句話說，兩隻狗同時受到同樣強度的電擊，但只有一隻狗可以控制每次電擊的長度。經過六十四次電擊後，他們把兩隻狗放回原來的狗籠，再找另外兩隻狗做同樣的實驗。

隔天，這些狗逐一被放進不同的籠子。那種籠子名叫穿梭箱（shuttle box），中間有一個隔板，狗只要用跳的就能越過隔板。接著，研究人員開始做電擊實驗，電擊透過穿梭箱的底部，傳到狗站立的地方。每次電擊前，研究人員會先播放高音預警。前一天可以掌控電擊長度的狗，幾乎都學會跳過隔板。他們一聽到預警聲，就馬上跳到安全的另一邊。相反的，前一天沒有掌控

權的狗，有三分之二就趴在原處哀鳴，被動地等待電擊停止。

這個開創性的實驗首度證明，絕望不是痛苦造成的，而是因為我們覺得自己無法掌控受苦的狀況。

我決定主修那個差點被當的科目後，又過了幾年，我坐在賽里格曼辦公室附近的研究室，讀到這個「習得無助感」（learned helplessness）的實驗，馬上就聯想到自己的經歷。神經生物學的第一次期中考帶給我意想不到的痛苦，我努力想要改善處境，但期中考再次遭到打擊，那個學期剩餘的部分就是「穿梭箱」。先前的經歷會讓我推斷我無力改變處境嗎？畢竟，當下的經歷顯示，經過兩次慘烈的結果，同樣的情況可能第三度上演。

還是，我會像那三分之一的狗，即使承受難以控制的痛苦，依舊抱持希望？我會把先前受苦的經驗視為犯錯的結果，避免重蹈覆轍嗎？我會把視野拓展到最近的經歷之外，想起以前的自己曾經多次受挫，再接再厲，後來終於成功的經驗嗎？

結果顯示，我就像賽里格曼和麥爾實驗中那三分之一堅持下去的狗，我又站了起來，繼續奮鬥。

習得樂觀

一九六四年那個實驗發表後，後續的十年間，其他的實驗顯示，受苦但無法掌控痛苦時，會讓人產生臨床憂鬱症狀，包括食慾和體力改變、失眠、注意力不集中等等。

賽里格曼和麥爾率先提出動物和人可能「習得」無助感，

有些同行認為他們的理論很荒謬。當時沒有人認真想過狗會有想法，而且那些想法還會影響牠們的行動。事實上，很少心理學家想過人的想法可能影響行為，當時大家普遍認為所有的生物都會對獎勵和懲罰做出固定的反應。

後來累積了大量的資料，排除各種可能的另類解釋後，科學界才終於相信賽里格曼和麥爾的理論。

賽里格曼在實驗室裡徹底研究無法掌控的壓力所造成的悲慘後果後，對於如何突破那種悲慘情境愈來愈感興趣。他決定受訓成為臨床心理學家，而且很明智地選擇貝克（Aaron Beck）指導他，貝克是率先探究憂鬱症的根源及療法的精神科醫生。

於是，賽里格曼開始積極探索「習得無助感」的相反狀況：習得樂觀（learned optimism）。促使賽里格曼投入這項新研究的關鍵見解，其實就在那個最早的實驗中：三分之二無法掌控電擊的狗放棄自救，但有三分之一的狗仍然持續奮鬥。儘管之前受創，牠們還是繼續想辦法要解除痛苦。

那些沒有放棄的狗，讓賽里格曼開始想研究面對逆境時不願放棄的人。賽里格曼很快就發現，樂觀者和悲觀者遇到逆境的機率其實差不多，但他們對逆境的詮釋截然不同：樂觀者習慣找出導致他們受苦的暫時性、特定原因；悲觀者則認為罪魁禍首是永久性、普遍的原因。

以下是賽里格曼和學生用來區分悲觀者和樂觀者的例子：**想像一下，別人期待你做的事，你無法全部完成。現在，想一下導**

致你無法完成的主要原因是什麼？讀完假設情境後，寫下你的答案。接著，後面還有更多的假設情境，逐一回答後，再針對每個回答評估那些原因是暫時或永久的，特定或普遍的。

如果你是悲觀者，你可能會說：「我搞砸了一切。」或「我真沒用。」那些解釋是永久性的，你難以改變。那些解釋也是普遍的，可能普遍影響許多生活情境，不只是影響工作績效。以永久且普遍性的因素解釋逆境，會把小困境變成大災難，這樣的歸因會讓放棄顯得比較合理。相反地，如果你是樂觀者，你可能會說：「我的時間管理不當。」或「我因為其他事分心了，所以缺乏效率。」這些解釋是暫時的、特定的。這樣的「可改變性」會促使你開始著手解決問題。

賽里格曼用這個測驗證實，悲觀者比樂觀者更容易陷入憂鬱和焦慮的困境。另外，樂觀者在與心理健康沒有直接相關的領域，表現也比較好。例如，樂觀的大學生通常成績比較好，輟學率較低。相較於悲觀者，樂觀的年輕人直到中年都比較健康，壽命也比較長。樂觀者對婚姻滿意度比較高。一項研究針對大都會（MetLife）的保險業務員做了一年的實地研究，發現樂觀者離職率是悲觀者的一半，賣出的保險也比悲觀者多了約25％。同理，針對電信業、房地產業、辦公用品、汽車銷售、金融等行業的業務員的研究也顯示，樂觀者的業績比悲觀者高20％到40％。

一項研究找來許多游泳健將做了賽里格曼的樂觀測試，其中不乏多位為了參加美國奧運選拔賽而受訓的好手。接著，教練

要求每位游泳者參與最拿手的項目測試，事後刻意告訴他們，他們的成績比實際時間慢一些。之後再讓每位游泳者再游一次，樂觀者的成績至少跟第一次一樣好，悲觀者的成績則明顯變差了。

恆毅力典範如何看待挫敗呢？我發現他們絕大多數都是樂觀看待失敗。記者萊西訪問那些極具創意的成功人士時，也發現同樣驚人的共通模式。她問每個人：「目前你遇到令你最失望的事是什麼？」無論是藝術家、企業家或社會運動人士，回應幾乎都一樣：「我不會從失望的角度思考，我認為每件事的發生都有值得學習的地方，我通常會想：『好吧，那樣做的效果不太好，但我還是會繼續前進。』」

———

後來，賽里格曼決定暫停兩年，先不做實驗研究，大約同時間，他的指導老師貝克開始質疑自己受過的佛洛伊德精神分析訓練。貝克就像當時多數的精神科醫生，在學校裡學到「各種精神疾病都源自於童年的潛意識衝突」。

但貝克並不認同這種說法。他大膽主張，精神科醫生可以直接和病人談論那些困擾病人的事情，他也主張病人的想法（自我對話）可以作為治療的目標。貝克這種新方法的基本觀點是：同樣的客觀事件（失業、和同事爭吵、忘記打電話給朋友）可能產生截然不同的主觀詮釋。我們的情緒和行為都是那些詮釋造成的，而不是客觀事件造成的。

認知行為治療（Cognitive behavioral therapy）的目的，是幫助病患更客觀地思考，產生更健康的行為，藉此治療憂鬱症等心理疾病。這種治療方式證實，無論童年經歷過什麼苦難，我們通常都可以學會觀察負面的自我對話，改變適應不良的行為。就像學習其他技能，我們可以練習詮釋發生在我們身上的事情，學習像樂觀者那樣因應。認知行為治療目前是普遍用來治療憂鬱症的精神療法，效果也證實比抗憂鬱藥物持久。

想改變，就會找到方法

我投身恆毅力研究幾年後，為美國而教（Teach For America，TFA）的創辦人及當時的執行長寇普（Wendy Kopp）來拜訪賽里格曼。

當時我還是賽里格曼的研究生，很想參與他們的會談，原因有兩個。其一，TFA最近派了數百位應屆大學畢業生到全美各地的弱勢校區任教。根據我自己的經驗，我知道教書是非常需要恆毅力的專業，尤其是在TFA教師被指派的城市和鄉下地區。其二，寇普本身就是恆毅力典範，她在普林斯頓大學大四時，想出TFA的概念。她不像很多理想主義者後來放棄了夢想，而是堅持下去，從無到有，創造出美國最大、最具影響力的非營利教育組織。「堅持不懈的追求」是TFA的核心價值觀，朋友與同仁也常用這句話來形容寇普的領導風格。

那次會談中，我們三人想出一個假設：以樂觀方式來詮釋

逆境的老師，比用悲觀方式來詮釋逆境的老師更有恆毅力，而且恆毅力可以預測教學成效。例如，樂觀的老師會持續想辦法幫助無法理解的學生，悲觀的老師可能認為他已經無能為力了。為了驗證這個假設，我們決定在老師開始授課前，先衡量他們的樂觀和恆毅力。一年後，再看老師指導的學生進步效果為何。

那年八月，四百位TFA教師完成了恆毅力量表，也填寫賽里格曼用來衡量樂觀程度的問卷。如果參與者覺得逆境的成因是暫時、特定的，好事的原因是永久、普遍的，就歸類為樂觀回應。相反的情況則被歸為悲觀回應。

在同一調查中，我們又多衡量了一點：幸福感。為什麼？首先，愈來愈多的科學證據顯示，**幸福感不只是表現優異的結果，也可能是重要的成因。**另外，我們也想知道恆毅力很高的教師幸福感有多少。全心全意投入熱情和毅力是否需要付出代價？還是你可以同時很有恆毅力又樂在其中？

一年後，TFA根據學生學業進步的狀況，歸納每位老師的教學成效，接著我們開始分析資料。結果一如預期，樂觀的老師恆毅力比較高，幸福指數也比較高，而且恆毅力和幸福感也可以進一步解釋，為什麼樂觀的老師有辦法讓學生在一個學年內進步較多。

我盯著這些研究結果好一陣子，開始回想起自己的教學經驗。我想到以前有好幾個下午，我又氣又累地回家，腦中充滿了對自我能力的懷疑（「天啊，我真是白癡！」）以及對學生的質

疑（「她怎麼又做錯了？她永遠也學不會！」）。我也想到隔天起床，往往還是覺得有辦法解決，值得再試試看，例如「也許帶一條巧克力去教室，把它分成好幾片，他們就會了解分數的概念。」、「也許要求學生每週一都要清理置物櫃，他們就會養成保持置物櫃清潔的習慣。」

這些從年輕教師收集的資料，連同寇普的直覺、恆毅力典範的專訪以及長達半世紀的心理研究，都指向同樣的結論：當你持續想辦法改善處境，就更有機會找到解決方案。當你以為找不到方法而停止尋找時，就一定找不到了。

或者，就像大家常引述汽車大亨福特（Henry Ford）的名言：「你認為自己做得到，就真的做的到；認為自己做不到，就真的做不到。」

固定思維 vs 成長思維

賽里格曼和麥爾透過實驗發現「習得無助感」時，心理學家杜維克（Carol Dweck）還是心理系的學生，她一直很好奇為什麼同樣情境中，有些人能堅持到底，有些人沒辦法。所以畢業後，她馬上進入心理系博士班深造，探索這個問題。

賽里格曼和麥爾的研究對年輕的杜維克有深遠的影響，她相信兩位前輩的研究結果，但覺得還不滿意。把自己的悲慘遭遇歸因於無法控制的因素確實會令人消沉，但是為什麼有人一開始就會那樣想？為什麼有人樂觀，有人悲觀？

在杜維克最初的研究中，她和中學合作，找出老師、校長、學校的心理學家都認為遇到困難情境顯得特別「無助」的孩子。她猜想，這些孩子相信犯錯是因為自己不夠聰明，而不是努力不夠。換句話說，她猜測這些孩子會悲觀，不只是連續的失敗經驗造成的，而是他們對成功和學習的核心信念造成的。

為了驗證她的猜測，杜維克把孩子分成兩群，一半的孩子分到「只看成果組」。連續幾週，杜維克讓他們解一些數學題目，每次解完題目，無論他們答對幾題，都稱讚他們做得很好。另一半的孩子則分到「歸因再訓練組」。研究人員也要求孩子解數學題，但偶爾會告訴孩子，他們解的題目不夠多，「應該更努力一點」。

接著，研究人員讓所有的孩子都做同一套數學題，裡面包括簡單和非常難的問題。

杜維克認為，如果先前的失敗是使人感到無助的根源，「只看成果」應該會提振孩子的動機。如果問題是出在孩子如何詮釋失敗，「歸因再訓練」應該比較有效。

結果杜維克發現，「只看成果」組的孩子遇到難題時，跟受訓以前一樣容易放棄。相反地，「歸因再訓練」組的孩子遇到難題時比較努力。他們似乎已經學會把失敗詮釋成更加努力的提示訊號，而不是確認他們缺乏成功的條件。

後續四十年，杜維克持續深入探索。

她很快就發現，每個人的腦中都有一套自己的世界觀，但

平常自己不會意識到，要等到有人問起相關的問題時，這些想法才會顯露出來，因為你早就有自己的見解。就像你去看認知行為的治療師，治療師與你討論某些想法以前，你並不會意識到那些想法的存在。

例如，杜維克用下面的四句話來評估一個人對智力的看法。請先讀一遍，想想你認同或不認同每句話的程度：

1. 智力是你的根本特質，你能改變的程度很有限。

2. 你可以學會新的東西，但改變不了你的聰明程度。

3. 無論你的智商是多少，你永遠都可以些微改變你的智力。

4. 你永遠都可以大幅改變你的智力。

如果你認同前兩句，不認同後兩句，杜維克會說你比較偏向「固定思維」（fixed mindset）。如果你剛好相反，根據杜維克的說法，你比較偏向「成長思維」（growth mindset）。

我喜歡把成長思維想成：有些人打從心底相信人真的可以改變。成長思維者認為，只要獲得適當的機會和支持、只要夠努力、只要你相信自己做得到，你就有可能變得更聰明。相反地，有些人認為你可以學習技巧（例如騎單車、推銷話術），但你學習技巧的本領（亦即天分）是無法訓練的。很多認為自己有天分的人也是抱持固定思維。固定思維的問題在於，任何道路上一定都有顛簸，你遲早都會遇到挫折。遇到困境時，固定思維會變成很大的包袱，讓你在拿到C-的成績、收到退稿信、績效表現不理想或遇到任何挫敗時，變得不知所措。抱持固定心態時，你可能

把挫敗解讀成證據，覺得自己欠缺「慧根」，就是不夠好。抱持成長心態時，你相信自己可以透過學習，做得更好。

研究證實，思維角度對人生各領域的影響力就跟樂觀與否一樣。例如，抱持成長思維的人，在學校的成績可能比較好，身心比較健康，人際關係比較深厚、正向。

幾年前，杜維克和我請兩千多位讀高中最後一年的學生填寫成長思維問卷。我們發現，成長思維的學生，恆毅力遠比固定思維的學生高，而且恆毅力較高的學生成績較好，畢業後比較可能升上大學並完成大學學業。之後，我也對年紀較小的孩童和年紀較大的成人做成長思維和恆毅力的測試，我也發現成長思維和恆毅力呈現正相關。

讚美努力，而非表揚天分

如果問杜維克，人的思維是從哪裡來的？她會告訴你，那是來自個人的成敗經驗，以及周遭的人（尤其是掌握權力者）對那些成敗經驗的反應。

舉例來說，小時候你把一件事情做得很好時，別人對你說什麼？是稱讚你有天分？還是稱讚你很努力？無論是哪一種，很可能你今天也是用同樣的語言來衡量成敗。

KIPP學校的教師訓練，把讚美努力與學習、而非表揚「天分」列為明確的目標。

KIPP是Knowledge Is Power Program（知識就是力量課程）

的縮寫，一九九四年由兩位年輕又非常有恆毅力的TFA教師范柏格（Mike Feinberg）和李文（Dave Levin）創立。如今，KIPP學校幫助了七萬多名小學、初中、高中的學生。絕大多數的「KIPP人」（KIPPster，他們以此名稱為榮）是來自低收入家庭，儘管面臨重重的困難，幾乎所有的KIPP人都從高中順利畢業，80％的KIPP人繼續升上大學。

KIPP老師受訓時會學到一些用語，有些是用來鼓勵學生，有些是提醒學生「人生是不斷地挑戰自我，學習做以前不會的事情」，以下是針對不同年齡的例子。無論你是家長、管理者、教練或是其他類型的導師，我建議你在未來幾天觀察自己說話的方式，注意你的用語可能加強自己和別人什麼樣的信念。

語言可以強化信念

破壞成長思維和恆毅力	促進成長思維和恆毅力
「你很有天分！我很喜歡。」	「你學得很快！我很喜歡。」
「好吧，至少你試過了！」	「那樣行不通，我們來討論你的方法有什麼問題、哪種方式比較好。」
「太棒了！你真有才華！」	「做得太棒了！你覺得還有哪個地方可以做得更好？」
「這本來就很難，即使做不到，也不要太難過。」	「這很難，即使現在還無法做到，也不要難過。」
「也許這不是你的強項，別擔心，還有其他你可以貢獻的地方。」＊	「我為你設下高標準，是因為我知道我們可以一起達到。」

＊註：運動界有一種說法：「較量強項，訓練弱項。」我認同這句格言的智慧，但我也覺得大家應該相信練習可以精進技巧。

永遠有機會再試一次

　　說話的方式是培養希望的一種方法。不過，以身作則可能更重要，我們應該以行動證明，我們真的相信人是有能力學習變得更好的。

　　作家兼社會運動人士詹姆斯‧鮑德溫（James Baldwin）曾說：「孩子向來不擅長好好聽大人的話，但模仿大人倒是很有一套。」這是李文最愛引述的話，我看過他在好幾場KIPP教師培訓班以這句話開場。

　　心理學家朴多恩（Daeun Park）在我的實驗室工作，她最近發現事實真的是這樣。她花了一年時間研究小學一年級和二年級的學生，她發現如果老師給成績好的學生特殊待遇，並且強調他們和其他人的差異時，會在無意間灌輸小學生固定思維。那一年間，學生會漸漸偏好簡單的遊戲和習題，「為了獲得許多特殊待遇」。到了年底，那些學生比較可能認為「每個人有固定的智力，大致上是維持不變的」。

　　同樣地，杜維克和合作的研究者也發現，家長看到孩子犯錯時，如果表現出「犯錯是有害、有問題」的反應，孩子比較容易養成固定思維。即使家長自己說他們有成長思維，結果還是如此。孩子無時無刻都在觀察我們，模仿我們的一舉一動。

　　同樣的道理也適用在企業。加州大學柏克萊分校的教授查特曼（Jennifer Chatman）和合作研究者最近調查財星千大企業員工的思維角度、動機和幸福感。他們發現，每家公司對思維都有

共識。在固定思維的公司，員工會認同以下敘述：「說到成就，這家公司似乎認為人有一定的天分，能改變的程度不大。」他們覺得公司只重視少數優秀員工，對其他員工的發展不太在意。這些受訪者也坦言他們會為了升遷而隱藏祕密、投機取巧、搞小動作。相反地，在成長思維的文化中，員工表示「同事值得信賴」的比例高了47％，認為「公司鼓勵創新」的比例高了49％，認同「公司支持冒險」的比例高了65％。

你如何對待表現優異的高成就者？別人讓你失望時，你的反應是什麼？

我猜，無論你多認同成長思維，你在不知不覺中還是會從固定思維出發。至少，杜維克、賽里格曼和我是如此。例如，我們指導的研究生提出不夠水準的研究計畫時，我們都知道我們想要怎樣回應，我們都希望當下的直覺回應是平靜、鼓勵的，我們都想對錯誤抱持「沒關係，從這裡可以學到什麼？」的態度。

但我們都是凡人，不免會感到失望，會顯露出不耐。在評斷對方能力時那一瞬間的懷疑，讓我們暫時忘了更重要的任務：想出下次如何做得更好。

現實情況是，多數人的內心除了有成長思維的樂觀，也有固定思維的悲觀。認清這點很重要，因為我們很容易犯下只改變口頭說法，但肢體語言、臉部表情和行為都沒改變的毛病。

所以我們該怎麼做？第一步是注意自己是否言行不一。當我們無意間落入固定思維時（每個人都會），只要承認「跳

脫悲觀、固定的世界觀」真的很難就好了。杜維克的同事麥基（Susan Mackie）常和企業執行長合作，她鼓勵他們幫自己內在的固定思維角色取名字，以後遇到狀況時可以說：「糟糕，我今天又把控制狂克萊兒帶來開會了，請讓我重來一遍。」或「負荷超量的奧麗維亞又忙昏頭了，你可以幫我一起思考這件事嗎？」

總之，培養恆毅力需要認清一點：**人有能力變得愈來愈好，漸漸成長**。就像我們想要培養跌倒再爬起來的能力，當我們周遭的人嘗試某件事，結果卻不如人意時，我們也應該相信他們，因為永遠還有機會再嘗試一次。

成長沒有極限

最近我跟比爾・麥納布（Bill McNabb）請教他的觀點。麥納布從二〇〇八年起擔任全球最大共同基金公司領航（Vanguard）的執行長。

「我們追蹤領航的資深領導者，想了解為什麼有些人的長期表現比較優秀。我以前是以『自滿』來形容那些表現欠佳的人，但是我愈想愈覺得那個字眼不太貼切，他們的想法其實是『我學不來了，我就是這個樣子，這就是我做事的方式』。」

那些卓越的高階領導者又是如何呢？

「那些持續交出優秀成果的人一直在成長，他們的成長速度總是令人驚豔。你看有些人的履歷表時會很驚訝：『哇，這傢伙履歷看起來不怎麼樣，怎麼表現如此亮眼？』有些人履歷表看

起來很厲害，但你會很納悶：『他們為什麼無法再進步？』」

　　麥納布聽到成長思維和恆毅力的研究時，發現研究結果印證了他的直覺——不只是身為企業領導者的直覺，還有身為父親、以前擔任高中拉丁文老師、賽艇教練和運動員的直覺。「我真的相信人會為自己和世界想出一大堆理論，那些理論決定了他們的作為。」

　　當我們聊到那些理論到底是從何時開始產生的，麥納布說：「信不信由你，其實我一開始是偏向固定思維的。」他說他會有那種思維，部分原因是他讀國小的時候，父母幫他報名參加附近大學的某項研究。他記得當時做了很多智力測驗，最後被告知：「你考得很好，以後學業成績也會很好。」

　　所以有好一陣子，這種權威式的天分診斷，再加上優秀的成績，讓他充滿信心。「我很自豪我可以比大家更快寫完考卷，我不是每次都考滿分，但通常都接近滿分。我不需要太用功就可以有那樣的成績，自己也相當得意。」

　　麥納布說他開始轉為成長思維，是因為大學加入划船隊。「我以前沒划過船，但後來發現我很喜歡在水上的感覺。我喜歡戶外活動，也喜歡運動的感覺，好像愛上了這個運動。」

　　賽艇是麥納布第一次遇到想學卻學不好的事。他告訴我：「我不是天生擅長划船，一開始經歷了很多失敗，但我堅持下去，最後終於漸入佳境，突然掌握了訣竅：『低著頭賣力不停地划，勤奮真的很重要。』」第一年受訓結束時，麥納布已經加入

希望　相信努力就可以改變未來

候補校隊。我覺得聽起來不錯，但麥納布說，就統計上來說，候補變成校隊的機率微乎其微。那年暑假他留在校園裡，努力划了整個夏天。

沒想到苦練竟然有了回報。教練把他升為候補校隊的尾槳手，負責掌控其他七位划手的節奏。賽季期間，校隊裡有人受傷，麥納布有機會大展身手。根據他自己及隊長的描述，他划得很好，但是受傷的划手復原後，教練又把麥納布調回候補隊。

「教練有固定思維，他就是不願相信我真的進步那麼多。」那之後又經歷了一些波折，不過麥納布的成長思維持續受到強化。「因為我曾經差點放棄，還是選擇堅持下去，後來情況確實改善了，讓我記取了這輩子絕對不會忘記的教訓。那就是遇到挫折和失敗時，不能反應過度，你需要退一步，加以分析，從中學習，也需要保持樂觀。」

那個教訓對他後來的人生有什麼幫助？「職業生涯中的某些時候會令我沮喪。我看著別人比我早升遷；我希望事情如何發展，但結果正好相反。遇到那些狀況，我會對自己說：『只要繼續努力與學習，將來一定會順利的。』」

✓ 殺不死你的壓力，讓一輩子更堅強

尼采說：「那些殺不死我的東西，會讓我變得更強。」歌手肯伊・威斯特（Kanye West）和凱莉・克萊森（Kelly

Clarkson）也用歌曲呼應同樣的看法，大家經常提起這句話是有原因的。很多人都記得自己曾經像麥納布那樣正面迎向挑戰，經過挑戰的洗禮後，變得比以前更有自信。

以外展教育計畫（Outward Bound program）為例，他們派經驗豐富的領隊，帶領青少年或成人到曠野幾週。從半世紀前創立以來，外展教育（以船隻離港航向大海的時刻命名）的理念就是有挑戰性的戶外活動可以培養「堅韌不拔」和「不屈不撓」的精神。事實上，數十項研究已經證實，那項計畫可以讓人變得更獨立、自信和堅定，相信生活中發生的事情大多是在自己掌控中。此外，參加活動之後的半年，外展教育的效果通常會增加，而不會隨時間經過減少。

儘管如此，不可否認的是，那些殺不死我們的東西，有時候確實會讓我們變得更弱。就像那些無法掌控情境、一再遭到電擊的狗。即使有三分之一的狗從逆境中振作起來，但是沒有證據顯示那些無法控制壓力的狗，有哪隻狗從那次經驗中得到好處。相反地，多數的狗在實驗之後都變得更容易感到痛苦。

所以，有時候那些殺不死你的東西，讓你變得更堅強；但有時候的效果正好相反。於是，問題變成：該如何區分兩者？什麼時候奮鬥下去會讓人產生希望？什麼時候繼續掙扎反而會讓人變得無助？

幾年前，麥爾和學生設計了一個實驗，內容幾乎和四十年前他與賽里格曼做的實驗一樣：一群老鼠遭到電擊，如果牠們用

9
希望　相信努力就可以改變未來——

前腳轉動小輪子，就能停止電擊。第二群老鼠也受到同樣的電擊，但無法控制電擊的時間。

新實驗的一大關鍵差異是，受試老鼠僅五週大（屬於青春期）。第二個差異是，在電擊五週後（老鼠成年後）才評估這次經驗的效果。兩組成年老鼠都遭到無法控制的電擊，隔天研究人員再觀察牠們的社群探索測試。

下面是麥爾發現的結果。青春期無法掌控電擊的老鼠，成年二度遭到無法掌控的電擊後，會變得膽怯。這結果並不奇怪，牠們就像任何老鼠一樣，習得了無助感。相反地，青春期可掌控電擊的老鼠，長大後變得更大膽，最驚人的是，牠們成年後似乎對習得無助感免疫了。沒錯！這些「堅韌的老鼠」長大以後，無法掌控的電擊已經不會使牠們陷入無助。

換句話說，當幼鼠可以努力掌控狀況時，幼年期那些殺不死牠們的壓力，都可以讓牠們一輩子變得更堅強。

———

我得知麥爾的新實驗後，覺得我一定要親自訪問他，於是我搭機前往科羅拉多州。

麥爾帶我參觀他的實驗室，展示那些裝配小輪子的特殊籠子，一轉動小輪子就能切斷電擊的電流。隨後，負責前述青春期實驗的研究生，簡報說明實驗牽涉到的大腦迴路和神經傳遞物質。最後，麥爾和我一起坐下，我請他從這個實驗以及他多年來

做的其他研究，說明「希望」的神經生物學。

麥爾想了一下，接著說：「總結來說，人類的大腦裡有很多地方會對令人厭惡的經驗產生反應，例如杏仁核。事實上，大腦的邊緣系統有一整區都會對壓力有反應。」

我點頭。

「這些邊緣結構是由較高階的大腦區域管控的，例如前額葉皮質。所以，如果你的腦中出現任何評估、想法或信念告訴你：『等等！我可以解決這件事！』或『這其實沒那麼糟！』或是任何想法，皮質裡的抑制結構就啟動了，它們會發出一條訊息：『冷靜下來！別太激動！我們可以解決。』」

我懂了，但我還是不太明白，麥爾為什麼要大費周章拿青春期的老鼠做實驗。

「長期的效果還需要更多的說明。」他繼續說：「我們覺得大腦迴路是有可塑性的。你年輕時遇到逆境（強烈的衝擊），靠自己的力量克服難關，就會培養出一種因應逆境的不同方式。那個早期的衝擊必須很強，才會產生這種效果，因為這些大腦區域必須透過某種方式串連起來。如果只是小小的麻煩，不會出現這種效果。」

所以，你無法光用說的說服別人相信他們能夠克服難關嗎？

「沒錯，光是告訴某人他可以克服難關是不夠的。想要改變大腦迴路，你必須同時啟動低層級的抑制區（low-level inhibitory areas）與控制迴路（control circuitry）。當你遭遇困

境、自己突破難關時，就會發生那種狀況。」

如果總是遇到無法掌控的挑戰，會出現什麼狀況？

「我很擔心貧困家庭的孩子。」麥爾說：「他們經歷許多無助的體驗，克服難關的經驗不足，他們並沒有學到：『我可以做到這件事、那件事我能辦到。』我猜想那些早期的經驗可能產生長遠的影響。我們需要學習自己的行動和遭遇是有關係的：『只要我做這件事，那件事就會發生。』」

脆弱的完美者

科學研究清楚顯示，體驗無法掌控的衝擊，可能讓人變得更脆弱。但我也擔心有些人從來沒經歷過挫折，一帆風順地成長，很晚才首次遇到真正的挫敗。他們幾乎沒有跌倒再重新爬起來的練習，也很有理由一直抱持著固定思維。

我看過很多表現很優秀、但其實相當脆弱的年輕人，遇到挫折後就很難再站起來，我稱他們是「脆弱的完美者」（fragile perfects）。有時期中考或期末考後，他們會來辦公室找我，我很快就發現這些聰明優秀的年輕人都很清楚如何成功，但不知道如何失敗。

去年，我和賓州大學的大一生亞瑟曼尼（Kayvon Asemani）保持聯繫。亞瑟曼尼的履歷表可能會讓你擔心他也是「脆弱的完美者」，他是高中畢業生代表、學生會長、明星運動員……優秀資歷不勝枚舉。

但我可以向你保證，亞瑟曼尼是成長思維和樂觀心態的典型實例。他在米爾頓‧赫爾西學校（Milton Hershey School）最後一年時，我們第一次見面。那所學校是由巧克力大亨赫爾西（Milton Hershey）為孤兒創設的免費寄宿學校，如今專為弱勢家庭的孩子提供良好的教育。亞瑟曼尼上國小五年級以前，和弟弟一起進了那所學校。前一年，他的母親差一點被他的父親掐死，陷入永久昏迷狀態。

　　亞瑟曼尼在學校裡發展得很好，也發現他對音樂的興趣，在學校的兩個樂隊裡吹長號。他也在這裡學到了領導力，在州議員面前演講、建置學生經營的校內新聞網站、主持慈善基金會，募集了數萬美元的善款，高中最後一年還擔任學生會長。

　　一月的時候，亞瑟曼尼寫信告訴我他第一學期的成績。他寫道：「第一學期的平均成績是3.5，我拿了三個A和一個C。我不太滿意，我知道我在拿A的科目裡做對了什麼，在拿C的科目裡做錯了什麼。」

　　成績最差的科目發生了什麼事？「我的經濟學成績是C，因為我陷入自己能不能適應新環境以及我能不能融入大家的想法……我絕對可以拿到比3.5更好的成績，4.0也不是不可能。第一學期，我的心態是我必須從周遭同學的身上學習很多東西。現在，我換了一個心態，我也有很多的東西可以教他們。」

　　第二學期也不是一帆風順，亞瑟曼尼拿了很多A，但是兩門計量課程的成績不如他的預期。我們簡短地討論到，他可以選擇

9

希望　相信努力就可以改變未來　──

轉出華頓（賓大競爭激烈的商學院），我說轉系沒什麼好丟臉的，但是他不願意。

六月，他在信裡提到：「數字和運算概念向來是我的弱項，但我喜歡挑戰，我會竭盡所能地讓自己進步，即使畢業的平均成績可能會比選擇轉系還低也沒有關係。」

我相信亞瑟曼尼跌倒了也還是會爬起來，持續奮鬥，不斷地學習與成長。

學習懷抱希望

整體來說，以上提出的所有證據顯示：對能力抱持固定思維，會使人以悲觀的方式詮釋逆境，會進一步使人放棄及迴避挑戰。相反地，成長思維使人以樂觀的方式詮釋逆境，會使人堅持下去，尋求新的挑戰，變得更堅強。

成長思維　→　樂觀的
自我對話　→　不屈不撓地
克服難關

關於如何靠自己學會懷抱「希望」，我的建議是依序採取上面的步驟，並自問：「我如何加強這一步？」

我的第一個建議是，**更新你對智力和天分的看法**。

杜維克和合作研究者想要說服大家相信，智力或其他的天分都是可以努力改善的。為此，她從解釋大腦開始做起。她提到頂尖科學期刊《自然》上刊登的一項追蹤青少年大腦發育的研

究。很多參與研究的青少年在研究期間（十四歲至十八歲），智商都增加了，可見智商並不是一輩子固定的，這個事實常常令人很訝異。杜維克也說，受試青少年的大腦結構出現顯著的改變：「數學變好的孩子，強化了與數學有關的大腦區域。英文變好的孩子，也出現同樣的情況。」

杜維克也解釋，大腦的調適力很強，就像肌肉愈鍛鍊會愈強健，大腦努力克服新挑戰時，它本身也會改變。事實上，人生中沒有一個時刻的大腦是完全「固定不變的」。我們的一生中，神經元永遠都有潛力和彼此建立新的連結，以及強化原有的連結。此外，整個成年時期，我們都有能力讓髓鞘（myelin）成長。髓鞘是一種保護神經元的隔離層，可以加速神經元之間的訊號傳輸。

下一個建議是，**練習樂觀的自我對話**。

認知行為治療和習得無助感之間的關連，促進了「強韌訓練」（resilience training）的發展。本質上，這種互動訓練就像認知行為治療的預防療法。在一項研究中，完成這個訓練的孩子比較不悲觀，後續兩年間比較少出現憂鬱症狀。在類似的研究中，悲觀的大學生在做完訓練後，後續兩年也比較少出現焦慮現象，後續三年間比較少陷入憂鬱。

如果你讀完本章，發現自己是極端的悲觀者，我會建議你去找認知行為治療師。我知道這個建議聽起來可能不太吸引人。多年前，我十幾歲時，曾經寫信到諮詢專欄〈Dear Abby〉，希

望她能為我指點迷津。結果她回信寫道:「去看心理醫生。」我記得我當場就把那封信撕爛了,氣她為什麼不給我更簡便、迅速、直接的方法。但是話又說回來,建議你閱讀二十頁有關希望的科學論文,以為那樣就可以抵消根深柢固的偏見,也未免太天真了。關於認知行為治療和強韌訓練,可以探索的重點比我這裡歸納的還多很多。

重點是你可以改變自我對話,你可以<u>學習避免自我對話干擾你朝目標邁進</u>。只要多加練習及獲得適當的指引,你也可以改變思維與感受,以及遇到困境時的行動。

在進入本書的最後一個單元以前,關於如何自己學會懷抱希望,我的最後一個建議是:**尋求協助**。

幾年前我認識退休的數學家休斯(Rhonda Hughes)。休斯的家人都沒有上過大學,她從小對數學的興趣遠高於速記。後來她拿到數學博士學位,申請了80個教職,被79所學校拒絕後,終於有一所大學錄用她。

休斯找上我,是想要告訴我,她對恆毅力量表的其中一項有點意見。「我不喜歡『我遇到挫折會感到氣餒』那一項,我覺得那句話不合理,我的意思是說,誰遇到挫折不氣餒呢?我當然會氣餒,我覺得那句話應該改成『我遇到挫折不會消沉很久,我會振作起來。』」

休斯說的沒錯,我二話不說就把那句話改掉了。

不過,休斯的故事最重要的重點是,她幾乎每次重新振作

起來都不是完全靠自己，她發現尋求幫助是維持希望的好方法。下面是她告訴我的故事：「我遇到一位導師，他比我還早看出我將來可以當數學家。那一切是從某次考試開始的，我考得很糟，在他的辦公室哭了起來。他突然從椅子上起身，不發一語，跑出辦公室，後來他回來告訴我：『小姐，妳應該去讀數學研究所，但妳都修錯課程了。』他列出了我應該修的所有課程，以及其他教師承諾提供的資源協助。」

大約二十年前，休斯和數學家博茲曼（Sylvia Bozeman）一起創立EDGE計畫，EDGE是Enhancing Diversity in Graduate Education（增進研究生教育多元化）的縮寫。計畫的使命是支持女性和少數族裔攻讀數學博士學位。博茲曼說：「大家以為讀數學需要特殊天分，以為那是與生俱來的能力，但休斯和我一再主張：『數學能力其實是培養出來的，不要放棄！』」。

「在職業生涯中，有很多時候我都想打退堂鼓，想要就此放棄，去做更輕鬆的事。」休斯告訴我：「但總是有人以某種方式叫我堅持下去，我相信每個人都需要那樣的支柱，不是嗎？」

PART III

培養恆毅力 2
由外而內的
三大環境力

The Power of Passion and Perseverance

Grit

10

家庭教養 榜樣的力量

明智家長的科學解答

「如何幫助我關心的人培養恆毅力？」每天我至少都會聽到一次這個問題。

有時是教練問我，有時是企業家或執行長問我。上週，是一位四年級的老師問我。再上一週，是社區大學的數學教授問我。陸軍和海軍將領也問過我這個問題，但最常提出這個問題的，是擔心孩子無法發揮潛力的家長。

詢問我的人都是站在家長的角度思考，雖然他們不見得真的是家長。parenting（教養）這個字是源自於拉丁文，意思是「產生」（to bring forth）。如果你問的是如何讓你關愛的人產生興趣、練習、目的和希望，你的心態與行為其實就跟家長是一樣的。

當我反過來問大家，他們直覺上認為恆毅力該如何培養

時，我得到各種不同的答案。有些人認為恆毅力是在逆境中淬練出來的，有些人馬上引述尼采的說法：「那些殺不死我的東西，會讓我變得更堅強。*」那些說法不免讓人聯想到，板著臉的父母站在比賽場邊不斷批評指導，要是比賽沒有贏，就完蛋了；或是逼孩子長時間練習鋼琴或小提琴，或是因為小孩成績是A-，就給他們禁足處分。

這種觀點是把「提供關愛的支持」及「要求嚴厲的高標」放在光譜兩個極端，專橫、權威式的家長位於光譜最右邊。

如果我在一百年前詢問大家的看法，當年在約翰霍普金斯大學心理系擔任系主任的約翰・沃森（John Watson）就會提出這樣的觀點。一九二八年，沃森出版暢銷教養指南《嬰幼兒的心理照育》（*Psychological Care of Infant and Child*），說明如何培養出「專注於工作與玩樂、迅速學會克服周遭困難的孩子……讓孩子在成年以後養成穩定的工作習慣與情緒特質，任何逆境都打不倒他。」

沃森建議：「不要擁抱和親吻孩子，別讓孩子坐在你的大腿上。必要的話，只有在每天睡前親吻他們的額頭一次，早上和他們握手。當他們把困難的任務做得特別好時，可以輕輕拍頭表示肯定。」沃森也建議讓孩子「幾乎從出生那一刻起」就自己解決問題；輪流換不同的照顧者，以免孩子對特定大人產生依賴

＊註：我聽到這種說法時，有時會大概提到麥爾的研究。麥爾的研究顯示，**想辦法脫離受苦的狀態才是強化恆毅力的方式**。

感；不要太寵愛孩子，以免他們無法「征服世界」。

當然，偶爾會有人提出完全相反的立場。他們相信給予孩子無條件的關愛和支持，就能培養出堅持不懈的精神，尤其是熱情。這些主張溫和教養的人鼓勵爸媽給孩子大大的擁抱、放任孩子自由發展，並指出小孩先天就喜歡挑戰，與生俱有習得能力、變得更好的欲望，我們只需要給予孩子無條件的關愛，就能引導出那些潛力。孩子只要不受權威家長的約束，就會循自己的興趣發展，自然會自律地練習，也會培養出面對挫折的抵抗力。

在支持型教養和嚴厲型教養之間的連續平面上，這種「以孩子為中心」的寬容教養方法位於光譜最左邊。

所以哪一種才對？恆毅力究竟是在持續不斷的嚴峻考驗下淬練出來的，還是在溫暖的關愛支持下培育出來的？

身為科學家，我很想這樣回答：這個議題還需要更多的研究。目前有很多親子教養的研究，也有一些恆毅力的研究，但是還沒有同時兼顧教養和恆毅力的研究。

可是我自己就有兩個正值青春期的女兒，我沒有時間等所有的資料收齊。我就像那些問我這個問題的家長一樣，現在就要做決定。我的女兒正在成長，我和先生每天都在做親子教養。另外，我自己身為教授和實驗室主任，每天也和數十位年輕人互動，我也想幫他們培養恆毅力。

所以，為了解決這個爭論，我從光譜兩端開始探究證據。一位嚴厲教養的支持者建議我去訪問恆毅力典範史蒂夫·楊

（Steve Young）。史蒂夫是知名的美式足球四分衛，曾打破多項紀錄，從小接受摩門教的教育，每天上學前要送報、上查經班，而且絕對不能咒罵或喝酒。另一位自由派教養的支持者建議我去訪問直率的英國脫口秀諧星法蘭崔絲卡·馬汀內（Francesca Martinez），她的父親是作家，母親是環保人士。她十六歲時，父母讓她輟學，後來她出版回憶錄，書名叫《他媽的正常是什麼？！》（*What the ——x Is Normal?!*），父母也毫無意見。

嚴厲的愛

我們先從史蒂夫·楊的故事談起。

史蒂夫是舊金山49人隊的傳奇四分衛，兩度獲選為NFL最有價值球員。在第二十九屆超級盃上獲選為最有價值球員，並在那場比賽中創下了六次傳球達陣紀錄。退休時，他是NFL史上評價最高的四分衛。

「爸媽給了我堅實的基礎，」史蒂夫說：「我希望每個人都能得到良好的家庭教育與栽培。」

他的故事說明了他的觀點。

高中時代史蒂夫就是美式足球隊的明星，全美各大學都極力延攬他入學，但他還是選擇加入楊百翰大學（Brigham Young University, BYU），當第八順位的四分衛。由於輪到他上場以前，前面還有七位四分衛，教練把他歸入「漢堡小隊」（hamburger squad）——由實力最弱的選手組成，主要作用是負

責衝陣，讓楊百翰大學的防守線可以練習。

「我真的很想回家，」史蒂夫回憶，「第一個學期，我行李都沒拆……我記得當時我打電話回家，告訴我爸：『教練不知道我叫什麼名字，我只是被拿來練防守的假人。爸，這裡真的很糟，跟我預期的不一樣，我想回家。』」

史蒂夫描述他的父親是「終極硬漢」，父親告訴他：「你可以放棄……但你不能回家，我不要和半途而廢的人住在一起，你從小就知道這點。你不能回來。」史蒂夫只好留下。

整個球季，史蒂夫都第一個到場練習，最後一個離開。最後一場練習結束後，還私下加強訓練：「室內球場的遠端掛著一面巨網，我蹲在網子假想的中心後面，練習快速傳球，以及三步投擲入網。從一月初一直練到二月底，總共投了上萬次的旋球，手臂很痛，但我一心想成為四分衛。」

上了大二，史蒂夫從第八順位四分衛晉升到第二順位。到了大三那年，他已經是楊百翰大學的首發四分衛。大四那年，史蒂夫獲得歐布萊恩全國最佳四分衛獎（Davey O'Brien award）。

史蒂夫的運動生涯中，有好幾次信心動搖，每一次都很想放棄，每次他都向父親求助，每次爸爸都不讓他回家。

早期某一次的瓶頸發生在中學時參加棒球隊，史蒂夫回憶：「那時我才十三歲，一整年都沒擊出半個球，情況愈來愈丟臉……我參加了一場又一場的球賽，但是就是打不到球。」球季結束，史蒂夫告訴父親，他已經受夠了。「我爸看著我說：『你

不能放棄，你有能力，要回球場，想辦法解決問題。』」史蒂夫和父親一起回到球場，「我記得那天非常寒冷，很難受，雨中挾帶著雪，爸爸不斷投球，我不停地打擊。」高中最後一年，史蒂夫已經是棒球校隊隊長，打擊率是0.384。

史蒂夫加入舊金山49人隊後，連續坐了四年的板凳，那時他一心想著，只要堅持到底，一定有回報。他沒有換球隊，而是跟著帶領全隊奪得四次超級盃冠軍的首發四分衛喬·蒙塔納（Joe Montana）見習。「留在舊金山，我才能知道自己能達到多高的境界，即使很難，還是要做……很多次我都想要放棄……失眠的夜裡，我彷彿會聽到球迷的噓聲，但我不敢打電話給我爸，我知道他會說：『史蒂夫，撐到底。』」

✓ 嚴格，但不是控制

目前為止，史蒂夫的成長故事可能會讓你推論，恆毅力過人的孩子都有威權式的父母。你可能會馬上斷定他們只在乎自己的高標準，完全不管孩子的特殊需求。

在下結論以前，我們先來看看史蒂夫的父母雪莉（Sherry）和勒葛蘭·楊（LeGrande Young）。順道一提，勒葛蘭的童年綽號就是「恆毅力」（Grit），他比較喜歡這個別名，總結了他的生活態度。「他非常重視勤奮努力、堅忍、不發牢騷，」史蒂夫的弟弟麥克如此描述父親，「那個別名非常適合他。」

勒葛蘭是企業律師，很少請假。大約二十五年前，他在

YMCA的健身房運動時，有人跟他比賽仰臥起坐。一年後，兩人都可以一次連做一千下仰臥起坐，那時候對方終於決定不比了。勒葛蘭改成跟自己比賽，繼續好幾年如一日，後來達到一次連做一萬下仰臥起坐。

我打電話給史蒂夫的父母，聊史蒂夫以及他們的教養方式，我本來預期他們很嚴格，不苟言笑。但雪莉一開口就說：「我們很高興能跟妳聊！我們家史蒂夫是個乖孩子！」接著勒葛蘭開玩笑說，既然他專門研究「恆毅力」（他的綽號），我怎麼拖了那麼久才找上他。

我一聽馬上鬆了口氣。接著，我開始聽他們早年奮鬥的故事。雪莉說：「我們家是務農的，從小就必須幫忙家裡。」雪莉十歲就開始採收櫻桃。勒葛蘭也一樣，為了賺錢買棒球手套和衣服，他幫人修剪草坪、騎好幾英里的單車送報紙、有什麼農活就去幫忙。

他們開始養育孩子時，也刻意提供孩子同樣的挑戰。「我的目標是教他們養成紀律。」勒葛蘭說，「像我以前學到的那樣，努力投入，那些事情是需要學習的，不是自然發生的。我覺得家長應該教導孩子，任何事情只要開始動手，就一定要做完，那很重要。」

他明確告訴兒子，不管報名或參加什麼活動，一定要做到結束為止。「我們告訴孩子，你一定要參加所有的練習，你不能說：『喔，我覺得厭煩了。』一旦投入，就要訓練自己堅持下

去。你一定會碰到不想去的時候，但是你非去不可。」

聽起來很嚴格吧？沒錯。但是如果你更仔細聽，會發現夫妻倆也非常支持孩子。

史蒂夫提到他九歲參加華納少年足球聯賽（Pop Warner）被攻擊，抬頭看到他的母親手上還拎著包包，大步從他面前走過，走向攻擊他的男孩，抓著他的墊肩，告訴他不准再違規抓住史蒂夫的脖子。史蒂夫和弟弟再長大一點，他們家變成朋友最愛聚集的地方。雪莉說：「我們的地下室總是有一堆孩子。」

勒葛蘭擔任企業律師時，經常出差。「我認識的同行出差到外地時，一般會在外地過週末，因為通常無法週五結案，週一又要繼續出庭，但我一定會盡力趕回家過週末。」有時候為了週末趕回家一趟而大費周章，過程中完全可以看出「恆毅力」這個暱稱是怎麼來的。「有一次我去蒙大拿州和一家鋁合金廠協商。週五晚上，我搭計程車去機場，但機場大霧瀰漫，所有的航班都取消了。」

我心想要是遇到同樣的情況，我會怎麼做，一面聽完故事的後續發展，我自己都覺得很不好意思。勒葛蘭租了一台車，開車到華盛頓州的斯波坎（Spokane），搭機到西雅圖，接著再搭機飛往舊金山，再轉搭深夜飛機，第二天清晨抵達紐約甘迺迪機場。他下了飛機又租車，一路開回康乃狄克州的格林威治。他說：「我不是在自誇，我只是覺得回家陪孩子、參加孩子的活動很重要，無論是運動或其他活動。」

雪莉與勒葛蘭也很關心孩子的情感需求。例如，史蒂夫特別容易焦慮，「我們注意到，有些事情他就是不肯做。」勒葛蘭說，「小二的時候，他不要上學。十二歲的時候，他不想參加童子軍露營。他從來不去其他的孩子家過夜，反正他就是不肯。」

　　我很難把史蒂夫勇猛無畏的四分衛形象，和兩人描述的那個膽小男孩聯想在一起。同樣地，夫妻倆也想不透這個大兒子到底在怕什麼。勒葛蘭說，有一次他去接史蒂夫放學，要順便帶他去伯父家作客，但是史蒂夫卻開始哭，他想到要離開家就嚇壞了，勒葛蘭也被他的反應嚇了一跳。我等著聽他們夫妻倆如何反應，他們是告訴兒子要有男子氣概呢？還是處罰他？

　　都不是。從史蒂夫不願上學時的父子對話就可以看出，他的父親主要是用詢問和聆聽的方式，而不是說教和責罵。「我說：『有人欺負你嗎？』他說：『不是』我問：『你喜歡老師嗎？』他說：『我很喜歡。』『那你為什麼不想去上學？』『我不知道，我就是不想去上學。』」

　　後來，雪莉乾脆陪史蒂夫一起坐在小學二年級的教室裡上課，就這樣持續陪了兩週，史蒂夫才終於放心自己上學。

　　「那是分離焦慮造成的。」雪莉告訴我：「那時我們還不知道這個名稱。但我們看得出來他很緊張，我們知道他需要慢慢適應。」

　　後來，我請史蒂夫詳細說明他剛進楊百翰大學第一學期感受到的焦慮。我說，一般人要是只聽到他大一遇到的情況，沒聽

到其他故事，可能會認定他的父親很像暴君。畢竟，什麼樣的家長會拒絕讓孩子回家？

史蒂夫說：「沒錯，其實每件事情都應該看整體的脈絡，對吧？」

我仔細聽他說。

「這些故事的脈絡就是，我爸真的很了解我。他知道我當下只想馬上衝回家，也知道他要是答應讓我回家，就是讓我對恐懼屈服了。」

「那是一種愛的表現，很嚴格，但同時也充滿愛護。」

愛之深責之切和嚴厲粗暴之間的差異非常細微，不是嗎？差別是什麼？

「我知道決定權在我自己。」史蒂夫說：「我知道我爸不希望我跟他一樣。第一，家長需要向孩子證明：『我不是要你照著我的話做，控制你，把你變得跟我一樣，要求你照著我的話做，叫你彌補我自己做不到的遺憾。』我爸很早就讓我知道，重點不是他或是他需要什麼，他真的是在對我說『我把我所有的一切都給你』。」

「那種嚴厲的父愛背後，完全不是為了他自己。」史蒂夫繼續說，「我覺得那很重要，如果家長嚴厲的愛只是為了掌控孩子，孩子一眼就能分辨出來。我從頭到尾都知道我父母的想法是：『我們把自己擺在後面，只期待看到你成功。』」

放手飛的愛

史蒂夫這一家的互動讓我們了解「嚴厲的愛」，嚴厲與愛不必然是矛盾的。下面我們來看法蘭崔絲卡・馬汀內和她的父母蒂娜和艾力克斯・馬汀內不同的故事。

《觀察家報》（*Observer*）評選法蘭崔絲卡是英國最好笑的諧星之一，她的個人秀門票總是銷售一空，現場擠滿來自世界各地的觀眾。每次表演，她一定會打破史蒂夫一家不准罵髒話的家規；表演後，她也一定會打破史蒂夫一家不准喝酒的規定。法蘭崔絲卡跟她的父母一樣，是終身素食者，沒有宗教信仰，政治立場是偏左進步派。

法蘭崔絲卡兩歲時被診斷出罹患腦性麻痺，醫生說她可能「永遠無法過正常的生活」。但是蒂娜和艾力克斯很快就認定，任何醫生都無法預言他們的女兒會變成什麼樣子。

無論是誰，想成為搞笑藝人都需要很高的恆毅力，但是對於連說話字正腔圓或是走上舞台都有困難的法蘭崔絲卡來說，那可能需要更高的恆毅力。法蘭崔絲卡像其他有志成為諧星的人一樣，為了十分鐘的無酬試鏡、拜會無數忙碌又冷漠的電視製作人，必須大老遠開四小時的車到現場，再開四小時的車回家。但是她和其他同行不同的是，每次表演前，她都需要特別做呼吸和發音練習。

「我的努力和熱情都不是我自己的功勞，」法蘭崔絲卡告訴我，「我覺得那些特質是家人給我的，他們都非常愛我、關懷

一直不變。他們對我百分之百的支持和正面鼓勵，是我能夠持續追夢、沒有極限的原因。」

法蘭崔絲卡求學期間，學校的輔導老師都懷疑，她連走路和說話都不太正常，將來如何往娛樂圈發展。他們對於她想輟學逐夢的決定更是擔憂，嘆氣說：「喔，法蘭崔絲卡，想想比較合理的選項吧，例如學電腦之類的。」但是法蘭崔絲卡根本無法想像自己做辦公室的工作，她問父母她該做什麼。

「去追隨夢想吧。」艾力克斯告訴女兒，「要是夢想無法實現，妳可以再重新思考。」

「我媽也一樣鼓勵我。」法蘭崔絲卡露出微笑：「基本上，他們樂見我十六歲就離開正規教育，到電視上表演。他們還同意我週末跟朋友去夜店玩，身邊充滿不太可靠的男人還有名字都很曖昧的雞尾酒。」

我問艾力克斯為什麼會建議女兒「去追隨夢想」。他回答我之前先提醒我，他們也讓法蘭崔絲卡的哥哥勞爾在高中時輟學，去知名肖像畫家的身邊當學徒。「我們從來不強迫孩子當醫生、律師或任何職業，我真的相信，做真正想做的事情，那就會變成職業。法蘭崔絲卡和哥哥都非常勤奮努力，他們對自己做的事情充滿熱情，所以一點也不覺得受到壓迫或是辛苦。」

蒂娜完全認同：「我總是相信，生命、大自然與演化已經在孩子身上種下天生的潛力，那是他們獨一無二的命運。就像植物一樣，只要適度地澆灌施肥，就會成長地強壯、美麗。重點是

營造合適的環境，提供肥沃的土壤，傾聽及回應他們的需求。孩子本身就蘊含著未來的種子，只要相信他們，興趣自然會萌芽。」

法蘭崔絲卡認為，她能在看似無望的處境中仍然保持希望，要歸功於她「酷到離譜」的父母無條件地支持她。「能夠堅持下去，往往是因為你相信自己能做到，那種信念是來自於自我價值，而自我價值是來自於別人讓我們對自己的人生所產生的觀感。」

看到這裡，蒂娜和艾力克斯看起來像寬容型教養的典範，我問他們是否也這麼覺得。

艾力克斯說：「其實我對於被寵壞的孩子很感冒，孩子需要獲得關愛和接納，但是他們也需要教導：『你不能用棍子打你妹的頭』、『你應該要分享』、『不是你要什麼就一定可以有什麼』。我們的方式是『不無理取鬧』的教養。」

例如，艾力克斯以前會催法蘭崔絲卡去做物理治療，法蘭崔絲卡很討厭那些治療，為此和父親抗爭了很多年，她不明白為什麼她不能自己找方法解決身體上的限制，非得去做物裡治療不可。但艾力克斯認為他有責任堅持立場。法蘭崔絲卡在書中提到：「雖然很多時候都很快樂，但是後續幾年我們不時發生激烈爭執，過程中充滿了摔門、眼淚和扔東西。」

這些衝突有沒有更好的處理方式，我們不得而知。不過，艾力克斯認為，當初他其實可以做得更好，向女兒解釋他為什麼

那麼堅持。即使如此,這段童年回憶中真正令我驚訝的是,那麼關愛孩子又建議孩子追隨夢想的家長,依然覺得他有必要為了孩子的紀律訂下規矩。突然間,把蒂娜和艾力克斯直接歸為顛覆傳統的另類父母,似乎過於片面,不夠完整。

艾力克斯談到他以身作則為孩子示範的工作態度就是很好的例子。他是作家,他說:「想完成任務,就要下功夫。我年輕時,遇過很多寫東西的人,他們對我說:『噢,我也是作家,但我沒有完成任何作品。』如果是那樣的話,你就不算作家,你只是坐下來在紙上寫東西的人。如果你有想做的事情,就去做,並且要完成它。」

蒂娜也同意,孩子需要自由,也需要限制。她是教師及環保人士,她看過很多家長和孩子協商時是採用連哄帶求的方式。「我們是以明確的原則和道德準則來教導孩子。」她說:「我們會解釋我們的依據,但他們一直都知道界線在哪裡。」

她補充:「而且他們不准看電視,我覺得電視是催眠的媒體,我不希望電視取代了人際互動。所以我們家沒有電視,孩子想看什麼特別的節目,可以到祖父母家看。」

✓ 關愛與嚴格,不用二選一

從史蒂夫和法蘭崔絲卡的故事中,我們可以學到什麼?從其他恆毅力典範對他們家長的描述中,我們可以得到什麼啟示?

我注意到一個模式,對想要幫孩子培養恆毅力的家長來說

是很實用的藍圖，為養育孩子面臨的諸多決策提供了不錯的指引。在我進一步說明以前，容我再次提醒大家：身為科學家，我也希望在提出明確的結論以前，先收集更多的資料。未來十年內，我應該會比現在更了解培養恆毅力的親子教養。但是因為親子教養沒有暫停鍵，無法等資料出現，我先提出我在這方面的預感。我想這樣做主要是因為我看到的模式與數十個細心執行的親子教養研究（但不是恆毅力研究）相符。自從沃森提出「不要溺愛孩子」的建議後，有關人類動機的研究也顯示我觀察到的模式很合理。此外，我觀察到的模式，也符合三十年前心理學家布隆姆與團隊訪問世界頂尖運動員、藝術家、學者的結果。雖然親子教養不是布隆姆研究的明確焦點（家長最初是以觀察者的身分被納入研究，用來驗證生平細節），但是親子教養的重要是該研究的一大結論。

以下是我的觀察。

首先，支持型教養和嚴厲型教養不是一定要二選一，也不是彼此對立的選擇。大家常誤以為「嚴厲的愛」是在「關愛與尊重」以及「嚴格要求達到期許」之間小心地拿捏平衡。但實際上，沒有人規定你不能兩者兼顧，史蒂夫和法蘭崔絲卡的家長顯然就是如此。史蒂夫的父母看起來很嚴厲，但他們也非常關愛孩子。法蘭崔絲卡的父母充滿關愛，但他們也有嚴格的規矩。兩家人都是以孩子為重，因為他們顯然都以孩子的興趣為優先，但是兩家人都覺得孩子不見得都懂得判斷他們該做什麼，應該付出多

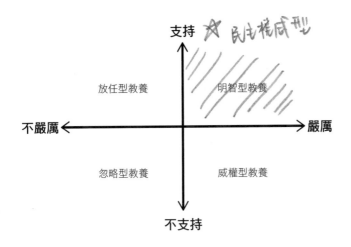

少努力，何時該堅持與放棄。

上圖是許多心理學家目前對親子教養模式的分類，不是只有一種光譜的兩個極端，而是兩種連續體切出的四個象限。右上角是嚴厲且支持的，專業術語是「民主權威型教養」（authoritative parenting），很容易和「專制威權型教養」（authoritarian parenting）搞混。為了避免混淆，我把「民主權威型教養」稱為「明智型教養」（wise parenting），因為這個象限的家長可以清楚判斷孩子的心理需求，他們知道孩子需要關愛、限制、自由才能充分發揮潛力。他們的權威是以知識和智慧為基礎，而不是以權力為基礎。

其他象限分別代表三種常見的教養方式，其中包括不嚴厲也不支持的馬虎父母，這種忽略型教養容易創造出特別有害的情

緒，但我不深入探討，因為這種教養不太可能培養出恆毅力很高的孩子。

威權型教養是嚴厲但不支持，就是沃森用來強化孩童性格的方法。相反的，放任型教養則是支持但不嚴厲。

二○○一年，心理學家賴瑞・史坦伯格（Larry Steinberg）以會長身分對青少年研究協會（Society for Research on Adolescence）演講時，提議暫時停止對教養模式做進一步的研究，因為他認為很多證據已經證實「嚴厲又支持」的教養型態有好處，科學家應該把研究焦點轉到其他更棘手的問題。事實上，過去四十年間，許多精心設計的研究一再顯示，明智父母的孩子比其他家庭長大的孩子表現得更好。

例如，史坦伯格做過一項研究，他請大約一萬名美國青少年填寫有關父母行為的問卷。結果顯示，無論性別、族裔、社會階層或父母的婚姻狀態，家長溫暖、尊重又嚴格時，孩子的成績比較好，性格比較獨立，焦慮與憂鬱的狀況較少，比較不可能參與犯罪行為。其他國家及每個兒童發展階段幾乎都出現一樣的模式。長期研究也顯示那種教養型態的效益長達十年以上。

你是不是明智的父母

教養研究的一大發現是，孩子接收的訊息比父母想要傳達的訊息更重要。

看似典型的威權型教養（例如不准看電視或禁止罵髒

話），不見得是強制的。看似典型的放任型教養（例如讓孩子輟學）可能只是反映出家長重視的規矩不同罷了。換句話說，在超市的穀物麥片區看到家長訓斥孩子時，先不要妄下評斷。多數情況下，你沒有足夠的脈絡資料去了解那個小孩如何解讀當下的親子互動，真正重要的是小孩的體驗。

你是明智的父母嗎？你可以使用下面列的「教養評估」來衡量，那是心理學家兼教養專家南西・達林（Nancy Darling）設計出來的。你的孩子會毫不猶豫地認同下面哪些敘述？

你會發現有些以粗體表示的項目，那些是「反向記分」項目。也就是說，如果你的小孩認同那個說法，你就不像你想像的那麼明智。

溫馨支持型

我遇到問題，可以指望爸媽支援。

爸媽會抽空跟我聊天。

爸媽會和我一起做有趣的事。

爸媽其實不喜歡聽我說我遇到什麼麻煩。

爸媽很少稱讚我做得很好。

尊重支持型

爸媽認為我有權主張自己的觀點。

爸媽告訴我，他們的想法是正確的，我不該質疑他們。

爸媽尊重我的隱私。

爸媽給我很多的自由。

我能做什麼大多是由爸媽決定的。

嚴格要求型

爸媽認為我應該遵守家規。

我即使犯錯，爸媽也不追究。

爸媽會讓我知道更好的做事方法。

做錯事時，爸媽不會懲罰我。

即使事情很難，爸媽仍希望我竭盡所能去做。

模仿 vs 效法

成長過程中獲得支持與尊重並受到高標準的要求，可以得到很多好處，其中有一項特點和恆毅力特別有關——明智的父母會鼓勵孩子效法父母。

當然，小孩多多少少一定會模仿父母。當我們沒有別的參考對象，除了模仿周遭人的口音、習慣、態度之外，我們還有什麼選擇？家長怎麼說話、怎麼進食，我們看了也會有樣學樣，跟他們產生相同的好惡。

小孩模仿成人的本能很強。史丹佛大學五十幾年前曾做過一項經典的心理實驗，讓學齡前兒童觀看成人玩多種玩具，接著也讓那些兒童玩那些玩具。一半的男童和女童是看著成人靜靜地

玩組合玩具Tinkertoy，但成人不理會房間內某個和孩童一樣大的充氣娃娃。另一半的孩子是看著大人組裝玩具，但一分鐘後，大人開始狠狠地攻擊充氣娃娃，用拳頭搥打，接著又拿木槌攻擊，然後把娃娃扔向空中，最後又吼又叫地把娃娃踢出房間。

研究人員讓小孩玩相同的玩具時，看過成人安靜地玩玩具的小孩也會靜靜地玩耍。看過成人痛打娃娃的孩童也一樣會出現暴力行為，很多孩子甚至會模仿剛剛看到的大人動作，研究人員描述他們的行為簡直「如出一轍」。

但是模仿（imitation）和效法（emulation）是截然不同的。

隨著年齡的增長，我們逐漸培養出反省自己行為的能力，以及欽佩與鄙視他人行為的評判力。家長關愛、尊重、嚴格要求時，我們不僅會以他們為榜樣，也會尊敬他們。我們不僅順從他們的要求，也了解他們為什麼提出那些要求。我們變得特別想要追求同樣的興趣，例如，史蒂夫的父親以前在楊百翰大學也是出色的美式足球員；法蘭崔絲卡像父親一樣，從小就對寫作有興趣，這些都不是巧合。

布隆姆和團隊在世界頂尖專家的研究中，也看到一樣的模式。那項研究中，支持又嚴厲的家長幾乎都是「良好工作態度的榜樣，在別人眼中都非常勤奮努力，不管做什麼都盡力而為。他們認為應該先苦後樂，為遠大的目標努力。」此外，「多數家長會很自然地鼓勵孩子參加他們喜歡的活動」。事實上，布隆姆的一個結論是「家長自己的興趣會以某種方式傳給孩子……我們一

再發現，鋼琴家的父母會讓孩子去上網球課，但他們會親自帶著孩子去上鋼琴課，網球好手的家庭則正好相反。」

許多恆毅力典範都以自豪又敬畏的口吻告訴我，他們的父母是他們最崇拜、影響他們最深的榜樣。另外，很多恆毅力典範的興趣也和父母很類似。顯然，這些恆毅力典範在成長過程中，不僅模仿父母，也效法父母。

這個邏輯不免讓人推論，明智型家長的孩子**不見得**每一個長大以後恆毅力都很高，因為不是每位明智家長都是恆毅力的模範。他們雖然支持又嚴厲，但是他們本身不見得對長期的目標有熱情和毅力。

如果你想培養孩子的恆毅力，要先自問你對自己的人生目標有多少熱情和恆毅力。接著自問，你的教養方法鼓勵孩子效法你的可能性有多高。如果第一個問題的答案是「很多」，第二個問題的答案是「很高」，那你已經在培養孩子的恆毅力了。

做年輕一代的保護者

不只是家長在為孩子打下恆毅力的基礎。

家庭的外圍還有一圈更廣大的大人生態體系。我們除了是自家小孩的「家長」，每個人也都是所有年輕一輩的「保護者」，共同培育下一代，幫助他們發揮潛力。身為支持但嚴厲的人生導師，我們對別人的孩子也有很大的影響力。

科技創業家托比・盧克（Tobi Lütke）是恆毅力典範，他的

人生中就有那樣的導師。十六歲時，他從德國高中輟學，在學校沒得到什麼難忘的正面學習經驗。他到家鄉的某家工程公司當學徒，在那裡認識了尤爾根（Jürgen）。尤爾根是在地下室的小房間裡工作的程式設計師，托比描述尤爾根是「留著灰白長髮的五十幾歲搖滾迷，彷彿是地獄天使（Hells Angels）重機車黨的一員。」在尤爾根的指導下，托比發現他原本被診斷出的學習障礙，並不會阻礙他成為電腦程式設計師。

「尤爾根非常會教。」托比說：「他營造的環境可以幫人順利發展長達十年的職業生涯，而且能在過程中慢慢進步。」

每天早上，托比上班時都會看到一張紙，列印出他前一天寫的程式碼，上面用紅筆寫滿了評論、建議和更正，尤爾根總是毫無保留地指出改善程式的具體方法。「這種方式教我不要把自尊和程式碼混為一談。」托比說：「程式總是有更好的寫法，能得到這些意見非常難能可貴。」

某天，尤爾根要求托比帶領通用汽車（General Motors）的軟體開發案。公司提供托比額外的補助，讓他去買第一套西裝，才能為客戶做簡報及安裝產品。托比原本預期尤爾根會負責所有的談話，但安裝前一天，尤爾根才若無其事地告訴托比，他隔天要去別的地方，托比必須單獨造訪通用汽車。於是，托比充滿不安地隻身到客戶公司，但那次安裝很成功。

「這種模式一再出現。」托比說：「不知道為什麼，尤爾根知道我的舒適圈大致到什麼範圍。他會刻意製造某些機會，

讓我稍微跨出舒適圈。我從不斷的嘗試及犯錯中，逐一克服難關……後來就成功了。」

托比後來自己創立Shopify軟體公司，幫上萬家商店在線上開業，最近營收已突破一億美元。

———

事實上，最近出現的教學研究顯示，教學和親子教養極度相似。明智的教師也可以對學生的生活產生很大的影響。

羅恩・佛格森（Ron Ferguson）是哈佛大學的經濟學家，他收集非常大量的資料，比較有教學成效和無效的教師。在最近一項研究中，他和蓋茲基金會（Gates Foundation）合作，研究1,892個不同教室的學生和教師。他發現，嚴厲的老師（學生對老師的描述包括「老師要求我們盡全力」、「這班學生都遵守老師的要求」）可以讓學生的學業每年出現明顯的進步；支持與尊重學生的老師（學生對老師的描述包括「老師似乎知道我有困擾」、「老師想了解我們的想法」）可以讓學生更快樂、上課更主動學習、對繼續升大學產生憧憬。

佛格森發現老師也可以分成明智型、放任型、威權型或忽略型。明智型的老師除了有助於學生的健康、參與以及對未來的志向，也提升了學生實際的能力。

最近心理學家大衛・耶格和傑夫・科恩（Geoff Cohen）做了一個實驗，想了解「高度期許，搭配持續的支持」對學生的影

響。他們要求七年級的老師針對學生的作文留下書面評語，評語中包含可以改進的建議以及他們平常會給學生的鼓勵。於是，老師一如既往，在學生作文的邊緣寫下評語。

接著，老師把改好的作文交給研究人員，讓研究人員把那些作文隨機分成兩堆。研究人員在其中一半的作文上貼了便利貼，上面寫著：「我給你這些評語，讓你知道我的意見回饋。」這一組是對照組。

另一半的作文也貼上便利貼，寫著：「我給你這些評語，是因為我對你有很高的期許，我知道你可以做到。」這一組是實驗組，提供明智的意見回饋。

為了不讓老師看到哪個學生收到哪樣的便利貼，也為了不讓學生知道同學可能收到不同的便利貼，研究人員把作文放進文件夾裡，讓老師在課堂上發還給學生。他們給學生一週的時間修改作文，一週後再交回。

耶格發現，對照組中約40％的學生決定交回修改的作文，實驗組中則有80％的學生交回修改的作文，大約是對照組的兩倍。對不同的樣本重複這個實驗，實驗組學生（收到明智意見那組）修改的數量仍是對照組學生的兩倍。

當然，便利貼無法取代那些傳達溫暖、尊重和高度期許的日常意見與行為。但這些實驗確實顯示簡單的訊息可以產生強大的激勵效果。

改變一生的人，不一定是家長

不是每個恆毅力典範都有明智的父母，但我訪問的每位恆毅力典範都可以指出，他們的人生中有某個人在對的時間，用對的方式，鼓勵他們鎖定遠大的目標，提供他們迫切需要的信任和支持。

以科第‧高曼（Cody Coleman）的故事為例。

兩三年前，高曼寫信給我。他看到我在TED談恆毅力這個主題，想跟我談談，他覺得他自己的故事也許有幫助。他在麻省理工學院主修電子工程及資訊工程，即將以近乎完美的GPA畢業。他認為，天分與機會和他的成就幾乎沒什麼關係，而是長年的熱情和毅力促成的。

我回他：「好啊，我們談談。」以下是高曼與我分享的人生故事。

高曼在紐澤西州翠登市（Trenton）東方三十英里的孟莫斯郡懲教所（Monmouth County Correctional Institution）出生。FBI認定他的母親精神失常，高曼出生時，他的母親因為揚言要殺害某參議員的小孩而遭到囚禁。高曼從未見過自己的父親，祖母取得高曼與哥哥的法定監護權，拯救了他。但他的祖母並非典型的明智家長，她可能很想給予關愛，也想嚴格管教他們，但祖母身心日益衰老，已經力不從心。高曼說，不久後他就肩負起大部分的家長工作，包括洗衣服、煮飯。

高曼說：「我們很窮，學校舉行食物募捐活動時，那些食

物最後都送到我家，因為我們是社區最窮的家庭。那個社區本身的狀況也不太好，我們的學區在每個項目的評分都低於平均。」

「更糟的是，我沒有運動細胞，又不太聰明。我一開始是讀補救英語班，數學成績頂多只達到平均。」

後來發生了什麼事？

「某天，我大哥回到家，他比我大十八歲，那是我高一升高二的暑假，他從維吉尼亞州開車來接我去他家住兩週。回他家的路上，他轉頭問我：『你想去哪裡讀大學？』」

高曼告訴他：「我不知道……我想讀好學校，可能像普林斯頓之類的吧。」但是說完後，高曼又收回他的話：「普林斯頓那種學校不可能收我的。」

「為什麼普林斯頓不可能收你？」哥哥問他：「你在學校的表現還不錯，如果你更用功，持續鞭策自己，就能達到那個水準，努力試試看，你又沒有損失。」

「聽他這樣一說，我頓時開竅了。」高曼說：「我從原本心想：『何必麻煩？』變成：『何不試試看？』我知道我可能沒辦法進好大學，但我想，試了就有機會，沒試永遠沒有機會。」

新的學年開始，高曼開始全心投入課業。高三時，他已經全部科目都拿A。高中最後一年，高曼開始找美國最好的資訊工程和電機系。他把第一志願從普林斯頓改成麻省理工學院。在這段轉型期，他遇到了一位非常有智慧的數學老師香黛兒·史密斯（Chantel Smith），把他當成自己的孩子一樣對待。

史密斯幫他付駕訓班學費；幫他募集大學宿舍基金，讓他搬進宿舍後能添購日用品；寄毛衣、帽子、手套和毛襪給他，幫他度過波士頓的寒冬；天天掛念著他，每個假期都歡迎他回家，還陪他參加祖母的喪禮。高曼在史密斯家中第一次體會到聖誕節清晨收到為自己準備的禮物是什麼感覺，第一次畫復活節彩蛋，二十四歲時終於第一次體驗到慶生派對的滋味。

在麻省理工學院就讀的經驗並非一帆風順，但是那裡除了有新的挑戰，也有院長、教授、兄弟會的學長、室友和朋友組成的新「支持體系」。和他以前的成長環境比起來，他在麻省理工獲得很多的關懷與照顧。

以優異成績從大學畢業後，高曼繼續攻讀電機和資訊工程碩士學位，達成完美的GPA成績，同時申請博士班及矽谷的工作。在優渥的職涯和研究所之間抉擇時，高曼努力思考他是如何一路走到現在。今年秋季他將到史丹佛攻讀博士學位，他的入學申請論文第一句寫道：「我的目標是運用我對資訊科技及機器學習的熱情造福社會，同時成為塑造未來的成功案例。」

高曼沒有明智的母親、父親或祖父母，但他的兄長適時地提出適當的建議；他遇到一位非常有智慧又善良的高中數學老師；還有其他老師、導師和同學組成的支持體系，讓他知道什麼是可能達成的，並協助他達到目標。

史密斯老師覺得高曼的成就不是自己的功勞，「事實上，高曼對我的人生比我對他的人生影響還多，他讓我學到凡事都有

可能，沒有什麼目標是達不到的。他是我認識的人當中，最善良的人之一。他叫我『媽』的時候，我比什麼都還要自豪。」

最近廣播電台訪問高曼近尾聲時，主持人問他，對於面臨類似人生困境的聽眾有什麼建議，高曼說：「保持樂觀，拋開什麼可能及什麼不可能的負面想法，放手去試就對了。」

最後，高曼想給大家的建議是：「即使不是家長，你也可以改變別人的一生。只要去關心，去了解狀況，你也可以發揮影響力。試著去了解需要幫助的孩子，幫他們度過難關，我親身經歷過那樣的幫助，確實對我產生了巨大的影響。」

11

課外活動 練習對困難事物堅持

比成績更嚴重的貧富差距

　　我女兒露西差不多四歲時，某天她坐在餐桌邊，使盡力氣想要打開一盒葡萄乾。她餓了，想吃葡萄乾，但是不管多用力，盒蓋就是打不開。努力嘗試一分鐘後，她把打不開的盒子放回桌上，嘆了一口氣，轉身離開。我從另一個房間看到整個過程，倒抽一口氣，心想：「天啊！我女兒竟然被葡萄乾打敗了！她長大以後可能有恆毅力嗎？」

　　我連忙走過去，鼓勵露西再試一次，盡我所能地給予支持，也表達我對她的高度期許，但是她就是不肯再試。

　　不久之後，我在住家附近找到一間芭蕾舞蹈社，幫她報名了芭蕾課。我和很多家長一樣，直覺認為學芭蕾、鋼琴、美式足球或任何有系統的課外活動可以培養恆毅力。這些活動有兩個重要特質，是其他情境難以複製的。第一，有個成年人負責掌控全

局（理想狀況是支持又嚴厲的成年人），而且不是家長。第二，
這些活動的宗旨就是為了培養興趣、練習、目的和希望。芭蕾舞
蹈教室、演奏廳、體育館、籃球場、美式足球場等等，都是恆毅
力的訓練場。

關於各種課外活動產生的效益，證據還不夠完整。我還沒
看過任何研究是把小孩隨機分組去學某種運動或樂器、參加辯論
比賽、放學打工、或是去辦校刊。你稍微想一下就會明白為什麼
沒有這種研究，沒有家長會自願讓自己的孩子隨機的決定要學什
麼才藝；科學家基於道德原因，也無法逼孩子持續進行或不進行
某種活動。

不過，身為家長兼社會學家，我會建議你在孩子年紀夠大
時，由你去找出他們可能感興趣的課外活動，幫他們報名。事實
上，要是我可以揮動魔杖施展魔法，我會讓全世界的孩子參與至
少一種他們自己選擇的課外活動。至於高中生，我會要求他們至
少投入一項活動一年以上。

我認為小孩每一天的每一刻都應該按表操課嗎？我完全不
是這個意思！但是我確實認為，小孩每週花點時間投入他們感興
趣的困難事物，可以幫助他們成長。

到底要不要安排課外活動

我說過，這樣大膽的建議還沒有完整的證據可以佐證，但
我覺得目前為止的研究有極高的參考價值。它們都清楚顯示，孩

子在明智的芭蕾舞教練、足球教練或小提琴老師指導下，可以培養恆毅力。

首先，研究人員讓孩子配戴傳呼機，這樣一來，一整天都可以提醒他們記錄自己在做什麼以及當下的感受。孩子上課時，他們的記錄顯示，課程的挑戰性很高，但他們無心向學。相反的，當他們和朋友玩在一起時，他們覺得沒什麼挑戰性，但很有趣。至於課外活動又是如何？孩子參與體育活動、演奏音樂或排練學校戲劇時，他們覺得那些活動有挑戰性、也很好玩。除了課外活動，孩子的生活中沒有其他的經驗可以同時提供挑戰又可以激發他們的內在動機。

這項研究帶給我們的重要啟示是：上課很難，但是多數孩子覺得沒有樂趣；與朋友一起玩樂（例如傳簡訊）很有趣，但是不難；但是芭蕾呢？芭蕾可以兩者兼顧，有挑戰性又很有趣。

當下的體驗是一回事，長遠的效益又如何？課外活動有顯著的長遠效益嗎？

無數研究顯示，比較投入課外活動的孩子，幾乎各方面指標都表現得比較好，例如成績較好、較有自信、比較不會惹上麻煩等等。有些研究是長期研究，也就是說研究人員追蹤好一段時間，觀察孩子長大以後的情況。這些長期研究都得出相同的結論：多參與課外活動，未來的結果更好。

同樣的研究也清楚顯示，課外活動過量的情況非常罕見。如今，美國青少年每天看電視及玩電玩的時間平均超過三

小時，其他時間都花在社群網站、傳簡訊、關注卡戴珊一家（Kardashians）穿什麼衣服，也難怪他們沒時間參加西洋棋社或學校戲劇，或是加入任何有組織、講究技巧、有大人指導的活動。

但是這跟恆毅力有什麼關係？為什麼要投入需要努力多年、而不是幾個月就能熟練的東西？如果恆毅力是指長期堅持目標，課外活動又是培養恆毅力的方法，那麼投入課外活動一年以上特別有效。

事實上，我訪問恆毅力典範時，一再聽到他們利用業餘活動，不斷地精進自己。例如，高三在美式足球校隊，史蒂夫‧楊的傳球成績不佳。於是他去工藝教室，做了一顆木製的美式足球，用膠帶貼出縫線。他把眼型吊鉤鑽入球的一端，把球鉤在體育館內的重量訓練機器。接著他抓著那顆球來回拉動，重量訓練機的阻力幫他鍛鍊了前臂和肩膀的肌肉。隔年，他的傳球碼數增加了一倍。

心理學家瑪歌‧嘉德納（Margo Gardner）的研究為長期課外活動的效益提出了更有說服力的證明。嘉德納和哥倫比亞大學的研究者一起追蹤11,000名美國青少年，直到他們二十六歲，他們想了解高中參與課外活動兩年、而不止一年，對成年後的成就有什麼影響。

結果顯示，投入課外活動一年以上的孩子，大學畢業的機率高很多，年輕時也比較主動投入社群活動。孩子每週投入課外

活動的時數，也可以有效地預測他們未來的就業率較高，收入較多。不過，這點只適用在參與課外活動兩年的孩子身上；只參與一年並沒有這種預測效果。

比考試更重要的事

沃倫·威林罕（Warren Willingham）是率先研究長期參與課外活動（而不是短暫玩玩的性質）重要性的科學家之一。

一九七八年，威林罕擔任「個人特質專案」（Personal Qualities Project）的主任。即使是今天，那項研究仍是辨識年輕人成功關鍵要素的一大創舉。

那項專案是由美國教育測驗服務社（Educational Testing Service，ETS）贊助。ETS位於紐澤西州的普林斯頓市，占地廣大，內部有上千名統計學家、心理學家和其他科學家，致力開發能夠預測學業及職場成就的各種測驗。如果你考過SAT、GRE、托福、教師預備檢定考試（Praxis）以及其他三十幾種進階分級考試，你就曾經考過ETS的測驗。基本上，ETS可以說是各種大型會考的代名詞。當然，世界上還有其他的會考機構，但是多數人可能都不知道它們的名稱。

為什麼ETS會對會考成績以外的東西感興趣？

威林罕及ETS的科學家比任何人都清楚，高中成績和測驗成績其實很難預測未來成就。我們常看到兩個孩子有同樣的考試成績和測驗成績，後來的人生成就截然不同。所以威林罕想要解答

的問題是：還有哪些個人特質很重要？

為此，威林罕的團隊追蹤了數千名高三學生長達五年。研究一開始，他們收集了每位學生的大學申請資料、問卷、寫作樣本、訪談內容、學校成績。用這些資訊來計算一百多種人格特質的評分，其中包括家庭背景變數（例如父母職業、社會經濟地位）、職業興趣、取得大學學歷的動機、教育目標等等。

之後，隨著這些孩子進入大學，研究人員再收集三大類的客觀成功指標：第一，學生的課業是否突出？第二，學生是否展現領導力？第三，這些年輕人在科學與科技、藝術、運動、寫作和演講、創業或社群服務等方面是否很有前景？

某種程度上，個人特質專案有點像是賽馬。研究之初衡量的一百多個指標，都可能是有效預測未來成就的強大因子。計畫的第一份報告是在收集完最後一批資料的幾年前發布，從報告可以清楚看出威林罕對這個議題非常冷靜客觀。他條理分明地描述每個變數、納入每個變數的理由，以及每個變數的衡量方式等等。等所有的資料都收齊，威林罕對於得到的結果非常確定，他發現某個特質是成功的決定關鍵，而且遠比其他的特質明顯：堅持到底（follow-through）。

威林罕與團隊說明：「堅持到底是指（在高中）有目的、持續地投入某種活動，而不是偶爾涉獵不同的領域。」

「堅持到底」特質分數高的學生，參與兩種不同的課外活動多年，在那兩項活動中都有明顯的進步，例如晉升為校刊總編

輯、成為排球隊最有價值球員、藝術作品得獎。威林罕舉例說明，一個學生「參與校刊編輯三年，晉升為總編輯；他也參與田徑隊三年，在一場重要的比賽中得獎」。

相反地，沒參與多年活動的學生，堅持到底的分數低。有些學生在高中完全沒有參與活動，不過有更多的學生是一直換活動，加入某個社團或團隊一年，隔年又換全然不同的團體。

「堅持到底」這項特質的預測力很驚人：在控制高中成績和SAT成績等變數的情況之下，堅持投入高中課外活動的程度，比任何變數更能精準預測學生能否以優異成績從大學畢業。同理，堅持到底的程度，也是預測這些年輕人是否成為領導者的最佳變數。最後，堅持到底的程度也比威林罕衡量的一百多種人格特質，更能有效預測這些年輕人在各領域是否有顯著成就。

值得注意的是，學生在高中時期投入哪個領域並不重要，網球、學生會或辯論社都可以。關鍵在於學生必須選定某種東西，隔年再次選擇同樣的東西，而且在那段期間有進步。

微軟的選才測驗

我開始研究恆毅力幾年後，得知威林罕這項「個人特質專案」。我取得原始的研究報告後，馬上從頭到尾讀一遍，暫停一會兒，又馬上重頭讀一遍。

當天晚上我完全睡不著，躺在床上想：「天啊！威林罕所謂的『堅持到底』，聽起來很像恆毅力！當下，我迫不及待想知

道我能不能複製出他的研究結果。我有一個很實際的動機。

恆毅力量表跟任何自我評估的問卷一樣，很容易會有謊報結果的現象。在調查研究中，參與者沒有說謊的動機，但是在攸關個人利益的情況下，很難使用恆毅力量表作為篩選標準。以威林罕的方式來量化恆毅力，可以防止參與者輕易作弊，至少可以避免他們說謊。套用威林罕的說法：「尋找堅持到底的明顯跡象，是探索學生過往績效的有效方法。」

不過，對我來說更重要的目標是，看「堅持到底」能否預測恆毅力的最大特點：持續留在場上、絕不退場。為了幫這個新的長期研究取得贊助，我找上教育界最大的慈善贊助組織：蓋茲基金會。

我很快得知，蓋茲基金會對於大學輟學生為什麼會那麼多特別感興趣。目前，美國的兩年制和四年制大學的輟學率是全球最高的。學費不斷攀升以及獎助學金的申請繁瑣是兩大原因，學業基礎不夠扎實是另一個原因。不過，學生即使財務狀況相似、SAT成績一樣，輟學率還是差很多。想要預測誰能讀完大學並取得學位、哪些人做不到，是社會學面臨的一個棘手問題。沒有人能提出令人滿意的答案。

與蓋茲夫婦見面時，我有機會親自闡述我的觀點。我說，高中時期學習對艱難的事物堅持到底，似乎是為未來的人生做同樣堅持的最佳準備。

在那次對談中，我得知比爾・蓋茲長久以來也覺得能力比

天分重要。例如，以前他在微軟需要雇用軟體工程師時，他會出一項程式設計任務來考應徵者，他知道那項任務需要花好幾個小時，做繁複的問題排解。那不是智力測驗或編寫程式的考驗，而是在測試一個人堅持到底的能力，他只錄用能貫徹始終的程式設計師。

在蓋茲基金會的大方贊助下，我招募了1,200位高中四年級學生，接著就像威林罕那樣，請他們列出參與的課外活動，何時參與那些活動，以及如何精進自己在活動中的表現。後來我們開始把這套衡量方式稱為「恆毅力方格」（Grit Grid）。

使用說明：請列出你在課業以外投入很多時間的活動，任何活動皆可，例如運動、當志工、研究／學術活動、有酬勞的工作、興趣嗜好。如果沒有第二或第三個活動就不用填沒關係：

活動	在各階段的參與度 9 年級 / 10 年級 / 11 年級 / 12 年級				成就、獎項、領導職位
	☐	☐	☐	☐	
	☐	☐	☐	☐	
	☐	☐	☐	☐	

我的研究團隊依循威林罕的方式，量化學生在至多兩項活動的多年投入與進步程度，計算恆毅力方格的得分。

具體來說，學生每參與一個活動兩年以上，就得到一個恆毅力點數。只參與一年的活動沒有點數，以後也不再列入評估。學生參與一項活動多年，而且又有進步（例如第一年是學生自治會的會員，隔年負責管理自治會的財務），就得到第二個恆毅力點數。當進步很「多」、而不只是「普通」時（例如成為學生會長，或籃球隊最有價值球員，本月模範員工），就得到第三個恆毅力點數。

總計，學生的恆毅力方格分數是介於0到6點之間，0表示沒有任何活動參與多年，6表示參與兩項活動多年，而且兩者都有顯著的進步，達到很高的成就。

結果一如預期，我們發現恆毅力方格分數高的學生，自我評估的恆毅力比較高，老師給他們的恆毅力評分也比較高。接著，我們開始等待。

這些學生高中畢業後，進入全美各地的數十所大學就讀。但是兩年後，這1,200位學生中只剩34％還留在兩年制或四年制的大學裡。結果就如之前的預期，他們留在大學裡的機率和恆毅力方格的分數息息相關：恆毅力方格得6分的學生中，69％仍然留在大學。相反地，得0分的學生中，只剩16％仍留在大學裡。

在另一項研究中，我們把同樣的恆毅力方格套用在新手教師的大學課外活動上，結果出奇地相似。讀大學時參與課外活動

多年的老師，畢業後擔任教職時，比較可能堅持下去。此外，他們學生的學業成績也進步較多。相反地，這些老師教學的續航力與效果，和他們的SAT成績、大學的GPA、或是面談者對他們的領導潛力評分完全無關。

環境與性格會互相呼應

目前為止我提出來的證據綜合來看，有兩種不同的詮釋方法。我一直主張，課外活動是讓年輕人練習的方式，可以為長期目標培養熱情和毅力。但是，對課外活動堅持到底也有可能只有恆毅力高的人才做得到。這兩種詮釋方法並不是互斥的，很有可能這兩個因素（培養與選擇）同時都有影響。

我自己的猜測是，**在成長的過程中對投入的事物堅持到底，同時需要恆毅力，也是在培養恆毅力。**

我這樣想有一個原因，一般來說，我們的偏向通常也會反過來強化形成該偏向的特質。布倫特‧羅伯茲（Brent Roberts）稱這種人格發展理論為「呼應原則」（corresponsive principle）。在不同的情境中，人類的思維、感覺、行動可能出現持久的改變，羅伯茲是研究相關因素的著名權威。

羅伯茲在加州大學柏克萊分校讀心理學研究所時，當時盛行的觀點是，成年後的性格多多少少已經固定。羅伯茲和其他的性格研究人員從那時開始蒐集足夠的長期研究資料，追蹤數千人數十年，顯示童年以後的性格確實會變。

羅伯茲和其他的性格研究者發現，在性格發展的關鍵歷程中，情境和人格特質會相互「呼應」。呼應原則主張，指引我們朝某種生活情境的性格特質，也會受到情境的鼓舞、強化與擴大。這種關係可能產生良性與惡性循環。

例如，在一項研究中，羅伯茲和同事追蹤紐西蘭的一千名青少年，從青春期一直追蹤到他們成年找工作為止。那幾年間，不良少年最後找到地位較低的工作，難以維持生計。那種生活情境也反過來強化他們的不良態度，又進一步破壞他們的就業前景。相反地，比較和善的青少年則是進入心理發展的良性循環。這些「好孩子」獲得地位較高的工作，財務狀況較好，結果也強化了他們的良性態度。

目前為止還沒有研究在探索恆毅力的呼應原則。

不過，我猜測，如果放任打不開葡萄乾蓋子的小女孩對自己說：「這太難！我放棄了！」她可能會進入一個強化放棄的惡性循環，學會放棄一件又一件的困難事物，每次都錯過了繼續努力、看到進步、產生信心、嘗試更困難事物的良性循環機會。

但是如果小女孩的母親帶她去學芭蕾，即使芭蕾很難呢？即使當下小女孩不想穿上芭蕾舞衣，因為她覺得有點累。即使上次練習她因為手臂舉得不對，被芭蕾舞老師責罵，讓她有點難過。如果小女孩在大人的督促下不斷地嘗試，在某次練習中終於體會到突破自我的快感呢？那種勝利的感覺可能鼓勵小女孩去練習其他困難的事物嗎？她可能因此學會迎接挑戰嗎？

哈佛大學的招生標準

　　威林罕發表「個人特質專案」一年後，比爾‧費茲西蒙斯（Bill Fitzsimmons）成為哈佛大學的招生處主任。

　　兩年後，我申請進入哈佛大學就讀，當時就是費茲西蒙斯審查我的申請文件。我知道這件事是因為我進哈佛讀大學以後，有機會和費茲西蒙斯一起參與某個社群服務專案，我們互相自我介紹時，他馬上說：『哦！你就是那個校風小姐（Miss School Spirit）！』接著他又精確地回想起我高中時參與的幾項活動。

　　最近我去找費茲西蒙斯，詢問他對課外活動堅持倒底的看法，他果然對威林罕的研究非常熟悉。「我放在這裡的某處，」費茲西蒙斯說，一邊掃視著書架，「一直都在手邊。」所以，他認同威林罕的結論嗎？哈佛招生時真的關心SAT成績和高中成績以外的事物嗎？

　　我想知道是因為威林罕當初發表研究時認為，大學招生處在篩選新生時，對課外活動是否堅持到底不夠重視。費茲西蒙斯解釋，每年有數百位學生因為學業成績優異被哈佛錄取，他們過去的學業成績顯示，他們將來可能成為世界頂尖的學者。但是費茲西蒙斯也說，因為「致力追求熱愛、深信及重視的事物，並以過人的精力、紀律、投入」而獲得哈佛錄取的學生，至少跟上述成績優異者一樣多。

　　招生處的人沒有一定要這些學生入學後繼續投入同樣的活動，「以運動員為例，」費茲西蒙斯說，「假設那個學生受傷

了，或是決定不再投入那項運動，或是沒選上校隊，我們還是發現學生以前從運動中培養出來的精力、動力和堅持力——或是你所謂的恆毅力——幾乎都會成功轉移到其他事物上。」

費茲西蒙斯向我保證，事實上，哈佛非常注意「堅持到底」這個特質。他聽我描述我們最近的研究證實威林罕的調查結果後，告訴我他們也用一套非常類似的評估機制：「我們要求招生人員做的評估，看起來跟妳的恆毅力方格是一樣的。」

這可以解釋為什麼他看過我的申請文件一年多以後，還清楚記得我高中做了什麼校外活動。他從我的活動和成績看出，證據顯示我已經準備好接受大學的嚴厲考驗和機會了。

費茲西蒙斯說：「我在招生處四十幾年的感想是，多數人先天都有很大的潛力，真正的問題在於，有沒有人鼓勵他們將努力不懈或是所謂的「恆毅力」特質發揮到極致。最終來看，這樣的人似乎才是最成功的一群。」

我指出，課外活動堅持到底可能只是恆毅力的表徵，而不會培養恆毅力。費茲西蒙斯同意這個說法，但他也認為活動不只是表徵。他的直覺是，對困難的事情堅持到底可以讓年輕人習得強大的啟示，可以運用到其他領域。「你會從他人身上學習，從經驗中愈來愈清楚自己的優先要務是什麼，你在過程中冶煉自己的性格。」

費茲西蒙斯繼續說：「有些學生投入活動是因為別人的建議，可能是家長或學校的輔導員。那些經驗往往會讓學生脫胎換

骨，學到很重要的東西。他們努力投入活動，以自己、家長或輔導員從未想像過的方式貢獻一己之長。」

———

我和費茲西蒙斯的對談中，最令我驚訝的是，他很擔心那些沒有機會透過課外活動培養恆毅力的孩子。

費茲西蒙斯告訴我：「愈來愈多的高中縮減或取消藝術、音樂和其他活動，」他解釋，削減這類活動的學校大多是弱勢家庭的孩子就讀的學校，「那可以說是最不公平的競爭環境。」

哈佛大學的政治學家羅伯·普特南（Robert Putnam）與合作研究者發現，過去幾十年，家境富裕的美國高中生參與課外活動的比率一直很高。相反地，貧困學生的課外活動參與度則是急速下滑。

普特南解釋，貧窮與富裕家庭學生參與課外活動的落差拉大，有幾個原因。付費參與的運動（例如四處巡迴比賽的足球隊）是影響參與度的障礙。即使參與活動是免費的，不是所有的家長都負擔得起制服，也不是所有的家長都能夠或願意接送孩子去練習和比賽。音樂方面，私人教師和樂器的費用都非常高昂。

和普特南的預期一樣，家庭收入和恆毅力方格分數的相關性令人擔憂。以我們取樣的高中四年級生為例，仰賴聯邦補助供餐的弱勢學生，恆毅力方格的分數平均比家境好的學生整整低一分。

傑佛瑞・卡納達（Geoffrey Canada）和普特南一樣，也是哈佛大學畢業的社會學家。卡納達恆毅力很高，他的熱情是幫助貧困家庭的孩子發揮潛力。最近卡納達的名氣愈來愈大，但過去數十年，他都默默地在紐約市推動一個非常密集的教育計畫，「哈林兒童特區」（Harlem Children's Zone）。第一批參與計畫的小孩，現在都已經上大學了。這項計畫的執行方式超乎尋常地完善、易懂，成效也出奇地好，引起了美國各界的關注。

　　幾年前，卡納達來賓州大學發表畢業典禮演說，我設法在他忙碌的行程中排進了私下訪問的時間。由於時間非常有限，我們一見面，我就直接切入重點。

　　「我知道你的學術背景是社會學家。我也知道很多東西已經有大量的證據可以佐證，但教育界還沒有應用；還有一些東西是沒有證據，但教育界依然照做不誤。但我想知道，根據你的所見所聞及親身經驗，你覺得什麼方法最能幫助孩童脫離貧困？」

　　卡納達傾身向前，雙手合十，彷彿像在祈禱，他說：「我可以直接告訴你，我自己有四個孩子，我也看著很多不是自己親生的孩子成長。我可能沒有隨機分組、雙盲研究可以證實我的論點。但我可以告訴你，貧窮的孩子需要什麼。他們需要的是你和我會給自己孩子的那些東西，貧窮的孩子需要很多，但總的來說，你可以說他們需要的是個像樣的童年。」

　　大約過了一年，卡納達做了一場TED演說，我很幸運能在現場聆聽。卡納達解釋，哈林兒童特區做的事情，大多有扎實的

科學證據為基礎，例如學前教育、暑期輔導活動等等。但他的計畫也提供了一項活動，目前還缺乏充分科學證據，因此也無法充分解釋投入的花費，那就是課外活動。

「你們知道為什麼嗎？」他問道：「因為我真的很喜歡孩子。」觀眾一聽都笑了，他又說了一次：「**我真的很喜歡孩子們。**」

「你從來沒有聽過麻省理工學院的研究告訴你，讓孩子去學跳舞可以幫孩子把代數學得更好。」他坦言：「但是你還是會讓孩子去學跳舞，你也會很驚訝地發現孩子想要學舞跳，那會讓你開心一整天。」

習得勤奮：愈困難，愈能激發潛能

卡納達說得沒錯，本章討論的所有研究都不是實驗。我不知道未來會不會有一天，科學家終於想出辦法，解決隨機指派孩子去學芭蕾幾年的實驗程序和道德問題，接著再等候觀察學芭蕾的效益會不會轉移到代數的學習上。

但科學家其實曾經做過短期的實驗，測試做某件困難的事情能否教我們做其他困難的事情。

休士頓大學的心理學家艾森伯格（Robert Eisenberger）是這方面的權威，他做過數十個研究，隨機分配老鼠去做困難的事（例如按壓槓桿二十次，就能獲得一小球飼料）和簡單的事（例如按壓槓桿二次就獲得同樣的獎勵）。之後，艾森伯格再給所有

老鼠另一種不同的困難任務。在一次又一次的實驗中，他都發現同樣的結果：一開始被迫學習困難事情的老鼠，遇到第二個困難任務時，展現的活力和耐力較多。

我最喜歡的艾森伯格實驗也是他最聰明的實驗之一是，他注意到實驗室的老鼠通常是以兩種方式餵食，有的研究人員用鋼絲網做成的漏斗裝飼料，老鼠要從鋼絲網的小洞啃食飼料。有的研究人員則是直接把飼料灑在籠子裡。艾森貝格認為讓老鼠為食物付出心力，也許可以教老鼠更努力地投入訓練。事實上，他的實驗發現結果確實如此。實驗一開始是訓練小老鼠走過狹窄的木條就能獲得獎賞，接著他把老鼠分成兩組，一組關在以漏斗餵食的籠子裡，另一組的飼料直接灑在籠內。關在漏斗籠子裡的老鼠從漏斗取食一個月後，牠們再走狹窄木條的成績比另一組好。

艾森伯格的妻子是老師，所以他有機會對小孩做類似的短期實驗。在一項研究中，他請小學二年級和三年級的學生數東西、記憶照片、配對形狀，答對就給幾美分的獎金。其中一些孩子進步時，艾森伯格就馬上提高任務的難度。另一些孩子則是持續做簡單的任務。

所有的孩子都得到獎金和讚美。之後，他要求這兩組小孩做一種單調乏味的工作（和之前的任務截然不同）：把一串文字抄寫到一張紙上。結果和老鼠實驗一樣：受過困難任務訓練的孩子，比較認真投入抄寫任務。

艾森伯格的結論是什麼？勤奮認真是可以透過練習學會

的。為了向賽里格曼和麥爾的「習得無助感」（動物因為無法擺脫懲罰而放棄第二項艱難任務）致敬，艾森伯格把上述的現象稱為「習得勤奮性」（learned industriousness）。他的主要結論是，勤奮努力和獎勵之間的關連是可以學習的，艾森伯格又進一步指出，努力和獎勵沒有直接關連時，動物先天都是懶惰的，老鼠或人都是如此。畢竟，我們在演化的型塑之下，會盡可能避免做消耗卡路里的事。

我第一次讀到艾森伯格的「習得勤奮性」研究時，小女兒露西還是小嬰兒，大女兒亞曼達還在學走路。兩個女兒讓我很快發現，我不適合扮演艾森伯格在實驗中擔任的角色。我很難塑造出學習的必要條件，換句話說，我無法營造出一個明確規定「努力就會獲得獎勵，不努力就得不到獎勵」的環境。

事實上，我知道孩子需要什麼樣的意見回饋，但我很難給她們那些意見，她們不管做什麼，我都熱切地讚美她們。這也是課外活動比較適合培養恆毅力的原因之一，教練和老師的任務就是幫這些別人的孩子激發恆毅力。

每週我送女兒去芭蕾教室，總是有一位很棒的老師等著她們去上課。這位老師對芭蕾的熱情很有感染力，她和我一樣支持孩子，坦白講，她也比我的要求嚴格許多。學生上課遲到時，她會嚴厲地告誡他們，應該尊重別人的時間。學生要是忘了穿芭蕾舞衣來上課，或是忘了帶舞鞋，就只能坐在旁邊看其他的孩子上課，不准加入。學生的動作不對時，就不斷地重複練習與調整，

直到達到老師的高標準。有時，課程中也會穿插芭蕾舞的歷史介紹，以及說明每位舞者都有責任把芭蕾舞傳承下去。

很嚴苛嗎？我覺得不會。標準高嗎？真的很高。

所以露西和亞曼達不是在家裡，而是在芭蕾舞教室培養興趣、努力練習她們還不會的事情、為了比自己更大的目標努力，並且在終於有進步時，得到繼續嘗試的希望感。

我家的困難任務規定

我們家有一個「困難任務規定」（Hard Thing Rule），分成三部分。第一部分是每個人，包括爸爸媽媽，都必須做一件困難的任務。所謂「困難任務」是指需要每天刻意練習的事情。我已經告訴孩子，心理研究是我的困難任務，但我也練瑜珈。她們的父親在房地產開發方面做得愈來愈好，跑步也在進步。大女兒亞曼達選擇學鋼琴，她學過芭蕾舞幾年，但後來放棄了，小女兒露西也是。

這也帶出了困難任務規定的第二部分：你可以放棄，但是要等一季結束、學期結束，或是達到某個「自然的」截止點，才能放棄。你開始投入任何事情，至少要完成某個段落才能停止。換句話說，你不能因為某天老師罵你，比賽輸了，或著因為隔天早上要表演、不能去朋友家過夜而放棄。

最後，困難任務規定的第三部分是，你有權自己挑選那件困難的事。沒有人為你挑選，如果你對那件困難任務毫無興趣，

努力就沒什麼意義了。就連嘗試芭蕾舞，也是我們和女兒討論很多其他可能的選擇以後才決定的。

事實上，露西換了大約六種困難的事，她一開始對每一項都充滿熱情，但後來發現她不想繼續學芭蕾、體操、田徑、工藝或鋼琴。最後，她選定中提琴，目前已經學了三年，而且愈來愈有興趣。去年她加入學校及市區的交響樂團，最近我問她想不想把這件困難任務換成其他活動，她看我的表情好像我瘋了。

明年亞曼達就要上高中，後年換她的妹妹上高中，那時困難任務規定又會改變，將會加入第四項要求：她們都必須至少投入一項活動至少兩年，可以是新的事物，或是她們已經投入的鋼琴和中提琴。

這項規定很專制嗎？我不覺得。如果露西和亞曼達最近對這方面的評論不是為了刻意迎合我，她們應該也不覺得這項要求很無理。她們也希望隨著年齡的增長，變得更有恆毅力。她們知道恆毅力就像任何技能一樣，是需要練習的。她們也了解自己很幸運，能有機會做這些練習。

如果你是家長，想要培養孩子的恆毅力，又不想抹煞孩子自己選擇的能力，我建議你試試困難任務規定。

12

組織文化 周圍夥伴的驚人鞭策力

身分認同對恆毅力有強大影響

　　我第一次從頭到尾看完美式足球賽，是第四十八屆超級盃的冠軍戰，那是二〇一四年二月二日，由西雅圖海鷹隊出戰丹佛野馬隊（Denver Broncos），結果海鷹隊以43比8贏得冠軍。

　　奪冠隔天，海鷹隊的總教練卡羅接受某位前舊金山49人隊員的採訪。

　　訪問者說：「我以前在49人隊時，你也還在……身為49人隊的一分子，不只是球員，而是一種特殊榮譽。你和施奈德（John Schneider，海鷹隊的總經理）是抱持著什麼樣的理念在尋找球員？身為海鷹隊的球員代表著什麼？」

　　卡羅淡淡一笑說：「我才不要全部告訴你咧……」

　　「老兄，別這樣，快說啦。」

　　「我可以告訴你，我們要找的是優秀的競爭者，那是一切

的起點。那種人有恆毅力，一心只想成功，而且有本事證明他們可以做到。他們不屈不撓，不讓挫折阻礙他們，不會因為挑戰和障礙而退讓……我們要的就是那種態度，我們稱為恆毅力。」

卡羅說的話，還有前一天西雅圖海鷹隊的優異戰績，我一點都不意外。

為什麼呢？因為九個月前我接到卡羅的電話，顯然他剛看完我在TED上有關恆毅力的演講。兩種迫切的情緒促使他打了那通電話。

第一是他很好奇，聽完我的六分鐘TED演講後，他很想深入了解恆毅力這個主題。

第二是他感到很不滿，不是因為我講的內容，而是演講最後某部分刺激到他。我在那次演講中坦言，目前為止，關於培養恆毅力的相關科學少之又少。卡羅後來告訴我，他聽到我那樣講，幾乎要從椅子上跳起來，對著螢幕中的我大喊：**培養恆毅力正是海鷹隊的文化！**

那次我們大概講了一個小時的電話，我坐在賓州的辦公桌前，卡羅和同仁圍坐在西雅圖的電話擴音器邊。我告訴他我從研究中得到的資訊。他告訴我他在海鷹隊努力營造的文化。

「來西雅圖看看我們吧！我們所做的，就是幫球員變成優秀的競爭者。我們教他們如何堅持下去，發揮熱情，我們每天都在做這些事！」

小團體的大影響

無論我們是否意識到，我們身處的文化以及認同的文化，都以強而有力的方式塑造著我們。

我所謂的「文化」，不是區隔不同民族的地域或政治界線，也不是區隔「我們」和「他們」的無形心理界線。文化的根本概念是，由一群人的共同準則和價值觀定義而來的。換句話說，任何時候一群人對於他們做事的方式及原因有共識，就存在一種獨特的文化。至於其他人如何運作，當群體內外的對比愈強，群體內的關係會變得更加緊密深厚，心理學家稱那樣的團體是「內團體」（in-group）。

所以，西雅圖海鷹隊、KIPP特許學校以及任何國家都有真實的文化。如果你是KIPP人，你不只是學生而已。海鷹隊員和KIPP人有獨特的行事風格，而且他們那樣做是有原因的。同理，西點軍校也有延續了兩百多年的鮮明文化，但我們後面很快就會看到，那裡的文化也持續在演變。

對很多人來說，我們效勞的公司對我們的生活是一股重要的文化力量。例如，我成長的過程中，我爸爸喜歡以杜邦人自居。我們家的鉛筆都是公司發的，上面都有「安全第一」之類的浮雕。每次電視上播杜邦的廣告，爸爸的精神就來了，有時甚至還會附和廣告的旁白：「優質產品帶動優質生活。」我想，我爸爸只見過杜邦的執行長幾次，但是他每次講到執行長的卓越判斷力，好像在講我們家族的戰爭英雄似的。

你怎麼知道你是某個文化的一分子,而且某種程度上,文化也變成你的一部分?當你接納某種文化時,你對那個「內團體」會產生明確的效忠。你不是有點像海鷹隊,或有點像西點軍校生。你是一分子,或者不是;在團體內,不然就在團體外。你可以用一個代名詞來描述你的投入,而不只是一個形容詞或動詞,這一切都看你投入什麼樣的內團體。

關於文化和恆毅力,重點是:**如果你希望自己變得更有恆毅力,就加入恆毅力很高的文化。如果你是領導者,希望組織內的人變得更有恆毅力,你必須營造恆毅力的文化。**

———

最近我聯絡錢布利斯,就是第三章提到那位在職涯之初花了六年研究游泳選手的社會學家。

我問錢布利斯,他做了那個重要的專業研究,提出發人深省的結論以後,這三十年來,他對於那個結論有沒有改觀?例如,他是否依然覺得卓越人士的成功,天分並非關鍵要素?他是否依然主張,從業餘晉升到縣市和全國比賽水準,再到世界級或奧運級的專業好手,需要的是泳技的精進,而不只是泡在泳池內「更多小時」?那種出神入化的卓越,真的只是無數平凡行動的累積嗎?

上面的三個問題,答案都是肯定的。

「但是我遺漏了最重要的一點,」錢布利斯說:「想要成

為卓越的游泳好手，真正的作法是加入卓越的團隊。」

　　你可能會覺得那個邏輯很奇怪。你可能認為，一個人應該先成為卓越的游泳好手，接著才加入卓越的團隊。而且，卓越的團隊又不是每個人都肯收，需要先通過選拔賽，隊員人數也很有限。每個團隊都有標準，愈頂尖的團隊，成員想要維持高標的欲望就愈強烈。

　　但錢布利斯的意思是，團隊的特殊文化對加入的隊員會相互影響。根據他多年游泳的經驗，他看到卓越團隊和卓越隊員之間有交互的因果影響。事實上，他見證了性格發展的呼應原則：他看到有助於某種情境的特質，也反過來受到情境的強化。

　　「我開始研究奧運運動員時，我心想：『什麼怪人會每天清晨四點起床去游泳池練習？那些人肯定很特別，才會做這種事。』但事實上，當你身處在每個人每天清晨四點都去泳池練習的環境時，你也會開始那樣做，沒什麼大不了的，久而久之就變成習慣了。」

　　錢布利斯一再看到，新的成員加入團隊後，都比以前的成績進步了一兩級。新人很快就能符合團隊的規範和標準。

　　「以我自己為例，」錢布利斯補充：「我自己不夠自律，但是如果我周遭的人都在寫文章、到處演講、努力工作，我通常也會變得一樣起勁。我加入以某種方式做事的團體時，就會變得跟大家一樣。」

　　想要融入團體的動力確實很強大。歷史上一些最重要的心

理實驗證明，個人加入行動或思想不同的團體後，很快就會變得跟團隊一樣，而且通常是在不知不覺中同化。

錢布利斯指出：「所以我認為培養恆毅力有困難的方法，也有簡單的方法。困難的方法就是完全靠自己，簡單的方法就是運用從眾的力量，也就是人類想要融入團體的基本動力，因為當你周遭都是恆毅力很強的人，你也會在潛移默化下，變得更有恆毅力。」

文化決定你是誰

我對於文化對恆毅力的影響很感興趣，倒不是因為短期的從眾效應。

真正令我好奇的是，長期而言，文化還有塑造身分的力量。在合適的環境中待久了，團隊的標準和價值觀也會變成我們自己的標準和價值觀。我們會內化那些價值，銘記在心。「我們這裡的行事風及原因」最後會變成「我的行事作風和原因」。

身分會影響我們性格的每個面向，但是對恆毅力的影響特別大。我們恆毅力的高低（例如重新振作；熬完這個悲慘累人的夏天；明明自己只能跑三英里，卻和隊友一起跑五英里）往往會取決於我們的身分。我們的熱情和毅力通常不是來自精打細算的成本效益分析，而是來自於我們對身分的認同。

史丹佛大學的決策專家詹姆斯・馬奇（James March）用下面的方式解釋上述的差異：有時我們根據成本效益分析來做選

擇。當然，馬奇的意思不是說，我們決定中午吃什麼或幾點睡覺，還拿出紙筆與計算機精打細算。他的意思是說，有時候做抉擇時，我們會考慮到自己可能得到什麼效益，付出什麼成本，以及這些成本和效益發生的機率。我們可以在腦中心算這些東西。沒錯，我決定中午吃什麼或何睡覺，通常會先思考各種利弊才做決定，這很合理。

但馬奇也說，有些時候，我們不會深思行動有什麼後果，我們不會自問：「有什麼效益？有什麼成本？有什麼風險？」而是只問：「我是誰？這是什麼情況？像我這種人面對這種情況時會怎麼做？」

以下是一個例子：湯姆・狄爾奈（Tom Deierlein）來找我時，是這樣自我介紹的：「我從西點軍校畢業，曾是空降突擊隊員，兩度擔任執行長，創立與經營非營利組織。我一點都不特殊，唯一與眾不同的是，我特別有恆毅力。」

二〇〇六年夏天在巴格達服役時，狄爾奈遭到狙擊手擊中，子彈擊碎了他的骨盆和薦骨。大家都不知道怎麼把骨頭拼回來，也不知道就算拼回來還能恢復多少功能。醫生告訴他，他可能再也無法走路了。「你不了解我。」狄爾奈如此回應，接著他對自己承諾，他絕對要跑「陸軍十英里馬拉松賽」（Army Ten-Miler）。受傷以前，他一直在為那個馬拉松自我訓練。

七個月後，狄爾奈終於可以下床開始做復健。他非常努力，堅持不放棄，不僅完成指定的所有練習，自己又做了更多的

練習。有時候他會因為疼痛而發出痛苦的聲音，或是大聲地鼓勵自己。「其他的病患一開始有點吃驚，」狄爾奈說：「後來他們都習慣了，還會開我玩笑，學我發出那些聲音。」

做挑戰度較高的復健時，有時腿部會突然出現強烈的刺痛感。狄爾奈說：「只會持續一兩秒，但是一天之中會冷不防地出現好幾次，每次都嚇一大跳。」每天，狄爾奈都會設定目標，幾個月努力下來，付出的痛苦與汗水終於出現成效。後來，他可以推著助行器走路，接著用枴杖幫忙，最後可以自己行走。他愈走愈快，後來甚至可以在跑步機上抓著扶手跑幾秒，然後變成一分鐘，時間持續拉長。如此進步四個月後，他進入了停滯期。

「物理治療師說：『你已經完成復健了，你做得很好，』狄爾奈說：『我還會再來。』她說：『你已經做了該做的事，已經很好了。』狄爾奈說：『不，我還會再來。』」

狄爾奈在看不到明顯的進展以後，仍然繼續復健八個月。理論上，物理治療師已經不能再幫他治療了，但他還是自己回來使用復健器材。

那額外的幾個月復健有用嗎？可能有，也可能沒有。他自己也不確定額外的練習是否有助益。但他確實知道他可以開始為明年夏天的「陸軍十英里馬拉松賽」做訓練了。受傷之前，他原本設定的目標是七分鐘內跑完一英里，在七十分鐘內完成比賽。受傷後，他重新設定目標，改成一英里跑十二分鐘，在兩小時內完成比賽。他最後的成績？一小時五十六分鐘。

狄爾奈認為,跑馬拉松以及後來參加的兩次鐵人三項,並不是根據成本效益分析做的決定,「我只是無法接受自己因為不在乎或沒有嘗試而失敗,我不是那樣的人。」

熱情和毅力的成本效益分析不見得都很划算,至少短期來看是如此。放棄目標、繼續前進往往是看似比較「合理」的選擇。發揮恆毅力的效益,通常要經過數年以後才看得到。

所以,如果你想要了解恆毅力很強的人,應該了解他所在的文化與身分。預期的成本和效益無法解釋他們的選擇,從身分認同的邏輯才能解釋清楚。

芬蘭精神 Sisu

芬蘭人口僅五百多萬,比紐約的人口還少。緯度極高,嚴冬時期每天只有六小時日光。歷史上,這個寒冷的北歐小國曾被強鄰數度入侵。這些氣候與歷史上的挑戰是否會影響芬蘭人對自己的看法,是個很好的問題。不過,無可否認的是,芬蘭人認為他們是世界上數一數二恆毅力過人的民族。

芬蘭語中,最接近「恆毅力」的詞彙是sisu(發音是「希甦」),以恆毅力來翻譯sisu並不完美。恆毅力是指懷抱熱情去完成某個頂層目標,並且有毅力堅持到底。sisu其實只是毅力,尤其sisu是指內在力量的來源,是一種心理資本,芬蘭人認為那是與生俱來的芬蘭傳統。就字面意義來說,sisu是指一個人的內在,是一種膽識與魄力。

一九三九年，芬蘭與蘇聯的冬季戰爭（Winter War）中，芬蘭居於劣勢，蘇聯大軍的兵力是芬蘭的三倍，戰機數量是芬蘭的三十倍，坦克數量更是芬蘭的一百倍。但是芬蘭軍隊硬是撐了好幾個月，遠比蘇聯或任何人預期的還長。一九四〇年，《時代》雜誌做了一篇sisu的專題報導：

　　　　芬蘭人有所謂的sisu精神，是一種結合威武與堅韌、在多數人放棄時仍堅持奮戰到底的能力、以及抱著必勝的信念奮鬥。芬蘭人把「sisu」翻譯成「芬蘭精神」，但是那個字本身的意義其實更有魄力。

　　同年，《紐約時報》也做了一個專題，名叫〈希甦：芬蘭的代稱〉（Sisu: A Word That Explains Finland）。一位芬蘭人向記者描述他的同胞：「典型的芬蘭人很固執，他們相信，只要證明自己能忍受更糟的情況，就能擊敗厄運。」

　　我對大學生談恆毅力這個主題時，喜歡稍微岔題聊一下sisu。我反問學生：我們能不能像海鷹隊的教練卡羅所想的那樣，培養一種鼓勵與支持sisu和恆毅力文化？

　　幾年前，我在演講中提到sisu時，年輕的芬蘭女生艾蜜莉亞‧拉提（Emilia Lahti）正巧就坐在觀眾席。演講結束後，她馬上來找我，確認我這個外人對sisu的觀點是正確的。我們都覺得應該要有一套系統化的方式研究sisu，調查芬蘭人對sisu的看法，以及sisu精神是如何流傳下來的。

　　隔年，拉提變成我的研究生，她的碩士論文就是探索這些

問題。她訪問一千名芬蘭人對sisu的想法，發現多數芬蘭人對於發展抱持著成長思維。當他們被問：「你覺得sisu可以努力學習或培養嗎？」有83％的受訪者表示可以。一位受訪者舉例：「參加芬蘭的童軍活動時，森林中有可能是才十三歲的孩子帶領著十歲的孩子，那和sisu似乎有點關連。」

身為科學家，我其實不是很相信芬蘭人或任何民族的內在會蘊藏著某種能量，等著關鍵時刻釋放出來。不過，我們可以從sisu學到兩個重要的啟示。

第一，當我們認為自己能夠克服極大的逆境時，往往會產生證實這種自我概念的行為。如果你是具備sisu精神的芬蘭人，無論如何你都會再接再厲，繼續努力。同樣的，如果你是西雅圖海鷹隊，你會覺得自己是競爭者，你具備成功需要的條件，不會讓挫折絆住你，你是恆毅力很高的人。

第二，即使內在能量的概念有點不實際，但那個比喻其實很貼切。有時我們覺得自己已經束手無策，但是在那些黑暗又絕望的時刻，我們發現只要持續把一腳跨到另一腳之前，繼續前進，總是有辦法完成不可能的任務。

領導人溝通再溝通

sisu的概念在芬蘭文化中已經存在好幾世紀，但文化可以在更短的時間內培養出來。我在了解恆毅力的培養過程中，遇到幾個組織的領導者恆毅力特別高，我認為組織在他們的領導下，已

經培養出恆毅力文化。

以摩根大通的執行長傑米・戴蒙（Jamie Dimon）為例，摩根大通共有二十五萬名以上的員工。戴蒙不是唯一會說「我生為摩根大通人，死為摩根大通魂。」這種話的人，其他階層遠低於他的員工也會說：「我每天為客戶做的事情很重要，這裡每個人都不可或缺。每個細節、每個員工都很重要⋯⋯身為這家卓越公司的一分子，我很自豪。」

摩根大通是美國最大的銀行，戴蒙擔任執行長超過十年。二〇〇八年金融危機爆發時，戴蒙帶領銀行安度危機，有些銀行完全崩垮，摩根大通依然有五十億美元的獲利。

巧的是，戴蒙的母校布朗寧中學（Browning School）的校訓是grytte，就是grit的古英文體。在一八九七年的校刊中，grytte的定義是「堅定、勇氣、決心⋯⋯只要憑著這個精神，就能達成一切任務」。高中最後一年，戴蒙的微積分老師心臟病發，代課老師又不懂微積分，一半的同學退選那門課，另一半（包括戴蒙）決定繼續修那門課，整個學年都在另一個教室裡自學。

我打電話向他請教他在摩根大通營造的文化時，他對我說：「你必須學習克服路上的顛簸、犯錯和挫折。失敗一定會發生，你如何面對失敗，可能是你能否成功最重要的關鍵。你需要強烈的決心，承擔責任。你稱之為恆毅力，我稱之為剛毅（fortitude）。」

剛毅之於戴蒙，就像sisu之於芬蘭。戴蒙回憶他三十三歲被

花旗銀行開除時，花了一整年的時間思考那次失敗的教訓，那次經歷使他變成更好的領導者。他深信「剛毅」這個特質，甚至把它變成整個摩根大通銀行的核心價值。「最重要的是，隨著時間經過，我們都需要成長。」

我問他，面對如此龐大的企業，領導者真的有可能影響其企業文化嗎？誠然，有人形容摩根大通的文化宛如「戴蒙教派」，但摩根大通還有成千上萬名員工是戴蒙從未親自見過的。

戴蒙回答：「當然可能，那需要持續不斷、堅持不懈的溝通。重點是你說什麼以及怎麼說。」

溝通的頻率也有關係。大家都說戴蒙會孜孜不倦地宣揚理念，跑遍全美參加員工大會。在某場員工大會上，有人問他：「你挑選領導團隊時，注意哪些特質？」他回答：「能力、性格，以及他們對待別人的方式。」後來他告訴我，他挑選資深管理者時，會問自己兩個問題：「我不在時，會放手讓他經營事業嗎？」，以及「我會讓我的孩子在他底下做事嗎？」

戴蒙經常引述前美國總統羅斯福（Teddy Roosevelt）的一段話：

> 榮耀不屬於批評的人，也不屬於那些指責落難勇士，或挑剔別人哪裡該做得更好的人。榮耀屬於站在競技場上的勇者，屬於臉上沾滿塵土與血汗，還是繼續英勇奮戰的人。他有時會犯錯，甚至一錯再錯，畢竟錯誤與缺失在所難免。但他知道要奮戰不懈，滿腔

熱血，全力以赴，投身崇高志業。他知道最好的結果是功成名就，即使不幸落敗，至少他放膽去做了。所以他的地位永遠不會和那些不懂勝負、冷淡與膽怯的旁觀者一樣。

戴蒙把羅斯福的詩句改寫成散文，收錄在摩根大通的員工手冊，標題是〈我們的經營之道〉（How We Do Business），內文包括：「做任何事都要有強烈的決心」、「展現決心、剛強、堅韌」、「別讓暫時的挫折成為永久的藉口」、「把錯誤和問題視為進步的機會，而不是放棄的理由。」

避免核心價值落入平庸

安森·鐸蘭斯（Anson Dorrance）的挑戰，是為一小群人培養恆毅力。確切地說，是三十一名女生，北卡羅來納大學教堂山分校（University of North Carolina at Chapel Hill，簡稱UNC）的女子足球隊全體隊員。鐸蘭斯是女子足球史上贏球紀錄最多的教練，包括三十一年比賽中奪得二十二次全國冠軍；一九九一年指導美國女足國家隊奪得第一個世界冠軍。

年輕時，鐸蘭斯是UNC男子足球隊的隊長。他不是特別有天分，但是練習與比賽時的每分每秒，他都卯足全力，積極應戰，所以隊友幫他取了「拼命三郎」的綽號。他的父親曾說：「安森，你是我見過最有自信、但毫無天分的人。」鐸蘭斯一聽馬上回應：「爸，多謝誇獎。」多年後，鐸蘭斯擔任教練，他

說：「天分人皆有之，你投入多少心力去開發天分，才是衡量卓越程度的最後關鍵。」

鐸蘭斯的許多崇拜者認為，他在足球界的空前成就，要歸功於招募到對的人才。「根本不是那樣，」他告訴我：「有五、六所學校經常搶走我們要招的人，我們戰績優異的關鍵在於球員加入我們之後的培訓，重點是我們的文化。」

鐸蘭斯說，文化塑造是持續不斷的實驗。「基本上，我們什麼都會嘗試，只要行得通，我們就會保留下來。」

例如，鐸蘭斯得知我的恆毅力研究後，要求每位球員填寫恆毅力量表，確定每個人都知道自己的得分。「坦白說，我真的很震驚。除了一兩題例外，妳的恆毅力測試根本就是我想拿來衡量她們的方式。」鐸蘭斯現在要求整個球隊每年春天都要做一次恆毅力量表，才能「更了解成功人士的關鍵特質」。每個球員都會知道自己的得分，因為鐸蘭斯說，「恆毅力量表充分掌握了他們的現況，也暴露他們的不足。」球員每年都會重新檢測，比較當前與過去的恆毅力差異。

另一個常用的實驗是折返跑測試，在球季剛開始時進行。所有球員排成一排，肩並肩，聽到鳴笛聲響起，就往二十米外的另一條線跑，並在下一聲鳴笛響起時，跑回原來那條線。這樣來回跑了幾次以後，鳴笛的間隔愈來愈短，跑的速度必須加快。幾分鐘內就從慢跑變成衝刺，但鳴笛的間距仍持續縮短，球員開始趕不上鳴笛的速度，逐一筋疲力竭，趴在地上。球隊會仔細記錄

每位球員折返跑的耐力時間，連同球員受訓及比賽的其他記錄，一起貼在更衣室讓大家看。

折返跑測試最初是由加拿大的運動生理學家設計，用來測量有氧能力最大值。但衡量體能只是鐸蘭斯愛用這個測試的原因之一，就像一九四〇年代哈佛疲勞實驗室的研究人員設計跑步機測試，以身體的痛苦程度來衡量毅力，鐸蘭斯覺得折返跑測試也可以測試性格。「測試前，我會先向球員說明這項測試的用意，」他告訴我：「如果你的測試成績不錯，那表示你整個暑假都在訓練，很自律；或者你的心智很堅強，足以應付多數人不能忍受的痛苦。當然，最好你是兩者兼具。」在第一聲鳴笛響起以前，鐸蘭斯宣布：「各位，這是你的心智考驗！開始！」

鐸蘭斯還用什麼方式塑造恆毅力文化？他就像戴蒙一樣，也非常重視溝通。那當然不是他唯一做的事情，但是他以前是哲學和英文的雙主修，所以特別重視語言的力量。「對我來說，語言是一切。」

多年來，鐸蘭斯精心整理出十二條專門界定UNC足球隊員（而不是一般平凡的足球隊員）的核心價值觀。他告訴我：「想要塑造卓越的文化，就要有一套每個人謹守的核心價值觀。」UNC球隊的核心價值觀中，有一半和團隊精神有關，另一半和恆毅力有關，兩者合起來界定了他們所謂的「競爭淬煉」（competitive cauldron）。

但我指出，很多組織也有核心價值觀，但大家都光說不

練。鐸蘭斯也認同我的說法，他說：「當然，那是因為那些說法毫無鼓舞作用，那樣的文化裡面沒有值得努力的東西，我的意思是說，那些東西都太平庸了！」

鐸蘭斯避免核心價值觀落入平庸的方式，就某些方面來說，完全跳脫框架，但同時也讓人覺得那正是他那種人文背景的人才能想出的妙方。

某天，鐸蘭斯讀到一篇有關俄羅斯流亡詩人及諾貝爾文學獎得主約瑟夫・布羅茨基（Joseph Brodsky）的文章，突然有了靈感。文章指出，布羅茨基要求哥倫比亞大學的研究生，每學期熟背數十首俄羅斯的詩詞。當然，多數學生認為這種要求不合理又老套，還到他的辦公室抗議。布羅茨基說，他們要怎樣做都無所謂，但是他們不背詩的話，就拿不到博士學位。鐸蘭斯說：「學生垂頭喪氣地離開了他的辦公室，乖乖地回去背詩。」但接下來發生的事，鐸蘭斯說「有如脫胎換骨」，那些學生一開始背詩後，突然間「覺得整個人都徹底俄羅斯化了」，書上的白紙黑字全都活了起來。

鐸蘭斯不只把文章當故事看，看完就算了，他馬上領悟到這篇文章和他想達成的頂層目標有關。就像他讀過、看過或做過的每件事一樣，他問自己：「這能如何幫我培養出我想要的文化？」

每年你加入鐸蘭斯的足球隊，都必須記住三句不同的文學引文，每一句都是經過精挑細選，傳達不同的核心價值觀。鐸蘭

斯給球隊的備忘錄寫道：「賽季前的集訓，你會在全隊面前接受考驗；每場聯賽以前，你也會再次接受考驗。你不僅要背得滾瓜爛熟，還必須融會貫通，時時刻刻謹記在心……」

到了大四，鐸蘭斯的球員都已經熟背那十二句話。他們的第一項核心價值觀是「我們不抱怨」（We don't whine.），鐸蘭斯挑選的對應金句是劇作家蕭伯納的名言「人生的真正樂趣是成為主宰命運的強大力量，而不是怨天尤人，覺得世事為什麼沒有盡如你意。」

√ 有要求，也有尊重

逐字背誦是西點軍校自豪的百年傳統，你可以在西點人所謂的《軍號寶典》（Bugle Notes）中，看到裡面洋洋灑灑列出所有一年級新生都必須背誦的歌曲、詩詞、規範、信條和雜記。

但西點軍校目前的校長羅伯・卡斯蘭中將（Lietenant General Robert Caslen）率先指出，即使學員把那些文字背得滾瓜爛熟，如果行為是背離的，文化也無法維持下去。

以「史科菲爾德對紀律的定義」（Schofield's Definition of Discipline）為例，那些文字最早是一八七九年，當時的校長約翰・史科菲爾德（John Schofield）對學員的演講詞，如今西點軍校的學生都背得滾瓜爛熟，講稿一開始就提到：「自由國家的軍人在戰爭中非常可靠，那種紀律不是以嚴苛或暴虐訓練出來的。暴政比較可能毀滅、而不是鍛鍊軍隊。」

史科菲爾德接著說（西點軍校的學員也必須銘記），同樣的命令可能激發忠誠心，也可能種下怨恨的種子，差別在於一個關鍵：尊重。是部下尊重指揮官嗎？史科菲爾德說，不是。卓越的領導源自於指揮官對部下的尊重。

新生背誦著史科菲爾德這番激勵人心的話語時，卻同時遭到學長的吼叫辱罵。一九七一年，羅伯・卡斯蘭還是十八歲的新生，他背著這些文字，覺得非常諷刺。那個年代，欺負霸凌行為不僅被容許，甚至還有人鼓勵。「那個年代認為，活下來的人才能成功，」卡斯蘭回憶道：「應付各種辱罵、欺侮不只是身體上的挑戰，也是心理上的考驗。」

事實上，四十年前參與野獸營的新生中，有170人在野獸營結束以前就退出了，比例是12％，比我十年前去西點軍校做研究時的退出率多了一倍。去年的退出率已經降至2％以下。

退出率下滑的原因之一，是霸凌行為消失了。長久以來，很多人把欺負新生視為鍛鍊未來軍官的必要磨練。他們認為欺凌的第二個效益是去蕪存菁，有效淘汰撐不下去的弱者。數十年來，校方允許的欺負新生儀式逐漸減少。一九九〇年，校方正式明文禁止任何欺凌行為。

所以，消除欺凌也許是上個世紀末野獸營退出率逐漸下滑的原因，但是過去十年退出率迅速下滑又是什麼原因？難道是西點軍校的招生處現在比較會篩選恆毅力高的學生嗎？根據逐年收集的恆毅力量表資料，絕對不是這個原因。從西點軍校開始收集

恆毅力量表開始，每年新生的恆毅力平均分數並未改變。

卡斯蘭指出，關鍵在於西點軍校刻意改變了文化。「**奉行『倖存者才能成功』的信念時，屬於消耗模式，**」他解釋：「相對的，**還有另一種領導力，我稱為發展模式**。標準都一樣很高，但前者是運用恐懼，逼部下達到高標，後者則是有你在前方領導。」

在戰場上，「前方領導」（leading from the front）顧名思義就是跟士兵一起到前線，跟他們一起奮戰，冒著同樣的生命危險。在西點軍校，那表示無條件地尊重學員，當學員無法達到軍校的超高標準時，找出他們需要的支持，幫他們達到目標。

卡斯蘭解釋：「以體能測試為例，如果學員無法跑完兩英里，我身為領導者，會把他們找來，跟學員一起設計訓練課程，我會確保訂出的計畫是合理的。到了下午，我會說：『好，我們去跑步。』或『我們去操練。』或『我們去做間歇訓練。』我自己會在前頭領著學員達到標準。本來達不到高標的學員，往往會突然受到激勵，一旦他們開始進步，動力就會增強，達到標準時，他們的信心又會進一步提升。在某個時刻，他們會自己想出解決的方法。」

卡斯蘭的說明，讓我想起西點軍校生狄爾奈分享的故事。他以前受訓成為空降突擊隊員時，訓練比野獸營還要嚴峻。某次訓練時，他懸掛在岩壁上，身體的每吋肌肉都在發抖著抗議。在那之前，他已經攀爬失敗一次。狄爾奈對著站在岩壁上頭的突擊

隊訓練官大喊：「我不行了。」他說，「我原本預期他會回：『那就放棄吧！你這個窩囊廢！』但他卻對我說：『你可以的！快爬上來！』結果我真的爬上去了，於是我對自己發誓，以後絕對不再說：『我不行了。』」

外界有些人批評西點軍校的新文化，面對這些批評，卡斯蘭指出，其實現在要從西點軍校畢業的學術、體能、軍事標準都比以前更嚴格。他深信西點軍校現在培育出來的領導者會比以前更精良、堅強、更有領導力。「如果你想用吼叫辱罵的多寡來衡量西點軍校的優秀程度，我也只好讓你繼續抱怨了。吼叫辱罵對現在的年輕一輩是沒有效果的。」

除了客觀的績效標準，過去十年西點軍校還有哪些地方沒變？禮貌和禮儀規範還是一樣嚴格，所以我造訪西點時，頻頻看錶，確定每一場會議都提前抵達，而且我不加思索就以「先生」或「女士」尊稱我見到的每位男女。此外，西點軍校生在正式場合穿著的灰色制服也完全沒變，整整延續了兩百多年。還有，西點軍校生經常掛在嘴邊的俚語也沒變，包括一些外人會聽不懂的術語，例如firsties是指「四年級學員」，spoony是指「外表乾淨俐落」、huah則可以表示「我懂你」、「賣力」、「我同意」、「幹得好」等意思。

卡斯蘭沒有天真地認為，西點軍校的四年文化可以讓學員的恆毅力從2分或3分提升到5分。但是話又說回來，那些歷經兩年入學審查而進入西點的校隊運動員、學生會長、畢業生

代表本來恆毅力就不低。重要的是，卡斯蘭看到學員改變、發展、培養出成長思維。「你永遠不知道誰會變成史瓦茲柯夫（Schwarzkopf，波灣戰爭的名將，美軍「沙漠風暴」的統帥）或麥克阿瑟。」

每個夥伴都是榜樣

海鷹隊總教頭卡羅打電話給我討論恆毅力之後過了兩年，我搭機前往西雅圖。卡羅曾說，海鷹隊塑造的是NFL內最有恆毅力的文化，我想親眼看看那是什麼意思。

那時我已經讀過他的自傳《永遠獲勝》（*Win Forever*），他在書中談到在人生中發現熱情和恆毅力的力量：

> 我學到一點，只要你為自己設定願景，堅持到底，人生就會出現奇蹟。我自己的經驗是，一旦設定明確的願景，你為了維持那個願景而投入的紀律和努力，將會實現一切，兩者是相輔相成的。你設定願景的當下就已經啟程，但是唯有勤奮、堅持到底，才可能走到終點。時時傳達這個道理給每位球員，是我一生的志業。

我也看了卡羅在許多訪談中談論恆毅力與文化。有一次訪談是在南加大的禮堂進行，卡羅曾是南加大特洛伊人隊的教練，在九年內領導該隊參加七次冠軍賽，奪得六次冠軍。那次訪談，卡羅是以貴賓的身分返校。主持人對卡羅說：「跟我們談談你最

近學到什麼？」卡羅提到，他最近發現我的恆毅力研究，並說研究呼應了他自己數十年來醞釀的教練方式。卡羅說他的教練團隊透過無數的「比賽機會、關鍵時刻和說明」強化恆毅力文化，「其實我們所做的，就只是讓隊員變得更有恆毅力而已，教他們如何堅持到底，向他們示範如何展現更多的熱情。」

接著他舉了一個例子。實務上，海鷹隊就是為了贏球而參賽，進攻和防守的球員都卯足全力競爭，抱著殲滅敵人的幹勁上場。每週的競爭練習（他們稱之為「競爭星期三」）是鐸蘭斯率先提出的概念，卡羅設計自己的教練方式時，拜讀了鐸蘭斯暢談球隊指導的著作。「如果你把比賽想成誰贏誰輸，那就搞錯重點了……對手正是淬練我們的人。」卡羅解釋，對手創造了挑戰，幫我們變成更好的自我。

外人很容易忽略海鷹隊的這個重點文化，「很多人剛加入時沒辦法馬上領悟，」卡羅說：「他們還不明白，但有一天就會了解。」對卡羅來說，這表示他必須以最透明的方式，分享腦中思考的一切、他的目標、他的指導原理。「如果我不談這些東西，他們就不會知道，他們會老是想：『我們到底是會贏？還是會輸？』但是當我們談得夠多時，他們就會開始明白競爭真正的意義。」

卡羅坦言，有些球員相當優秀，他們能教別人的東西比他們需要學的還多。例如，海鷹隊的游衛厄爾‧湯瑪斯（Earl Thomas）是卡羅見過「最有競爭力、最有恆毅力的傢伙……他

以驚人的強度鞭策自己練習，專注、研究與投入每件事。」不過，文化的效果之所以神奇，是因為一個人的恆毅力可以成為其他人的榜樣。每天，湯瑪斯都「以各種方式展現他的恆毅力。」如果每個人的恆毅力都能提升其他人的恆毅力，久而久之，就會出現之前提到的社會學家弗林所說的「社群乘數效應」。某種程度來說，這種激勵效果就像貝佐斯童年自製的無限反射立方體，一個人的恆毅力提升了其他人的恆毅力，又反過來激勵對方的恆毅力變得更高，如此不斷地相互影響，永無止境。

湯瑪斯對於身為海鷹隊員有什麼感想？「從我加入的第一天開始，隊友就持續鞭策著我，他們幫我變得更好，反之亦然。你必須真心地感謝有一群願意奮鬥、相信體系、永遠不安於現狀、持續進化的隊友。你會驚訝於這種謙卑樸實的態度，能夠造就的境界與高度。」

————

等到我終於有機會造訪海鷹隊的訓練設施時，我的好奇心已經加倍了。連續兩年打進冠軍賽是多麼困難，但海鷹隊在贏得冠軍的隔年，又再次打進超級盃。前一年海鷹隊奪冠時，球迷用藍色和綠色的彩帶上街遊行慶祝，那是西雅圖史上最盛大的公共遊行。但是今年海鷹隊不幸落敗，球迷們無不為了這個運動評論家所謂「NFL史上最糟的決定」哀嚎落淚，咬牙切齒。

以下是那次球賽關鍵時刻的概要：比賽結束前二十六秒，

海鷹隊控球，離贏得比賽的觸地得分只差一碼。大家都預期卡羅會決定以跑陣達陣，不只是因為達陣區很近，也因為海鷹隊有馬相・林區（Marshawn Lynch）這位暱稱是「野獸模式」的球員，大家都普遍認為他是NFL裡最優秀的跑鋒。

結果，海鷹隊的四分衛羅素・威爾森（Russell Wilson）傳球被攔截，新英格蘭愛國者隊因此奪冠。

第四十九屆超級盃是我這輩子第三次從頭到尾看完的美式足球賽（第二次是前一週海鷹隊贏得冠軍賽資格的那場比賽），我實在無法評論「傳球、而不是跑陣」這個決定是否代表教練誤判。我抵達西雅圖時，更好奇的是卡羅及全隊上下對這次輸球的反應。

卡羅的偶像籃球教練伍登（John Wooden）喜歡說：「成功絕非定局，失敗亦非絕境，勇氣才是關鍵。」我想知道恆毅力的文化是如何在成功的光暈中以及失敗的餘波中延續下去，我想知道卡羅和海鷹隊如何找到繼續前進的勇氣。

LOB：情同手足

回顧起來，我發現那次造訪有一種「臨在當下」（in the moment）的感覺：

第一站我先到卡羅的辦公室。確實是角落的私人辦公室，但是不大也不豪華，而且大門顯然是永遠開著的，裡面播放的搖滾樂連走廊都聽得到。卡羅傾身向前問：「安琪拉，你今天打算

做什麼？」

我解釋我來訪的動機。今天，我是人類學家，來這裡了解海鷹隊的文化。如果我有人類學家常戴的探險帽，我會戴著那頂帽子來考察。聽我這樣一說，卡羅當然很興奮。他告訴我，那不只是一件事，而是上百萬個細節，是深具內涵、獨樹一格的。

與海鷹隊相處一天後，我也同意他的說法。文化是無數小細節組成的東西，每個細節都是可被執行的，但是每一個也都很容易出錯、被遺漏或忽略。就算看似有無數的細節，其中仍有一些主題脈絡可循。

最明顯的是語言。卡羅旗下有幾位教練，其中一人說：「我會講流利的卡羅語。」流利的卡羅語就是流利的海鷹語：**隨時處於競爭模式，做每件事都要有競爭意識。你是全職的海鷹人，堅持到底，強勢收場，積極正面的自我對話、團隊至上。**

我和海鷹隊相處的那天，聽到球員、教練、球探無數次熱情地提起這些話，他們總是信手拈來就能一字不差地引述。卡羅很喜歡說：「沒有同義詞這回事。」為什麼？「想要有效溝通，語言就要精確。」

我那天見到的每個人，言談之間總會夾帶幾句卡羅語。雖然沒有人像這位六十三歲的總教練那樣，洋溢著十幾歲少年的無限活力，但海鷹家族（他們喜歡如此自稱）的其他人都一樣熱心地幫我解讀這些格言金句的意義。

他們告訴我，「競爭」不是我想的那樣，不是戰勝別人

（一個總是令我不安的概念），他們的競爭是指卓越。邁克·賈維斯（Mike Gervais）說：「compete這個字來自拉丁文。」賈維斯原本是衝浪選手，如今是運動心理學家，與卡羅合作，塑造球隊的文化，「字面意思就是『共同奮鬥』（strive together），那個字的起源和最後誰輸誰贏完全無關。」

賈維斯告訴我，有兩個關鍵因素會促進個人與團隊的卓越：「深厚的支持，以及不斷地挑戰自己進步。」聽他這麼一說，我豁然開朗。支持與嚴厲的親子教養是明智的，可以鼓勵孩子效法家長，所以支持與嚴厲的領導也有同樣的效果。

我開始懂了。對這個職業足球隊來說，他們的目標不單只是擊敗其他的球隊，而是挑戰今天的自己，讓明天的自己變得更好，目標是不斷地追求卓越。所以對海鷹隊來說，「隨時處於競爭模式」是指「全力以赴，不遺餘力，竭盡所能。」

開完一場會議後，一位助理教練在走廊上追過來告訴我：「我不知道有沒有人跟妳提過『收場』（finishing）的概念。」

收場？

「我們這裡很強調的一個概念是強勢收場（finishing strong）。」接著他舉例說明：海鷹隊強勢收場，奮戰到比賽的最後一分一秒，奮戰到球季的最後一刻，奮戰到每次集訓結束。我問道：「但是為什麼只強調強勢收場？強勢開場不是也很重要嗎？」

教練說：「沒錯，但是強勢開場很容易，對海鷹隊來說，

『收場』不是真的『結束』。」

當然不是，強勢收場是指自始至終每分每秒都全神貫注，全力以赴。

不久我就發現，不是只有卡羅在宣揚這些理念。有一場由二十幾名助理教練參加的會議，會中全場突然整齊劃一地唱誦：**沒牢騷、沒抱怨、沒藉口**。那感覺就像被一群男中音的合唱圍繞者。在這之前，他們唱道：「始終保護團隊」，最後則唱：「提早到場」。

提早到？我告訴他們，讀了卡羅的自傳以後，我下定決心也要做到「提早到」，但目前我還沒做到，我這樣一說，引起幾位教練笑了起來。顯然不是只有我有這個難題。不過，我這樣講以後，一位教練就開始說明為什麼提早到很重要：「那是尊重，代表你在乎細節，講究卓越。」好好好，我懂了。

中午，我向球隊演講，談恆毅力這個主題。在那之前，我已經與教練和球探談過類似主題，之後我也對著前場的全體工作人員做了同樣的演講。

後來，我和多數的球員一起共進午餐。一位球員問我，他該如何處理弟弟的狀況。他說，他的弟弟很聰明，但現在成績每況愈下。為了鼓勵弟弟，他買了全新的Xbox遊戲機，還沒開封，放在弟弟的房間裡。兄弟倆約定，成績單出來如果全部拿A，就可以拆封。一開始這招似乎有效，但後來弟弟的成績又開始下滑了。他問我：「我應該直接給他Xbox嗎？」

我還沒回答，另一位球員就說：「老兄，也許他就是沒有能力拿A啊。」

　　我搖頭：「聽起來，你弟弟有足夠的聰明才智可以拿A，他以前就做到過。」

　　那位球員說對：「他很聰明，相信我，他是個聰明的小孩。」

　　我還在思考對策時，卡羅就興奮地搶著說：「首先，你絕對不能直接把那台遊戲機給他，你已經激發了他的動機，那是不錯的開始，開始之後，接下來呢？他需要指導！他需要有人跟他解釋，他需要做什麼才能恢復好成績，具體的細節是什麼。他需要計畫，需要你幫忙找出後面的步驟。」

　　這番話讓我想起當天一早卡羅說過的話：「每次我做決定或是對球員說什麼，我都會想：『我會怎麼對我自己的孩子？』你知道我最擅長什麼嗎？我最擅長當爸爸，就某方面來說，那也是我帶球隊的方式。」

　　當天參訪結束時，我站在大廳等待計程車，卡羅在一旁陪我，要確定我平安離開。我突然想到我還沒有直接問過他，他和海鷹隊在經歷「史上最糟的決定」後，如何找到繼續前進的勇氣。卡羅後來告訴《運動畫刊》（*Sports Illustrated*），那不是最糟的決定，而是「最糟的可能結果」。他解釋，那件事就像任何的負面經驗及正面經驗一樣，「會變成你的一部分，我不會忽略它，我會面對它。當它在腦海中浮現時，我就會去思考它，再接

再厲，善用那次經驗！好好運用！」

　　就在我離開之前，我轉過身，抬起頭，看到二十英尺高的地方，掛著一英尺高的鉻合金大字「character」（品格）。我手上抓著藍綠相間的海鷹隊紀念包，裡面裝著幾個藍色的橡膠手環，印著綠色的「LOB: Love Our Brothers」（情同手足）字樣。

讓我們重新定義天賦

　　這本書探討了運用恆毅力來發揮潛力。我寫這本書是因為，我們一生的成就，主要是看恆毅力而定，也就是對長期目標的熱情和毅力。太在乎天分，讓我們忽略了這個簡單的道理。我用這本書分享我研究恆毅力的心得。就快講完了。最後我想以幾個想法作為結尾。

　　第一，恆毅力是可以培養的。我認為有兩種作法，你自己可以「從內而外」培養恆毅力：你可以培養興趣；養成習慣，每天做挑戰自己能力的練習；設定一個超越自我的目的；受到挫折時不放棄希望，再接再厲。

　　你也可以「從外而內」培養恆毅力。周遭的人也是影響你恆毅程度的關鍵，家長、教練、老師、老闆、導師、朋友都可以成為助力。

我的第二個想法是和快樂有關。成功——無論是贏得全國拼字比賽、完成西點軍校的新生考驗，或是年度業績奪冠——不是你唯一在乎的東西。你當然也希望過得快樂，快樂和成功雖然有關，但不是同一件事。

你可能很想知道，如果我變得更有恆毅力，更成功，會不會變得很不快樂？幾年前為了回答這個問題，我做了一項調查，訪問兩千位美國成年人。右圖顯示恆毅力和生活滿意度的關係，滿意度介於7到35之間，衡量項目包括「如果人生可以重來，我幾乎不會改變任何事。」在同樣的研究中，我衡量正面情緒（例如興奮）和負面情緒（例如羞愧）。我發現一個人恆毅力愈高，他愈有可能過著情緒健康的生活。即使是在恆毅力量表的頂端，恆毅力和幸福還是呈正相關，無論我如何衡量都是如此。

我和學生一起發布這項結果時，結論寫道：「恆毅力非常高的人，他的配偶和孩子是否也比較快樂呢？他們的同事和員工感覺如何呢？恆毅力可能帶來的缺點，仍需要進一步的探索。」

對於那些問題，我自己也還沒有答案，但我覺得那是值得探索的問題。我訪問恆毅力典範時，他們告訴我，為了比自我還要遠大的目的努力奮鬥，有多麼令人振奮，但我看不出來他們的家人是否也有同感。

例如，我不知道那麼多年致力投入如此重要的頂層目標，是否造成一些代價，是我尚未衡量的。但我確實問過兩個女兒，在恆毅力很高的母親身邊成長是什麼感覺。她們看著我嘗試去做

生活滿意度

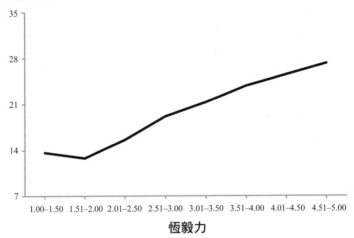

從未做過的事，例如寫書，也看過我遇到困難時落淚。她們看過學習各種可以學會、但困難度很高的技巧時有多麼痛苦。她們在晚餐時間過：「我們非得無時無刻討論刻意練習嗎？為什麼任何東西講到最後都要拉回妳的研究？」

亞曼達和露西當然會希望我放鬆一點，多聊聊像泰勒絲（Taylor Swift）那樣的熱門流行歌手。但她們並沒有希望自己的母親是恆毅力很低的人。事實上，她們也嚮往自己可以做到同樣的境界。為自己及他人投入重要的事物時，即使非常困難，但是把事情做好很有成就感。她們都看過那種成就感，也希望多體驗那種感覺。她們知道自滿雖然感受很快活，但並不值得為此放棄發揮潛力的滿足感。

另一個我在研究中尚未回答的問題是：你有可能恆毅力「太高」嗎？

　　亞里斯多德認為，好的東西太多或太少都不好。例如，他覺得勇氣太少是怯懦，勇氣太多是魯莽。照這個邏輯來看，你也可能太善良、太大方、太老實、太自制。心理學家格蘭特和史瓦茲曾經回頭檢驗這個論點。他們推測，任何特質的效益都是呈現倒U型，最佳狀態是落在兩個極端之間。

　　格蘭特和史瓦茲發現有些特質確實是這樣（例如外向），但是目前為止，在恆毅力方面，我尚未發現亞里斯多德預測的這種倒U型。但我承認，任何選擇總是會牽涉到一些權衡與取捨，我了解那也可以套用在「恆毅力」這個特質上。要舉例說明「放棄」是最佳的選擇並不難，你可能記得自己曾經卡在某個想法、運動、工作、感情上太久，早該快點放棄的經歷。

　　以我自己為例，我發現自己對鋼琴沒有興趣、也沒有天分後就放棄了，我覺得那是很好的決定。我其實可以更早放棄的，幫老師省下聽我那些沒練琴的亂彈時間。我決定放棄學好法語也是不錯的想法，雖然我確實喜歡法語，學得也比鋼琴還快。但是投入鋼琴和法語的時間減少，讓我有更多的時間從事更有成就感的事物。

　　如果對任何事都貫徹到底，毫無例外，可能會錯失投入其他事物的機會，其他的事物也許更適合你也說不定。理想的情況下，即使你停止一個活動，並選擇不同的低層目標，你仍然堅守著終極

目標。

我不擔心恆毅力這個概念變得太流行，因為人人恆毅力都很高的情況似乎脫離現實太遠。你下班後，有多常回家告訴你的伴侶：「天啊，辦公室裡的人都太有恆毅力了！他們堅守最重視的目標太久了！太辛苦了！我希望他們不要那麼熱情！」

最近，我請三百位美國成年人填寫恆毅力量表，並請他們收到分數後，告訴我感受如何。很多人說他們很滿意自己的分數，有些人說希望自己變得再更有恆毅力。但整個抽樣中，沒有一個人希望自己的恆毅力少一點。

我相信多數人都可以因為恆毅力提升而過得更好，可能有一些人是例外（他們已經是異數，擁有異常高的恆毅力，不需要再更高了），但例外很少見。

恆毅力不是唯一

常有人問我，為什麼我覺得恆毅力是唯一重要的關鍵。其實我不是這樣想的。

例如，我可以告訴你，我自己的孩子成長時，**恆毅力並不是我唯一希望她們培養的特質**。我希望她們做任何事情都很卓越嗎？當然。但是卓越和良善是不同的。萬一被迫二選一，我會以良善為優先。

身為心理學家，我可以確定，恆毅力絕對不是人類性格的唯一面向，甚至不是最重要的面向。事實上，在一般人評估他人

的研究中，大家對道德的重視，往往更勝於性格的其他面向。鄰居懶散時，我們確實會注意到，但是鄰居缺乏誠實、正直、有信用之類的特質時，我們會特別不滿。

所以恆毅力並不是一切，人還需要很多其他的條件，才能成長及成就卓越，性格是多面向的。

了解恆毅力的一種方法，是從了解它和其他性格的關係開始。評估恆毅及其他的美德時，我發現三種可靠的分類，我稱為性格的三個面向：內省（intrapersonal）、人際（interpersonal）、智慧（intellectual）。你也可以稱之為意志（will）、心念（heart）、心智（mind）的力量。

內省性格（intrapersonal character）包括恆毅力和自制力（尤其是抗拒一直玩手機、電動之類的誘惑），所以恆毅力高的人通常比較自制，自制力強的人也比較有恆毅力。這類性格有助於個人目標的完成，也稱為「績效性格」或「自我管理能力」。社會評論家兼記者大衛·布魯克斯（David Brooks）稱之為「履歷表的品格」（resume virtues），因為這些優點容易讓我們獲得錄用，並且持續被重用。

人際性格（interpersonal character）包括感恩、應對進退、情緒的管理（例如控制憤怒）。這類性格幫助你和他人和睦相處，也提供他人需要的協助。有時這些性格稱為「品德」（moral character），布魯克斯稱為「追悼文的品格」（eulogy virtues），因為人生走到最後，我們更希望別人記得我們這些優點。當我們

欽佩地說某人「真是大好人」時，我覺得我們想到的其實是這種品格。

最後，智慧性格（intellectual character）包括好奇心和熱情。它鼓勵我們積極參與、開放地接納多元的想法。

我做的長期研究顯示，這三種性格可以預測不同的結果。想要預測學業成績的話（包括優異的成績單），恆毅力那一類的內省性格的預測效果最好。想要預測社交能力的話（包括結交多少朋友），人際性格比較重要。如果要預測對學習的積極、獨立心態，智慧性格的預測力最佳。

總之，性格有多元的面向，沒有任何一種品格是唯一重要的。

———

常有人問我，培養孩子的恆毅力是否會因為期許太高而適得其反。「達克沃斯博士，這要小心喔，不然小孩長大以後，會覺得他們可以成為閃電俠波特（Usain Bolt）、莫扎特或愛因斯坦。」

如果我們不能成為愛因斯坦，物理還值得學習嗎？如果我們當不成閃電俠波特，早上還要去跑步嗎？還有必要逼自己跑得比昨天更快或更遠嗎？我覺得這些都是荒謬的問題。如果女兒對我說：「媽，我今天不該練鋼琴，因為我永遠無法像莫扎特那樣。」我會回應：「妳練習鋼琴又不是為了變成莫扎特。」

我們每個人都有極限，不只是天資上的極限，機會也是有限的。但是我們想到的限制，往往都是我們畫地自限。我們總是在嘗試過、失敗後，就認定自己已經達到了可能的上限。或者，我們才剛跨出幾步，就改變方向。無論是哪種情況，我們投入的時間都不夠長。

　　✓恆毅力是指持續跨出每一步，堅持不懈地朝著有趣又有意義的目標邁進，日復一日，年復一年地投入有挑戰性的練習，跌倒七次，要爬起來八次。

　　最近一位記者訪問我，訪問結束，他在收拾筆記時說：「顯然妳可以談上一整天，妳真的很愛這個主題。」

　　「還有**任何東西**比探索成就的心理更有趣的嗎？還有什麼比這個更重要的嗎？」

　　他笑著說：「我也非常熱愛我做的事情。我一直很訝異很多人到了四十幾歲，還沒有全力投入過任何事物，他們真的不知道自己錯過了什麼？」

用失敗重新定義成功

　　最後一點。今年稍早的時候，最新的麥克阿瑟天才獎揭曉了，其中一位得獎作家是塔納哈西‧科茨（Ta-Nehisi Coates）。他的第二本著作《在世界與我之間》（*Between the World and Me*）是得獎無數的暢銷書。

　　八年前科茨失業，被《時代》雜誌裁員，只能忙著接案勉

強過生活，非常辛苦。他自己估計，那段時間因壓力太大，胖了十四公斤。「我知道我想成為什麼樣的作家，但我一直達不到，我絞盡腦汁，就是寫不出東西。」

科茨說，他的妻子「十分支持」，但他們還有一個年幼的兒子，有現實的壓力，「我本來考慮去開計程車。」

他後來重新振作，努力突破寫書的「極度壓力」後，他開始能夠放手去寫，「寫法變得截然不同，文字開始出現了力道。」

麥克阿瑟網站上公布了他的三分鐘影片，科茨一開口就說：「失敗也許是我所有的作品中最重要的元素。**寫作就是一種失敗，一而再、再而三的失敗。**」接著他解釋，小時候他非常好奇。在巴爾的摩成長的過程中，他對人身安全這個概念，以及人身安全沒有保障的狀況特別感興趣，到現在依舊如此。他說，新聞業讓他能不斷地追問感興趣的問題。影片的結尾，科茨描述寫作時的感覺，那是我聽過最貼切的描述。為了讓大家感受到他致詞時的語調和節奏，我根據我自己聽到的語氣，以詩詞的方式呈現如下：

寫作的挑戰	The challenge of writing
是正視你寫得有多糟	Is to see your horribleness on page.
正視你有多遜	To see your horribleness
然後去睡覺。	And then go to bed.

隔天醒來	And wake up the next day,
把那些又糟又遜的東西	And take that horribleness and that
拿出來	terribleness,
加以改善，	And refine it,
改得不再那麼糟，	And make it not so terrible and not
那麼遜，	so horrible,
然後又去睡覺。	And then to go to bed again.
隔天再醒來，	And come the next day,
再進一步修改，	And refine it a little bit more,
改到還可以，	And make it not so bad.
然後又去睡覺。	And then to go to bed the next day.
接著再改，	And do it again,
改到還不錯，	And make it maybe average.
然後再改，	And then one more time,
幸運的話，	If you're lucky,
也許可以改到好。	Maybe you get to be good.
如果你能做到那樣，	And if you've done that,
那就成功了。	That's a success.

　　你可能覺得科茨太謙虛，他確實很謙虛，但他也特別有恆毅力。我從來沒遇過任何麥克阿瑟獎的得主、諾貝爾獎的得主或是奧運金牌的得主說，他們的成就是以其他的方式達成的。

小時候，我父親常對我說：「你不是天才。」現在我知道他那樣說不是只針對我，也是一種自我對話。

　　如果你定義天才是不費吹灰之力到達卓越，那麼我父親說的沒錯，我確實不是天才，他也不是。不過，如果你定義天才是全力以赴，努力不懈地追求卓越，那麼我父親是天才，我也是，科茨也是，只要你願意，你也會是。

附錄

日常養成恆毅力的方法

　　《恆毅力》出版後，連串的演講、訪問、簽書會如雪片般紛至沓來。在此同時，也有大量的書評湧現，許多意見領袖發表了一些看法（有些讚譽有加，有些是批評指教）。許多評論者大力地支持恆毅力的養成，但也有一些人覺得芒刺在背，欲除之而後快。唯一的共通點是，「恆毅力」一詞成了商業界和教育界的新興流行語。

　　對我來說，比那些公開的讚揚或批評更有意義的是，數以百計的讀者來信，與我分享他們的故事及提出問題。有些問題頻繁地出現，我想在這裡分享我的回答。

V ▎ 工作與生活之間的平衡該如何拿捏？追求恆毅力的同時，難道
不會付出代價嗎？

就像任何投資一樣，堅韌不拔地追求終極目標，勢必會付
出一些代價。尤其，**你用來思索目標及致力追求目標的時間，就
無法拿來做你在乎的其他事情**。例如，我在實驗室裡做研究、在
家裡閱讀或寫作、出差開會的時間，每週加起來平均約七十個小
時。我研究的許多卓越高手花在專業領域上的時間也接近那個數
字，其他人花的時間更多。

在那七十小時的時間內，我的注意力不是放在我先生、十
幾歲的女兒、好朋友或家庭上。在那些時間裡，我沒有放鬆，沒
有關注世界大事，沒有運動，也沒有睡覺。要不是工作時間那麼
長，我家昨晚的晚餐可能比重新加熱的冷凍肉丸及罐裝的義大利
麵醬來得精緻。如果我稍微減少工作時間，也許可以在大學同學
會上拉近與更多朋友的距離；逢年過節時，我們家收到的賀卡可
能會多一些。

所以，沒錯，恆毅力確實需要付出一些代價。熱情
（passion）這個字的字根是「pati」，在拉丁語中是「受苦」的
意思。而且，不是只有你付出代價而已，親友也會付出代價。

難道一定要每週工作七十個小時才稱得上是有恆毅力嗎？
當然不是。但是，當你真的熱愛你做的事情，可能會發現**你想要
投入那麼久**。你可能會跟我一樣，覺得你看到、聽到、讀到或經
歷的每件事情，幾乎都和你投入的工作有關。你可能會不想為了

休假而離開這些事。

如何分配時間、精力和注意力，完全操之在你。無論你怎麼選擇，私人目標和專業目標之間難免會有一些衝突。

一週共有一百六十八個小時，你可以在工作上投入七小時、七十小時或七十七個小時。無論你選擇投入多久，我有一個建議：效法我研究的那些恆毅力典範，盡量收集許多底層的專業目標，讓它們都呼應最頂層的單一目標。

一個不錯的做法是從寫下「終極目標」開始，以十個字為上限，把它寫在一張紙上，愈短愈好。如果你讀過這本書，書裡提了一些例子，我的終極目標是：運用心理學幫孩子發展。對西雅圖海鷹隊的教練卡羅來說，他的終極目標是：隨時處於競爭狀態（Always compete）。影星威爾·史密斯則是時時奉守以下幾個字：創造與回饋（Create and Relate）。

為什麼要這樣做呢？因為這個流程可以幫你釐清一切。你會更清楚知道你是誰、你在乎什麼，以及如何讓你的付出呼應你的核心目標。

最近，我看到一項青少年研究，研究人員請參與者寫日記四十天，每天都做一次簡易版的恆毅力量表，並且思索「自我概念的清晰度」（以「今天我清楚知道自己是誰」之類的敘述來衡量）。長時間的研究資料顯示，「對自我認知的清晰度」提升，可以預測恆毅力的提升；反之亦然。研究人員因此推論：「清楚了解自我，可以激勵一個人堅毅地追求目標。」

目標小恆日月破！

清楚了解自我不會讓你一週擁有更多的時間，但可以幫你更充分地利用有限的時間。誠如威爾·史密斯告訴我的：「和諧就像是空氣動力學。」

恆毅力是可能失去的東西嗎？以前我曾對某件事情很熱中，但後來基於一些因素，變得興致索然。

我收到一封很長的電郵，信中問我：「當熱情不堪磨損而導致過勞倦怠時，該怎麼辦？」那封信讓我想起表弟湯姆。

湯姆並未失去恆毅力，而是看過很多人失去恆毅力。他是醫生兼研究員，是我認識的人之中觀察人性最敏銳的人。他告訴我，在醫療照護產業裡，過勞倦怠幾乎是一種流行病，而且有統計數據可以佐證。相較於過去的醫療從業人員以及其他行業的人士，如今醫護人員出現職業倦怠的比例高的令人擔憂。

當然，任何專業領域都有過勞的現象，從最光鮮亮麗的職業到最平凡的職業都是如此。如果你對這個問題特別感興趣，可能是因為你已經失去了熱情，正在納悶這究竟是怎麼回事。

我的想法是這樣。無論你之前愛上什麼事情，再熱切的愛都有可能消失。過勞倦怠不是幻覺，也不是迷思，而是一種心理現實。

研究倦怠的科學家一致認為，倦怠的主要特徵是身心俱疲。在職場倦怠的調查中，往往會看到倦怠伴隨著「自我感喪失」（depersonalization）——感覺你和服務或共事的對象沒有關

連，還有無助感——也就是說，你覺得你不管做什麼或多努力去做，都沒有進步。

我們在第九章學到，想法會影響我們的感受。所以我覺得，你會感到疲累是因為你心想：「我已經竭盡所能去做有益的事情了，但不管我再怎麼努力，就是看不到成果。」

過勞倦怠雖然是一種心理問題，但解決辦法不見得要從大腦著手。換句話說，**這時迫切需要改變的，往往是客觀的情境，而不是你的主觀想法**。也許你的老闆霸道無理或頑固執著，完全不是第十二章描述的那種「支持但嚴格」的領導者。也許公司的核心使命與你深信的價值觀背道而馳，遇到這種情況時，我的建議是換個環境：尋找另一個老闆、另一家公司或另一個職位。

但是，萬一整個產業正經歷翻天覆地的變化，像醫療照護業或新聞業那樣，無論換到哪裡都無法避免呢？萬一這些改變正在侵蝕你的熱情和滿足感，使你再也無法像以前那樣樂在其中呢？

我與同事艾斯克萊－溫克勒（Lauren Eskreis-Winkler）做了一項新研究。在研究中，我們發現，**與他人分享如何堅持下去的建議，有助於提升自己的恆毅力**。坦白講，我們也不太確定這個效果從何而來。一種可能性是，當我們鼓勵需要幫助的人時，我們會把注意力轉移到如何改變情境上。就像某些教練喜歡說的，你給予他人建議時，比較不會注意到自己有許多無法解決的問題，而是專注去「控制那些可控因素」。

另一個好處可能是，有時我們最需要的其實是一個契機，讓我們回想起自己以前學到但遺忘的啟示。

✓ 而我自己最喜歡的解釋是，提供他人意見可以滿足個人想要「證明自己有用」的深層動機。換句話說，如果「過勞倦怠」的感覺是來自於「無論我多努力都毫無助益」的想法，或許給予同病相憐的人一些建議，可以顯示：其實我確實有影響力。

▌ 恆毅力和社經環境有關係嗎？哪種成長環境比較容易培養恆毅力，是貧困還是富裕的環境？

以前面幾章出現過的兩位恆毅力典範凱方・亞瑟曼尼和科第・高曼為例，他們的故事讓我了解到，任何人都能夠培養出熱情和毅力。

即便如此，歷經創傷並不是培養恆毅力的捷徑。相反的，許多研究顯示，貧困、歧視、不確定性可能對身體健康、心理健康、性格發展產生毀滅性的影響。

最近一項有關運動員的研究直接檢驗了「才能需要創傷來激發」的概念。研究人員採訪了許多職業運動員，並把他們分成三類：超級戰士、戰士、候補戰士。超級戰士的定義是：活躍於最高等級的比賽，在該項運動的精英團隊中平均參加七十三場全國賽事。戰士的定義是：參與最高等級的比賽，但僅出場四次。候補戰士則是年輕時的成就跟其他運動員一樣，但後來只加入次級團隊，再也無法晉級。

研究人員以一套標準化的方式，深入探索每個運動員的生平，最後得出以下的結論：「沒有證據顯示大型創傷是刺激天賦發揮的必要條件……真要說有什麼關聯，創傷反而更有可能減低運動員的成就，而不是促進運動員的成就。」

另一個極端是從小享盡特權的孩子。豪門世家的父母常擔心自己「過度呵護子女」。上述的運動員研究顯示，這種擔憂確實是合理的。研究人員訪問的超級戰士通常有非常支持他們、又不過度干預的父母。例如一位運動員說：「爸媽很支持我，但不會強迫我，完全不逼我……」相反的，戰士的父母比較事必躬親。候補戰士對父母的描述是，父母比他們更在乎其運動成就。「我一上大學，獨立自主以後，感覺好像失去了方向，沒有人告訴我該做什麼……我完全失去了興趣。」

如果你習慣開車回孩子的學校去拿他遺忘的歷史課本，或是責怪孩子的教練為何不讓孩子上場，你可能需要自問：這樣的教養方式是否明智？還是過度寵溺？

過度寬容的父母非常支持孩子，但遺憾的是，他們不夠嚴格，無法培養孩子的能力。雖然短期來看，父母和孩子都覺得這種教養方式很溫馨美好，但長期的代價是，孩子長大成年後，比較不會變成獨立又有自信的成功人士。

第十二章遇過的教練安森・鐸蘭斯是這樣說的：

有時我們不願花力氣管教孩子或學生，因為管教孩子就表示必須對他們有所要求、指正他們的錯誤，

往往會造成關係緊繃，增加情緒負擔。以我家為例，太太和我上了整天班，回到家已經很疲累。我們四歲半的兒子小多一邊吃飯，一邊看電視。吃完飯後，他決定把餐盤放在原處，直接跑回臥室玩耍。這時，正確的做法應該是把他叫過來說：「小多，你的盤子還留在客廳。不能這樣，吃完飯就應該把盤子拿回廚房，放進洗碗機裡。」接著，父子倆開始大眼瞪小眼，那就是一種輕微的情緒折磨。他翻白眼抗議，說等一下再做。你開始有點生氣，因為你覺得他在敷衍你。重點不是把餐盤放進洗碗機裡，而是我們都沒有心情為這種事情爭吵。如果我們身為家長、教育工作者或教練沒有能耐經常應付這種爭執，我們會乾脆自己拿起盤子，放進洗碗機裡。好，現在盤子放進洗碗機了，但對小多的期望標準也降低了。

無論父母的學歷或收入高低，所有的孩子真正需要的教養都一樣：**剛好嚴格的挑戰，搭配持續的支持與尊重**。我擔心有些孩子面臨太多的挑戰，但得不到足夠的支持，尤其是家境貧困的孩子。但另一方面，我也擔心很多孩子聽到太多的「我愛你，寶貝」，但不常聽到「我知道你辦得到，我們明天再試試看」，尤其是過度寬容的家長。

社經階級和機會的現實狀況確實對恆毅力的發展有影響。但關鍵在於，我們整個社會如何確保所有的孩子在日常生活中有

嘗試、失敗、學習和成長的機會。

▌ 恆毅力也和愛情有關嗎？

我認識及嫁給我先生傑森以前，大概交過十幾個男友。我很慶幸我那樣做了，因為最後我瘋狂地愛上傑森，難以想像這輩子和其他人共度餘生。

所以，如果你想知道我是否認為應該堅持無論如何都要和目前的戀愛對象走到最後，我的答案是：「當然不是！」事實上，當你認為雙方的價值觀、興趣或人生目標不一樣時，盡快分手可能才是你應該思考的課題。

不過，愛情本身就是一種修練，有時你就是受不了對方。身為一對伴侶，愛情中有些缺點是你必須獨自承擔，或兩人一起下功夫解決的。在愛情、學校、職場上，最好的結果似乎都需要有堅持下去的意願，以及多年常保熱情的能力。

事實上，這正是保羅・格利克（Paul Glick）的觀點。格利克是一位科學家，他研究了一九五〇年代的人口普查資料，發現高中和大學輟學者的離婚率明顯高於一般人，這個現象後來稱為「格利克效應」（Glick Effect）。多年後，心理學家研究性格和離婚時發現，測驗中「盡責度」較高的男性和女性，婚姻延續的時間較長。

我只做過一個恆毅力和愛情長短的研究。研究的樣本是六千多位有婚姻記錄的成年人。研究顯示，恆毅力較差的男人比較

可能離婚或分居。有趣的是，在女性中，我發現恆毅力對婚姻狀況沒有影響。換句話說，我只證實了「一半」的格利克效應。

為什麼恆毅力對男性的婚姻狀況有影響，對女性卻毫無影響？我也不確定。在樣本中，女性的恆毅力並沒有比男性強，所以我們不能以「男性的恆毅力普遍較弱」來解釋。也許男性覺得持續對夫妻關係展現忠誠比較困難？確實有可能，但還有其他的解釋。也有人說，女性比較可能離開恆毅力較差、缺乏成就的丈夫。如果你有一套理論可以解釋這些資料，請讓我知道！

在此同時，直覺告訴我，無論是感情或專業成就，一個人對長期目標的堅持都一樣重要。誠如作家潘蜜拉・杜克曼（Pamela Druckerman）所言：「靈魂伴侶不是一種已存在的條件，而是需要靠努力爭取的頭銜，是日積月累塑造出來的。」

▎**手機和社群媒體以一種我未曾體驗的方式，提供我們即時的滿足。我們是否生活在一個「恆毅力特別弱」的時代？**

如今成長的孩子，顯然比史上任何時期的孩子面臨更多的東西來搶占他們的注意力。

當然，有史以來人類就面臨各種令人分心的事物，這也是為什麼各宗教都有一套「引導我們抗拒誘惑」的方法。但我們的父母輩、祖父母輩、古代祖先不必每天二十四小時應付永無止境的簡訊、貓咪影片、席琳娜・戈梅茲（Selena Gomez）的推文、Candy Crush遊戲。以前也還沒有矽谷及廣告商雲集的麥迪遜大

道（Madison Avenue）上的那些行銷團隊，日以繼夜地鑽研愈來愈誘人的即時滿足形式。

一位備受敬重的數學家告訴我，小時候他常盯著臥室裡的樑木思考事情，連續好幾個小時。他說，以前在德國鄉下的小鎮裡沒什麼事做，所以他學會思考某件事情，而且持續思考數個小時、甚至數天之久。他認為這種持續的專注力正是讓他為數學界做出一些貢獻的關鍵。接著，他擔心地提到，他的兩個女兒從小在毫不無聊的環境中成長。只要稍稍有無聊的感覺，按個鈕就能馬上排解。

我在第五章提過，我們不該忘記，下一代不僅年齡和經驗上與我們不同，文化上也不同。我沒有時光機，無法知道現在十幾歲的女兒若是生在沒有手機的一九五〇年代，會不會比較有熱情和毅力。

如果我有時光機，我會回到幾十年前，重做一次提姆・威爾森（Tim Wilson）和同仁最近對千禧世代做的實驗。威爾森看到現代科技對人的強大吸引力後，感到很好奇，所以他給這些年輕世代一個簡單的任務：坐在安靜的房間裡幾分鐘，無所事事。參試者通常都覺得那個體驗很難受，甚至覺得做日常雜務都比無所事事有趣的多。事實上，四分之一的年輕女性和三分之二的年輕男性還主動以研究人員提供的工具來電擊自己，也不要乖乖地坐在那裡放空。

我們家的做法是這樣。對我的兩個女兒（以及我研究的多

數青少年）來說，手機是最容易讓他們分心的東西，她們很容易為了手機而擱下作業、換洗衣物、練習中提琴、閱讀，甚至是餐桌上的對話。所以我們家有個規定：把手機放在廚房的角落，等該做的事情都完成以後才去拿。用餐時不用手機，在餐廳裡和親友用餐也不用手機，即使你覺得聚餐無聊透了也不行。

我們家有百分之百落實這條家規嗎？我也希望可以，但至少我們盡力了。更重要的是，我們全家一起討論過，為什麼設立這些規矩是必要的。我們都認同那些令人分心的事物就像海洛因一樣，容易讓人上癮。我們都知道這種唾手可得的輕鬆娛樂是培養長期熱情和毅力的敵人。

未來這類令人眼花繚亂的東西肯定只會變得更誘人。在這些雜訊中，有些人依然會學習追求深度、而非廣度，那該怎麼做呢？你不再只是依循別人訂的規則（「練習中提琴時不發簡訊」），最終那會變成你自己重視的原則（「我不讓雜訊干擾工作」）。對那些恆毅力的典範來說，他們最終會從熱愛的事情以及不斷精益求精的過程中，獲得獨特的滿足感。

▍我希望孩子能養成恆毅力。孩子什麼時候可以達到像頂尖高手一樣全神貫注的狀態？

我和先生傑森是以「困難任務規定」來教養兩個女兒：做一件需要刻意練習的事情；不要在一季或一學期的中間放棄；自己挑選那個困難任務。我們認為第三個條件（自己挑困難任務）

可以讓女兒探索內在的興趣，最終發展及深化成一輩子的熱情。

第十章提過，露西在選定中提琴以前，換了五、六個困難任務。心理學家稱這種模式為「抽樣」（sampling），但這樣做反而可以讓青少年多方體驗，更了解自己，從而選定單一目標。一般以為職業運動員和奧運選手很早就選定專攻的項目，事實正好相反，他們早年會多方嘗試多種運動，後來才鎖定一項專攻。

在《恆毅力》出版的時候，我以為露西很勤奮不懈地學習中提琴，但她的興趣其實是烘焙。早餐時她常喃喃自語：「也許來個香草奶油配巧克力杯子蛋糕，或是義大利脆餅吧？還是乾脆在巧克力脆餅裡加入開心果和巧克力片？」

「妳說什麼？」

「哦，我在計畫週五放學以後烤什麼。」

每次她用完家裡共用的iPad後，瀏覽器的標籤都是YouTube上的杯子蛋糕烘焙影片。她許願的聖誕禮物是食譜和一套新烤盤。她讀食譜時，就像其他的孩子讀哈利波特那樣入迷。我們家的食物櫃裡，擺了四種麵粉和各種你想得到的食用色素。

至於中提琴呢？刻意練習和優秀的老師確實發揮了效果，露西拉得愈來愈好。每一季我們問她要不要放棄，還是繼續學時，她都選擇繼續。

但是，如果興趣是自然吸引我們關注的東西，顯然露西對烘焙的興趣遠勝於音樂。又或者，我應該說，露西現在終於**清楚自己的興趣所在**。起初，我告訴她這個顯而易見的現象時，她

說：「我不知道妳在說什麼。」第六章提過，有時旁觀者比當局者更容易發現剛萌發的興趣。

我建議露西把「困難任務」改成烘焙時，她回我：「媽，烘焙又沒辦法刻意練習。」

「真的嗎？」我問道：「那蘿絲·樂薇·貝蘭堡（Rose Beranbaum）為什麼可以？」

若要說恆毅力的典範，貝蘭堡當之無愧：她榮獲三屆詹姆士·比爾德基金獎，出版過十幾本烘焙書，寫過無數篇報章雜誌的文章。《紐約時報》稱她是「史上最一絲不苟的烘焙師」，據說她連作夢都在想新的食譜。

顯然，我已經說服露西相信，困難任務也可以很有趣。所以今年夏天，她去上了兩週的烘焙課，並自願去擔任本地糕點師傅的助手。

你的孩子可能有很多有趣但不是那麼難的興趣，每個興趣都是值得探索的機會，孩子終究會找到一個認真追求的目標。

我會建議想要幫孩子培養恆毅力的家長**採用「困難任務規定」，外加「有趣任務規定」**。要求孩子去做一件困難的事情，那是可以透過經驗、刻意練習、不屈不撓的韌性來學習的。但也讓孩子去做他覺得樂在其中的有趣事情，即使那件事情看起來搞不出什麼名堂也沒關係。

為什麼呢？因為最終目標是讓孩子長大後能找到一個志業：一個令他樂在其中、但也很困難的任務。

▌恆毅力是決定成功的唯一心理因素嗎？

絕對不是。成敗是由許多因素決定的，EQ、IQ、天分、責任心、自制力、想像力……決定因素多到不勝枚舉。

在日常生活中，我的研究顯示，面對分心和誘惑時，恆毅力其實沒有自制力來得重要。在交友方面，EQ高可能比恆毅力更有用。我在前文提過，很多性格特質比恆毅力更重要。卓越固然可喜，但良善遠比卓越更加美好。

另外，當然，還有運氣，以及機會。光有恆毅力並無法保證成功。既然如此，為什麼要以整本書——甚至窮極整個研究生涯——來探索恆毅力呢？ 從 A → A⁺

因為恆毅力是締造卓越成就的關鍵要素，無論是體力的、腦力的、創業的、藝術的、還是公益的成就都是如此。放眼觀察各領域最出類拔萃的精英時，你會看到長期堅持不懈的熱情和毅力是他們的共通點。

俗話說，最後一哩感覺最為漫長，恆毅力就是幫你完成最後那一哩的力量。

致謝

　　每次翻開一本書，我都立刻翻到謝辭。就像許多讀者一樣，我想一窺幕後人員的模樣。我自己開始寫書後，更加感謝幕後團隊的付出。如果你喜歡這本書，請讓我和這裡答謝的每個人一起分享成果。現在是讓這些幕後的支持者站出來接受喝采的時刻。以下如有任何遺漏，都是我個人的疏失，請容我致歉。

　　首先，我想感謝我的合作者。我以第一人稱撰寫這本書，然而，實際上我以研究者或作者身分完成的一切，幾乎都是和其他人合作的成果。這些有功人士，尤其是論文的共同作者，我將他們逐一列在附註中。我謹代表他們，向我們的合作團隊致上衷心的感謝。謝謝大家的合作，讓這些研究得以完成。

　　至於這本書，我最要感謝的有三人：感謝編輯Rick Horgan幫我把文句與思路改得更好。幸運的話，希望他未來還願意再次與我合作。Max Nesterak是我平日的編輯、研究助理與良知。如果不是他，這本書無法出現在各位手中。我的貴人兼經紀人Richard Pine是從頭到尾，一路守護這本書誕生的人。八年前，他寫信問我：「有人跟妳說過妳應該寫書嗎？」我推辭了他的好意，但他沒有放棄，持續問我，但從不給我壓力，一直等到我終於準備好動筆。非常感謝他促成這一切。

以下的學者都極其熱心，幫我審閱這本書的初稿，並與我討論他們的相關研究。當然，書中如有任何疏漏，都是我個人的責任：Barbara Mellers、Elena Bodrova、Mihaly Csikszentmihalyi、Dan Chambliss、Jean Cote、Sidney D'Mello、Bill Damon、Nancy Darling、Carol Dweck、Bob Eisenberger、Anders Ericsson、Lauren Eskreis-Winkler、Ronald Ferguson、James Flynn、 Brian Galla、Margo Gardner、Adam Grant、James Gross、Tim Hatton、Jerry Kagan、Scott Barry Kaufman、Dennis Kelly、Emilia Lahti、Reed Larson、Luc Leger、Deborah Leong、Susan Mackie、Steve Maier、Mike Matthews、Darrin McMahon、Barbara Mellers、 Cal Newport、Gabrielle Oettingen、Daeun Park、Pat Quinn、Ann Renninger、Brent Roberts、Todd Rogers、James Rounds、Barry Schwartz、Marty Seligman、Paul Silvia、Larry Steinberg、Rong Su、Phil Tetlock、Chia-Jung Tsay、Eli Tsukayama、Elliot Tucker-Drob、George Vaillant、Rachel White、Warren Willingham、Amy Wrzesniewski、David Yeager。

　　我很驚訝也很感動，這些人願意為了這本書分享他們的故事。即使有些細節無法納入書中，他們的觀點讓我更加了解恆毅力，以及如何培養恆毅力：Hemalatha Annamalai、Kayvon Asemani、Michael Baime、Jo Barsh、Mark Bennett、Jackie Bezos、Juliet Blake、Geoffrey Canada、Pete Carroll、Robert Caslen、Ulrik Christensen、Kerry Close、Roxanne Coady、Kat

Cole、Cody Coleman、Daryl Davis、Joe de Sena、Tom Deierlein、Jamie Dimon、Anson Dorrance、Aurora Fonte、Franco Fonte、Bill Fitzsimmons、Rowdy Gaines、Antonio Galloni、Bruce Gemmell、Jeffrey Gettleman、Jane Golden、Temple Grandin、Mike Hopkins、Rhonda Hughes、Michael Joyner、Noa Kageyama、Paige Kimble、Sasha Kosanic、Hester Lacey、Emilia Lahti、Terry Laughlin、Joe Leader、Michael Lomax、David Luong、Tobi Lutke、Warren MacKenzie、Willy MacMullen、Bob Mankoff、Alex Martinez、Francesca Martinez、Tina Martinez、Duff McDonald、Bill McNabb、Bernie Noe、Valerie Rainford、Mads Rasmussen、Anthony Seldon、Will Shortz、Chantel Smith、Are Traasdahl、Marc Vetri、Chris Wink、Grit Young、Sherry Young、Steve Young、Sam Zell, Kai Zhang。

　　以下諸位親友幫忙精進了前面幾版的初稿，非常感謝他們的寶貴意見：Steve Arnold、Ben Malcolmson、Erica Dewan、Feroz Dewan、Joe Duckworth、Jordan Ellenberg、Ira Handler、Donald Kamentz、Annette Lee、Susan Lee、Dave Levin、Felicia Lewis、Alyssa Matteucci、David Meketon、Evan Nesterak、Rick Nichols、Rebecca Nyquist、Tanya Schlam、Robert Seyfarth、Naomi Shavin、Paul Solman、Danny Southwick、Sharon Parker、Dominic Randolph、Richard Shell、Paolo Terni、Paul Tough、Amy Wax、Rich Wilson。

本書的圖表是由Stephen Few協助提供，他是資料視覺化的頂尖專家，非常慷慨，也非常有耐心。

感謝Simon & Schuster出版社多位傑出人士大力支持。寫這本書唯一的困難是寫作本身，他們把寫作以外的其他一切都變得很容易。在此，我要特別感謝Nan Graham，她的樂觀、活力以及對作者的關心都無與倫比。Katie Monaghan和Brian Belfiglio策劃了巧妙的宣傳活動，確保這本書好好地交到你的手中。感謝Carla Benton和她的團隊精巧的製作。David Lamb是最棒的專家，他在編輯各階段對卓越的堅持，讓本書更加出色。謝謝Jaya Miceli為本書設計美麗的封面。

感謝InkWell Management的頂尖團隊，包括Eliza Rothstein、Lindsey Blessing、Alexis Hurley以優雅又專業的方式，把很多事情都處理得非常妥當。

就像本書介紹的恆毅力典範一樣，一路走來，我也遇到多位支持我的嚴師，讓我受惠良多。Matthew Carr教我寫作及熱愛文字；Kay Merseth在許多關鍵時刻提醒我，每個人都是自己人生的作者；Marty Seligman教我「問對問題」和「答對問題」一樣重要；已故的Chris Peterson教我真正的老師以學生為重；Sigal Barsade以無數的方式教我，教授是什麼樣子，如何成為好教授；Walter Mischel教我科學達到顛峰就是一門藝術；Jim Heckman教我好奇心是恆毅力的最佳良伴。

我深深感謝支持我研究的機構和個人，包括國家老化研究

院（National Institute on Aging）、蓋茲基金會、平克頓基金會（Pinkerton Foundation）、強森基金會（Robert Wood Johnson Foundation）、KIPP基金會、坦伯頓基金會（John Templeton Foundation）、史賓塞基金會（Spencer Foundation）、孤松基金會（Lone Pine Foundation）、華頓家族基金會（Walton Family Foundation）、梅隆家族基金會（Richard King Mellon Family Foundation）、賓州大學研究基金會、艾科品牌（Acco Brands）、密西根退休研究中心（Michigan Retirement Research Center）、賓州大學、Melvyn與Carolyn Miller、Ariel Kor、Amy Abrams。

非常感謝品格實驗室（Character Lab）的理事會和成員，因為他們成就了我的過去、現在以及未來所做的一切。

最後，我要感謝我的家人。謝謝亞曼達和露西的耐心、幽默和故事，讓本書得以完成。感謝爸爸媽媽為了孩子所做的犧牲，我們深愛你們。感謝傑森每天讓我成為更好的人，這本書是獻給你的。

推薦閱讀

1. Brooks, David. *The Road to Character.* New York: Random House, 2015.
2. Brown, Peter C., Henry L. Roediger III, and Mark A. McDaniel. *Make It Stick: The Science of Successful Learning.* Cambridge, MA: Belknap Press, 2014.
3. Damon, William. *The Path to Purpose: How Young People Find Their Calling in Life.* New York: Free Press, 2009.
4. Deci, Edward L. with Richard Flaste. *Why We Do What We Do: Understanding Self-Motivation.* New York: Penguin Group, 1995.
5. Duhigg, Charles. *The Power of Habit: Why We Do What We Do in Life and Business.* New York: Random House, 2012.
6. Dweck, Carol. *Mindset: The New Psychology of Success.* New York: Random House, 2006.
7. Emmons, Robert A. *Thanks!: How the New Science of Gratitude Can Make You Happier.* New York: Houghton Mifflin Harcourt, 2007.
8. Ericsson, Anders and Robert Pool. *Peak: Secrets from the New Science of Expertise.* New York: Houghton Mifflin Harcourt, 2016.
9. Heckman, James J., John Eric Humphries, and Tim Kautz (eds.). *The Myth of Achievement Tests: The GED and the Role of Character in American Life.* Chicago: University of Chicago Press, 2014.
10. Kaufman, Scott Barry and Carolyn Gregoire. *Wired to Create: Unraveling the Mysteries of the Creative Mind.* New York: Perigee, 2015.
11. Lewis, Sarah. *The Rise: Creativity, the Gift of Failure, and the Search for Mastery.* New York: Simon and Schuster, 2014.
12. Matthews, Michael D. *Head Strong: How Psychology is Revolutionizing War.*

恆
毅
力
Grit

New York: Oxford University Press, 2013.

13. McMahon, Darrin M. *Divine Fury: A History of Genius.* New York: Basic Books, 2013.

14. Mischel, Walter. *The Marshmallow Test: Mastering Self-Control.* New York: Little, Brown, 2014.

15. Oettingen, Gabriele. *Rethinking Positive Thinking: Inside the New Science of Motivation.* New York: Penguin Group, 2014.

16. Pink, Daniel H. *Drive: The Surprising Truth About What Motivates Us.* New York: Riverhead Books, 2009.

17. Renninger, K. Ann and Suzanne E. Hidi. *The Power of Interest for Motivation and Engagement.* New York: Routledge, 2015.

18. Seligman, Martin E. P. *Learned Optimism: How To Change Your Mind and Your Life.* New York: Alfred A. Knopf, 1991.

19. Steinberg, Laurence. *Age of Opportunity: Lessons from the New Science of Adolescence.* New York: Houghton Mifflin Harcourt, 2014.

20. Tetlock, Philip E. and Dan Gardner. *Superforecasting: The Art and Science of Prediction.* New York: Crown, 2015.

21. Tough, Paul. *How Children Succeed: Grit, Curiosity, and the Hidden Power of Character.* New York: Houghton Mifflin Harcourt, 2012.

22. Willingham, Daniel T. *Why Don't Students Like School: A Cognitive Scientist Answers Questions About How the Mind Works and What It Means for the Classroom.* San Francisco: Jossey-Bass, 2009.

推薦閱讀

—

國家圖書館出版品預行編目（CIP）資料

恆毅力：人生成功的究極能力 / 安琪拉 . 達克沃斯
(Angela Duckworth) 著；洪慧芳譯 . -- 第二版 . -- 臺
北市：天下雜誌，2020.08
　　面；　公分 . -- (新視野；45)
譯自：Grit : the power of passion and perseverance
ISBN 978-986-398-583-9(平裝)

1. 應用心理學

177　　　　　　　　　　　　　　　109010440

訂購天下雜誌圖書的四種辦法：

◎ 天下網路書店線上訂購：www.cwbook.com.tw
　　會員獨享：
　　1. 購書優惠價
　　2. 便利購書、配送到府服務
　　3. 定期新書資訊、天下雜誌網路群活動通知

◎ 在「書香花園」選購：
　　請至本公司專屬書店「書香花園」選購
　　地址：台北市建國北路二段 6 巷 11 號
　　電話：（02）2506-1635
　　服務時間：週一至週五　上午 8：30 至晚上 9：00

◎ 到書店選購：
　　請到全省各大連鎖書店及數百家書店選購

◎ 函購：
　　請以郵政劃撥、匯票、即期支票或現金袋，到郵局函購
　　天下雜誌劃撥帳戶：01895001 天下雜誌股份有限公司

＊ 優惠辦法：天下雜誌 GROUP 訂戶函購 8 折，一般讀者函購 9 折
＊ 讀者服務專線：（02）2662-0332（週一至週五上午 9：00 至下午 5：30）

新視野045

恆毅力：人生成功的究極能力（暢銷新訂版）

Grit: The Power of Passion and Perseverance

作　　者／安琪拉·達克沃斯 Angela Duckworth
譯　　者／洪慧芳
責任編輯／許　湘
封面設計／楊啟異工作室
內頁排版／邱介惠

發行人／殷允芃
出版部總編輯／吳韻儀
出版者／天下雜誌股份有限公司
地　　址／台北市 104 南京東路二段 139 號 11 樓
讀者服務／（02）2662-0332　傳真／（02）2662-6048
天下雜誌 GROUP 網址／ http://www.cw.com.tw
劃撥帳號／ 01895001 天下雜誌股份有限公司
法律顧問／台英國際商務法律事務所·羅明通律師
製版印刷／中原造像股份有限公司
總經銷／大和圖書有限公司　電話／（02）8990-2588
出版日期／ 2016 年 10 月 21 日第一版第一次印行
　　　　　 2020 年 9 月 28 日第二版第二次印行
定　　價／ 480 元

Angela L. Duckworth © 2016
Arranged with InkWell Management, LLC.
Through Andrew Nurnberg Associates International Limited
Complex Chinese Translation copyright © 2016, 2020 by CommonWealth Magazine, Co., Ltd.
All rights reserved.

書號：BCCS0045P
ISBN：978-986-398-583-9（平裝）

天下網路書店　http://shop.cwbook.com.tw
天下雜誌我讀網　http://books.cw.com.tw/
天下讀者俱樂部 Facebook　http://www.facebook.com/cwbookclub

本書如有缺頁、破損、裝訂錯誤，請寄回本公司調換